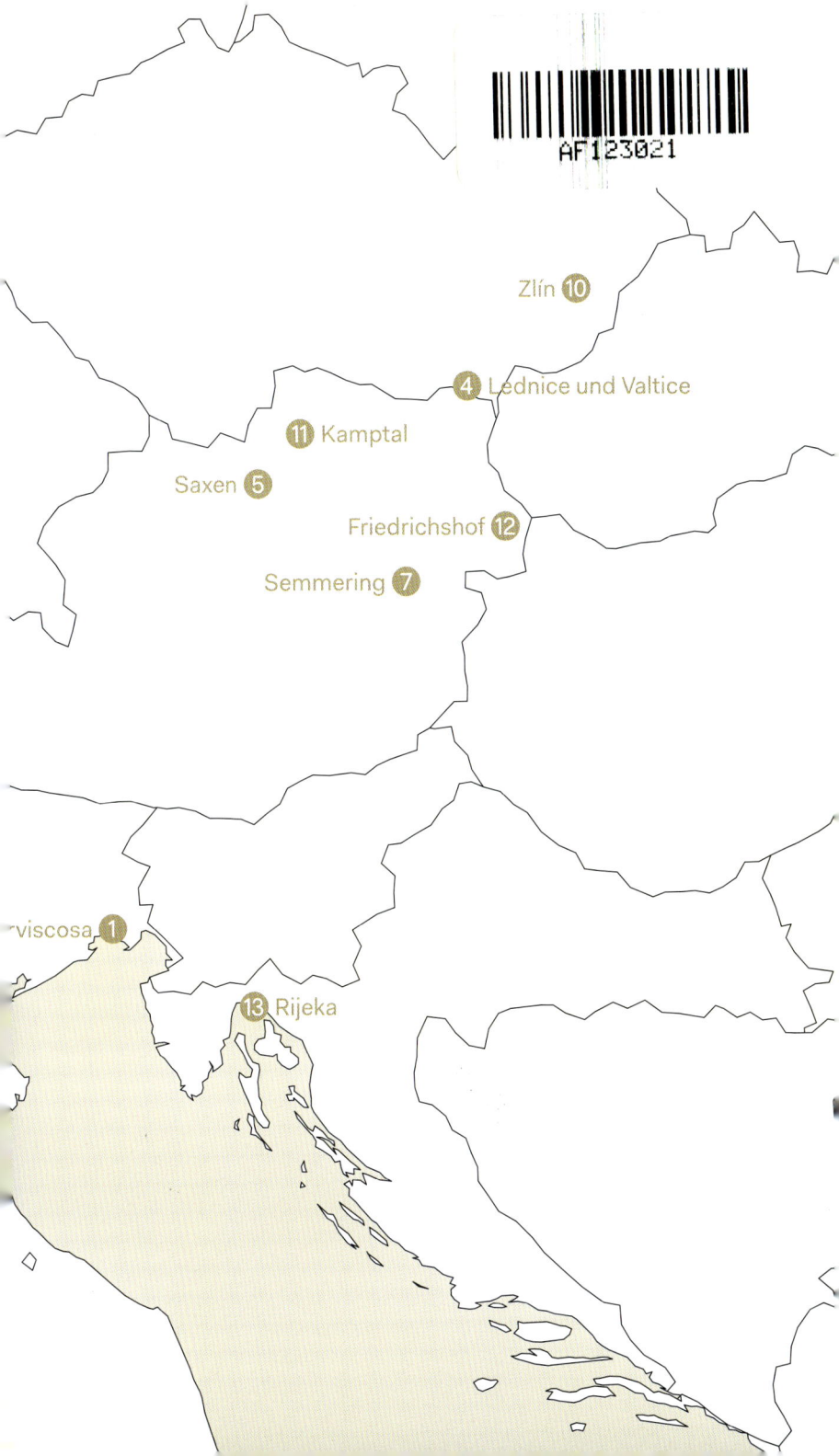

HOTEL
PARADISO

MATTHIAS DUSINI

HOTEL PARADISO

Mit der Bahn
zu 13 besonderen Orten in Mitteleuropa.
Ein Reiseführer

FALTER VERLAG

ISBN 978-3-85439-662-8
© 2021 Falter Verlagsgesellschaft m.b.H.
1011 Wien, Marc-Aurel-Straße 9
T: +43/1/536 60-0, F: +43/1/536 60-935
E: bv@falter.at, service@falter.at
W: faltershop.at
Alle Rechte vorbehalten.

Autor: Matthias Dusini
Lektorat: Helmut Gutbrunner
Logo Hotel Paradiso, grafisches Konzept: Stela Pančić
Umschlagdesign: Marion Großschädl, Dirk Merbach
Grafik und Layout: Marion Großschädl
Bildbearbeitung: Reini Hackl, Andreas Rosenthal
Druck: Finidr, s.r.o., 73701 Český Těšín

Wir haben bei diesem Buch im Sinne der Umwelt
auf die Verpackung mit Plastikfolie verzichtet.

INHALT

Vorwort 7

1 Torviscosa – Eine Stadt sucht ein M 9

2 Susch – Kapital und Kloster 37

3 Monte Verità –
Das Start-up der Weltverbesserung 51

4 Lednice und Valtice –
Das versunkene Reich der Liechtensteins 63

5 Saxen – Urlaub bei Verwandten 93

6 Varese – Avantgarde und Andacht 111

7 Semmering – Die Stadt im Gebirge 121

8 Rivoli – Der goldene Käfig 137

9 Briol – Vom Bauhaus zum Auhaus 151

10 Zlín – Der Plan B 173

11 Kamptal – Weniger ist mehr 189

12 Friedrichshof – Vom Bett zum Beet 207

13 Rijeka und Gardone del Garda –
Der Seher von Fiume 227

Bildnachweis 252   Dank 253   Register 254

VORWORT

Was für eine Überraschung! Durch das Hochgebirge des Martelltals wandernd, vorbei an Zirbenkiefern und Almrosen, plötzlich vor einer Hotelruine stehen, die von einem Meisterwerk moderner Architektur übrigblieb: dem Hotel Albergo Sportivo Valmartello al Paradiso del Cevedale, kurz Hotel Paradiso genannt. Mitte der 1930er-Jahre baute hier der Mailänder Architekt Gio Ponti eine Herberge, die den Gästen allen erdenklichen Luxus bot. Das elegant geschwungene Gebäude verfiel und hinterließ die aufregende Geschichte eines Projekts, das in der Hochzeit des Faschismus die Grundsätze funktionalen Bauens knapp unterhalb der Baumgrenze verwirklichte.

Das in Büchern und Filmen abgehandelte Hotel Paradiso gibt diesem Buch den Namen und die Anregung: Orte zu finden, die ihre Geschichte erst auf den zweiten Blick preisgeben. Die Auswahl der Reiseziele reicht von ehemaligen Kommunen bis zu Refugien von Kunstsammlern und -sammlerinnen. Unternehmer wie Franco Marinotti verwirklichten in der Provinz ideale Städte, der Künstler Friedensreich Hundertwasser zog sich in ein Holzhaus im österreichischen Waldviertel zurück, um die Natur zu umarmen.

„Hotel Paradiso" stellt diese Orte in Form von dreizehn Essays vor. Manchmal blieb von ihnen nicht viel übrig. So etwa machen erst die Erinnerungen ehemaliger Aussteiger den Friedrichshof lebendig, auf dem in den Siebzigerjahren die Muehl-Kommune ein freies Leben probierte. Alle Reiseziele liegen in Mitteleuropa und sind mit dem Zug oder dem Bus – manchmal nur eine Fahrstunde von München, Mailand, Zürich oder Wien entfernt – erreichbar.

Die Zahl 13 hat ein schlechtes Image. Hotels überspringen sie bei der Nummerierung ihrer Zimmer. Im „Hotel Paradiso" symbolisiert die 13 historische Lücken. Das verdrängte Zimmer verweist auf die Schattenseiten, die utopischen Projekte oft anhaften und verschwiegen werden. Hier der Schlüssel. Angenehmen Aufenthalt!

1
TORVISCOSA

EINE STADT SUCHT EIN M

In den Sümpfen hinter Grado entstand in den 1930er-Jahren eine Planstadt, die Industriearbeit, Wohnen und Freizeit verband. Ein Besuch in der Traumstadt des Unternehmers Franco Marinotti

Torviscosa ist ein Ort für sportliche Menschen wie Lino, der mit seinen 84 Jahren täglich noch immer sechs Kilometer zu Fuß geht. Lange Straßen, Parks und wenig Ablenkung. Nur der vergangene, ungewöhnlich heiße Sommer machte ihm zu schaffen. Er verlor fünf Kilo, die er bis heute nicht wieder wettmachte. Lino, an diesem bewölkten Wochentag im Juni 2020 in einen leichten Anzug gehüllt, war mein Guide durch einen der ungewöhnlichsten Orte Norditaliens. Torviscosa, dreiundzwanzig Kilometer von Grado entfernt, ist eine agrarindustrielle Utopie, ein Blick in die Zukunft von gestern.

Kaum einer der Gäste, die den beschaulichen k. k. Badeort Grado mit seinen Jugendstilvillen besucht, kennt jene schrecklich-schöne Vision, die sich dem Zusammenspiel von zwei M verdankte: Marinotti und Mussolini. „Ohne M geht es hier nicht", sagte Lino, den ich zufällig kennenlernte. Er spazierte an der Bar vorbei, in der eine Handvoll Jugendlicher einen ereignislosen Nachmittag verbrachte. Ich sprach ihn an und fragte ihn, ob er mit der Geschichte der Siedlung vertraut sei. Lino antwortete mit einem Schmunzeln, Torviscosa sei sein Leben, die harte Nachkriegszeit, das Wirtschaftswunder, die Proteste der Gewerkschaften, der Niedergang der SNIA Viscosa …

Lino erzählte von der SNIA Viscosa, jenem Unternehmen, das ein unbekanntes Dorf zu einem Vorzeigeprojekt des faschistischen und später auch des demokratischen Italien machte. Die Società di Navigazione Italo-Americana wurde 1920 gegrün-

det. Vom Geschäft mit Schiffstransporten stieg das börsennotierte Unternehmen zu einem der wichtigsten Produzenten von Kunstfasern auf. In Torviscosa wurde, wie der Name schon sagt, Viskose hergestellt. „La SNIA", wie sie hier noch immer genannt wird, war alles. Der SNIA gehörten alle Wohnhäuser, der Kindergarten und das Rathaus. Wenn eine Straßenlampe kaputt war, kam ein SNIA-Mann, um sie zu reparieren. Keine hundert Meter von Linos Wohnung entfernt entstand ein – inzwischen umgebautes – Schwimmbad mit der gigantischen Beckenlänge von achtundneunzig Metern. Nächtens konnten die Kinder, von den Badewärtern unbehelligt, schwimmen gehen, denn das Gelände war nicht abgezäunt. Da strahlte ein Scheinwerfer eine dreistufige Kaskade an, ein Traum aus Licht und Wasser. Aber auch tagsüber hätten die Kinder nichts zu befürchten gehabt, sagt Lino, denn die Badewärter waren Invaliden, ihnen fehlte ein Arm oder ein Bein. Die Jugend ging in den Radfahrclub oder auf den Fußballplatz, der SC Torviscosa schaffte es immerhin in die dritte Fußballliga, für ein 3000-Seelen-Dorf so etwas wie die Champions League.

    Der Arbeiterchor trat in Bauerntrachten auf, wenn hohe Gäste kamen. Der Unternehmer Franco Marinotti (1891–1966), Herrscher über Torviscosa, hatte Kontakte in alle Welt, sogar zur kommunistischen Sowjetunion. Im Jahr 1962, mitten im Kalten Krieg, kam der sowjetische Ministerpräsident Alexei Kossygin in den Ort. Bilder zeigen Marinotti und Kossygin beim brüderlichen Anstoßen mit Schnapsgläsern. Ohne Marinotti kein Torviscosa.

    Marinotti kam am 5. Juni 1891 in Vittoria Veneto, siebzig Kilometer nördlich von Venedig, auf die Welt. Sein Vater betrieb eine kleine Likördestillerie. Franco war das älteste von vier Kindern. Als er sechzehn war, starb der Vater und Marinotti musste vorübergehend die Schule verlassen, um sich um die Familie zu kümmern. 1910 nahm er in Mailand einen Job bei einer Seidenspinnerei an, die ihn zwei

Jahre später zu einer Tochterfirma nach Warschau schickte, das damals zum Zarenreich gehörte. Als der Erste Weltkrieg ausbrach, kehrte der junge Manager nicht nach Italien zurück, sondern zog weiter in die Moskauer Zentrale der Società Italo-Russa di Prodotti Tessili, der italienisch-russischen Gesellschaft für Textilprodukte.

So kam es, dass Marinotti 1917 die kommunistische Revolution hautnah miterlebte. Die Propaganda verteufelte den Kapitalismus, aber Lenin wollte die Handelsbeziehungen zu Italien nicht abreißen lassen. Die Sowjets akzeptierten den jungen Mann, der Polnisch und Russisch sprach, als Kontakt zur italienischen Textilindustrie. Marinotti blieb bis 1929 in Moskau. Das Familienalbum überliefert einen gutaussehenden Geschäftsmann in feinen Anzügen, der in der Freizeit malte. Die Kohlezeichnungen lassen einen ambitionierten Künstler erkennen, der sich zeichnend die Welt erschließt. Später wird er unter dem Pseudonym Francesco Torri sogar an der Biennale von Venedig teilnehmen. Torviscosa sollte sein kühnster Entwurf werden.

Franco Marinotti (1891–1966) war ein italienischer Unternehmer, der die SNIA Viscosa zum globalen Konzern ausbaute. Er verwandelte Torviscosa in eine der wichtigsten company towns des 20. Jahrhunderts

FAMILIE DUCE

Der Ort bekam Kindergarten und Volksschule, die noch heute nach der nur ein Jahr nach ihrer Geburt 1934 verstorbenen Tochter Resi Marinotti benannt sind, der Betriebsbus brachte die älteren Kinder in die Mittelschule der Nachbarstadt Cervignano. Im Sommer hatte die Jugend die Möglichkeit, in die „Kolonie", ein Heim in der Toskana, zu fahren. Vor den kaltfeuchten Wintern der Po-Ebene flüchteten die Schüler ins Kino: „Der Saal war immer geheizt, wir blieben von mittags bis abends dort", erinnert sich Lino, der noch nach dem Ende der Diktatur deren Ideologie zu spüren bekam. Der faschistische Korporatismus sah die Aufhebung der Klassengegensätze vor. Alle Gruppen, Arbeiter, Lehrer, Ingeni-

Der Bildhauer Leone Lodi entwarf die Skulpturen am Eingang zum Bürotrakt des Fabriksgeländes

eure, Frauen, Männer, Kinder, sollten ein Ziel haben: die großartige Nation. Wie in allen Städten prangte auch hier der Slogan des Regimes auf den Mauern: „Credere, obbedire, combattere" (glauben, gehorchen, kämpfen). Soziale Angebote sollten den Leuten die neue Ordnung schmackhaft machen.

Noch zu Lebzeiten Marinottis entstand auf dem Platz vor der Fabrik ein Ausstellungsgebäude mit einem Aussichtsturm, an dessen Spitze sich ein Salon befand, in dem Marinotti Gäste empfing. Das Museum erzählt die Geschichte des multinationalen Konzerns. Der Turm ist viel zu hoch für den kleinen Ort, der ursprünglich auf 20.000 Einwohner anwachsen sollte. Von hier oben wirken die Bauwerke wie Spielzeug, wie die Modelle der Staumauern und Fabriken aus aller Welt, die im Ausstellungsraum die globale Dimension der SNIA veranschaulichen. Der Blick von oben vermittelt eindrucksvoll die Macht des Konzerns, die Kontrolle des Regimes und die totale Perspektive Marinottis. Bis zu seinem Tod im Jahr 1966 wollte er den Blick auf sein Werk und die Erzählung darüber kontrollieren.

1948 beauftragte die SNIA den Regisseur Michelangelo Antonioni, der später mit Filmen wie „La Notte" berühmt werden sollte, mit einem Dokumentarfilm. Der Titel „Sette canne, un vestito" (sieben Schilfrohre, ein Kleid) verweist auf Marinottis Idee, aus dem Riesenschilf mit dem lateinischen Namen Arundo donax eine Boutiqueware zu machen.

Der Off-Kommentar des Films nennt die Fabrik ein verzaubertes Schloss, in dem ein magischer Prozess stattfindet. Die Bilder zeigen die schmutzige Materie, die in vielen Arbeitsschritten in feine Faser verwandelt wird. Höhepunkt ist der Auftritt von in SNIA-Stoffe gehüllten Mannequins auf einer Modeschau im venezianischen Palazzo Grassi, mit dem der Film endet. Marinottis Metaphysik lässt sich als Veredelung der Welt durch die „zivilisatorische Kraft der Arbeit" zusammenfassen. Die Architektur lieferte das Bühnenbild für eine glückliche Gemeinschaft.

Dopolavoro
Im ehemaligen Arbeiterlokal von Torviscosa blieben zahlreiche Details erhalten, etwa die Garderobenständer

Das Rathaus mit dem Uhrturm bildet den Mittelpunkt Torviscosas, davor öffnet sich der Hauptplatz. Die Torbögen erinnern an eine mittelalterliche Stadt, der Turm an einen Campanile. Das Planungsbüro verteilte die öffentlichen Gebäude und die Wohnsiedlungen auf ein Raster. Eine von Statuen und Pergolen gesäumte Allee zieht sich schnurgerade vom Fabriktor bis zum Fußballstadion. Entlang dieser Freizeitachse befinden sich der Lido und die Villa Marinottis, in der er sich bei seinen Besuchen aufhielt. Die Konzernzentrale war in Mailand. Die Ordnung in der Fabrik spiegelt sich in der Stadtplanung wider. Die Ingenieure bezogen repräsentative Wohnungen am Hauptplatz. Etwas abseits entstanden die Colombaie (Taubenschläge) für die gelernten Arbeiter.

M WIE MACHT

,, Wer durch Torviscosa geht, stellt sich die Frage, ob das M Marinottis das M Mussolinis nicht sogar übertrumpfte ″

Die Reihenhäuser sind optisch mit vorgelagerten Säulenbögen miteinander verbunden – daher die Bezeichnung Taubenschlag – und besitzen einen kleinen Garten. Die einfachen Arbeiter mussten nach ganz hinten, auch dieser Haustypus verfügt über großzügige Freiflächen. Spaziert man heute durch die Anlage, wundert man sich über den guten Zustand. Die Qualität ist offenbar so hoch, dass kaum eine Wohnung leer steht; in den Siebzigerjahren verkaufte die SNIA die Wohnungen an die Arbeiter. Die strenge Ordnung ist einem bunten Durcheinander gewichen. Statt der SNIA-Flagge hängt im Garten ein US-Banner an der Fahnenstange.

Der mit Marinotti verwandte Architekt Giuseppe De Min (1890–1962) hatte die Gesamtplanung über, vom Bebauungsplan bis zu den Haustypen. De Min gehörte nicht zur funktionalistischen Avantgarde, sondern hing einer konservativen Idee von Architektur an, die lokale Traditionen aufgriff. Lauben und Satteldächer und die an der Außenmauer hochgezogenen Schornsteine kennzeichnen die Wohnbauten in Torviscosa. Eine große Küche sollte nach bäuerlichem Vorbild das Zentrum des Familienlebens darstellen. De Min baute auch den Palazzo Grassi in Venedig zum Museum aus, ein Projekt, auf das ich noch zurückkommen werde.

Während die übrigen siebzig Stadtgründungen Mussolinis vom Staat angeschoben wurden, geht Torviscosa auf die Initiative eines Unternehmers zurück. Der geplante Bau eines Hauses für die faschistische Partei, die *casa del fascio*, die das Herzstück jeder Stadtgründung darstellte, kam nicht zustande. Was war der Grund dafür? Blieb zwischen der Eröffnung der Stadt und dem Untergang des Regimes zu wenig Zeit? Von Historikern wird mitunter bezweifelt, ob Marinotti tatsächlich so politisch war, eine etwas naive Diskussion. Wer durch Torviscosa geht, stellt sich die Frage nicht, wie viel Mussolini in der „Marinottopoli" steckt, sondern ob das M des Unternehmers das M des Diktators nicht sogar übertrumpfte.

Die von Statuen und Pergolen gesäumte Allee führt vom Fabriktor bis zum Fußballstation

Marinotti hinterließ überall Spuren. Auf dem Fabriksgelände richtete er eine Keramikwerkstatt ein, in der wichtige Tonkünstler Vasen gestalteten. Hier ließ er das Logo der SNIA in Ton brennen, eine stilisierte Schilfpflanze. Die Keramikembleme hängen noch heute im Café an der Wand, dem ehemaligen Ristoro del Dopolavoro, wie Arbeiterlokale in der Zeit des Faschismus genannt wurden. Der große Aufenthaltsraum ist gut erhalten, der Terrazzoboden, die gepolsterten Sessel und Stehlampen erinnern an eine Hotellobby.

Die Straßen erscheinen angenehm krumm. Die Kante der Hausfassaden ist leicht verschoben, sodass der Eindruck einer organisch gewachsenen Siedlung entsteht. Auf dem Papier muten gerade Linien cooler an, im realen Raum lieben Bewohner das nicht ganz Perfekte. Als ich Lino auf diese Qualität anspreche, lacht er nur. Was sich dem Besucher als Zufall darstellt, folgt einem genauen Plan. Betrachtet man den Bebauungsplan De Mins, kann man deut-

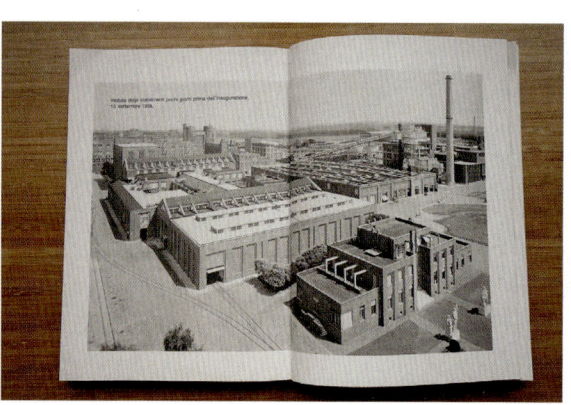

Links: Detail der Arbeiterhäuser

Ganz links: Das von Giuseppe De Min entworfene Schulgebäude

Links Mitte: Gesamtansicht der Fabrik, 1938

Links unten: Blick in das ehemalige Dopolavoro

Unten: Innenhöfe der ehemaligen Managerhäuser

lich den Buchstaben erkennen. Torviscosa ist ein großes M.

Torre di Zuino, aus dem Torviscosa hervorging, war ein abgelegener Weiler an der Grenze zum ehemaligen Habsburgerreich. Der nächstgrößere Ort Cervignano wurde von Wien aus regiert. In der Lagunenlandschaft schlug die SNIA 1937 ein wie ein Meteorit. Wo vorher Hirten die Wasserbüffel auf die Weide trieben und Fischer ihre Netze auswarfen, rauchten plötzlich Schlote. Arbeiterhäuser ersetzten die Ställe, die Landwirtschaft wurde in landwirtschaftliche Musterbetriebe ausgelagert.

FASERN FÜR DEN FASCHISMUS

Nachdem Marinotti Ende der 1920er-Jahre aus Moskau nach Italien zurückgekehrt war, fing er 1930 bei der SNIA Viscosa an und stieg 1939 zu deren Chef auf. Unter seiner Führung entwickelte sich die SNIA zum Marktführer in der Produktion von Kunstfasern. Das Unternehmen stellte aus Holzfasern Zellulose her. Durch Zusatz von Chemikalien ließ sich der Naturstoff in Viskosefäden verwandeln. Bis zum Siegeszug rein chemisch erzeugter Textilien war die in Torviscosa erzeugte Viskose (auch Rayon genannt) in allen Kleidern zu finden. Maschinen webten aus Viskose Blusen und Seidenstrümpfe, der Stoff fällt leicht und hält kühl. Viskose wurde für Uniformen und Fallschirme verwendet. Heute hat die Viskose ihre dominante Rolle verloren, aber sie wird immer noch in großem Maßstab hergestellt, auch für Verbandszeug oder Tampons.

Bis Ende der Dreißigerjahre hatte das Unternehmen den Rohstoff für die Produktion der Kunstfaser Viskose aus dem Ausland importiert. Doch Mussolini hatte wirtschaftliche Autarkie zur Staatsdoktrin erhoben, um Italien vom Ausland unabhängig zu machen. Große Projekte wie die Trockenlegung der Pontinischen Sümpfe südlich von Rom verfolgten

„ **Im Oktober 1937 wurde mit dem Bau der Fabrik begonnen, 320 Tage später weihte der Duce die Anlage ein** "

auch einen propagandistischen Zweck. Sie sollten das Volk auf die Idee eines *impero*, eines italienischen Imperiums, einstimmen.

Marinotti suchte nach einem Standort, an dem er Rohstoffe abbauen konnte. Statt auf Holz setzte er auf Riesenschilf, das rasch nachwuchs. Nicht weit entfernt von Eisenbahn und Meer erschien ihm das von Sumpf umgebene Torre Zuino in der Bassa Friulana, dem ebenen Teil Friauls, gerade richtig. Er kaufte 6000 Hektar Land, legte die Sümpfe trocken und regulierte die Lagunengewässer. Im Oktober 1937 wurde der Bau der Fabrik in Angriff genommen, im September 1938, genau 320 Tage später, weihte der Duce die Anlage ein (Abb. S. 11). Tausende Arbeiter begrüßten den Führer, dessen dunkle Uniform sich von den weißen Hosen Marinottis abhob.

Das Symbol der SNIA Viscosa, das **Riesenschilf** (Arundo donax)

Ein Szenograf wurde engagiert, um die Feier fotokompatibel zu gestalten. Die Hochöfen wurden als grafische Oberflächen benutzt, auf denen – in diagonalen Rastern – das Wort „dux" prangte. Die Liktorenbündel, das Emblem der faschistischen Partei, strahlten in die nächtliche Finsternis als Symbol für die magische Wirkung totaler Macht. Mitten im Kriegsjahr 1940 vergrößerte Marinotti die Anlage auf das Doppelte und vermochte nun 60.000 Tonnen Zellulose im Jahr zu produzieren. So konnte die italienische Industrie Papier und Kleider herstellen. Die Armee brauchte die Kunstfaser für die Fertigung von Uniformen und Fallschirmen. Marinottis Erfolg ließ die Regierung in Rom darüber hinwegsehen, dass die Aktiengesellschaft SNIA alles andere als autark war. Die Mehrheit der Aufsichtsräte saß in London, der Hauptstadt des Kriegsgegners England.

Nach dem Kriegseintritt Italiens an der Seite Deutschlands im Jahr 1940 mussten die Arbeiter an die Front und dem Unternehmen gingen die Kräfte aus. Marinotti setzte seine guten Kontakte zum Regime ein, um eine Lösung für sein Unternehmen zu finden. Im Laufe des Krieges in Nordafrika kamen zehntausende alliierte Soldaten in italienische Gefangenschaft und im Sommer 1942 wurde am Rande von Torviscosa das Arbeitslager PG 107 errichtet. Etwa tausend Zwangsarbeiter aus Neuseeland und Südafrika halfen bei der Ernte und der Trockenlegung der Sümpfe.

Marinotti verstand es, sich auf politische Veränderungen einzustellen. Er beriet den Duce in wirtschaftlichen Fragen und stieg zum Vize-Podestà (der Podestà ersetzte im faschistischen Italien den Bürgermeister) von Mailand auf. Gleichzeitig achtete er auf die Interessen der britischen Mehrheitseigentümer. Nach dem Sturz des Duce im Jahr 1943 überzeugte er einerseits die deutschen Besatzer davon, dass er den Betrieb weiterführen könne. Ein Teil der Arbeiterwohnungen wurde erst in dieser Periode gebaut. Andererseits knüpfte er aber auch Kontakte zu den Partisanen. In einem Verhör durch die SS gestand er 1944, gegen den Kriegseintritt Italiens gewesen zu sein. Wie seine Biografen Valerio Castronovo und Anna Maria Falchero schreiben, rettete ihn der Mailänder Kardinal Alfredo Ildefonso Schuster vor der Deportation in ein deutsches KZ.

1944 setzte sich Marinotti in die Schweiz ab und blieb dort bis nach Kriegsende, eine Rückkehr erschien ihm zunächst zu riskant. Der sozialistische Präfekt von Mailand hatte einen Haftbefehl wegen Kollaboration mit den Deutschen ausgestellt. Wieder fand Marinotti einen Fürsprecher. Ein Kommunist, den der Industrielle 1944 im Mailänder Gefängnis kennengelernt hatte, verbürgte sich für dessen politische Integrität. Auch die britischen Aktionäre wollten ihren Starmanager zurück an der Konzernspitze sehen. Der Haftbefehl wurde aufgehoben und Marinotti durfte einreisen. Alliierte Bomber hatten einen Teil der Fabrik zerstört, doch bereits 1946 liefen die Maschinen wieder. 1947 übersiedelte Marinotti endgültig aus der Schweiz nach Italien und leitete die SNIA Viscosa bis zu seinem Tod 1966.

Ein Leben lang hatte er in der geschlossenen Mailänder Gesellschaft, in der alte Familien und

Netzwerke dominieren, um Anerkennung gerungen. Noch in den Sechzigerjahren errichtete er in Italiens Wirtschaftszentrum einen protzigen Firmensitz im anachronistischen Stil der Neorenaissance. Auch der Kauf des Palazzo Grassi am Canale Grande symbolisierte den Aufstieg des Selfmademan. Doch begraben wollte er nicht am Mailänder Monumentalfriedhof werden und auch nicht in der M-Stadt, sondern in seinem Heimatort Vittorio Veneto.

Linos 2020 verstorbener, 1943 geborener Bruder Gino war der erste Bürger von Torviscosa. Marinotti ließ es keine Ruhe, dass Torre di Zuino zunächst keine eigene Gemeinde war. 1940 war es so weit. Der Viskosekaiser hatte die dreitausend Einwohner beieinander, die notwendig waren, um eine Gemeinde mit eigenem Namen zu gründen. Torviscosa war geboren. Die Menschen kamen aus allen Windrichtungen und hatten nichts gemeinsam außer dem großen M. Das Wappen zeigt eine Schilfpflanze und die Türme in Form von Rutenbündeln, dazu den Slogan Mussolinis auf Latein „Ab autarchia imperium". Linos Vater war der erste Stadtpolizist des Ortes. Bezahlt wurde er nicht vom Staat, sondern von der SNIA.

Der rote Stern der Partisanen Auch in Torviscosa waren kommunistische Widerstandskämpfer aktiv. Hier ein Orginaldokument aus einem privaten Archiv

APARTHEID IM SCHULBUS

Der Sohn ging einen anderen Weg. Statt wie seine Brüder in der Fabrik zu arbeiten, machte er eine Ausbildung zum Verkäufer und arbeitete im Kleidergeschäft. „Vielleicht wollte ich einfach nicht den Blaumann anziehen", sagt der Pensionist. Er bittet mich in seine Wohnung und, als er erfährt, dass ich aus Wien bin, zeigt er mir ein Poster vom Hundertwasserhaus. Der berühmte Gemeindebau wird meist mit grünen Bäumen dargestellt, Lino suchte eine Winteransicht aus. Schnee liegt auf den krummen Balkonen. Allmählich öffnet sich in den Erinnerungen ein Türchen. Im Märchen Marinottis tauchen Geister auf.

Während der Faschistenzeit mussten die jungen Leute Mitglieder von Organisationen sein. Die Prachtallee hieß damals Viale della giovinezza (Straße der Jugend), jeden Samstag marschierte man in Reih und Glied. Die räumliche Trennung der Arbeiter von den Angestellten diente der sozialen Kontrolle. Die Kinder aus dem „Quadrato", wie der Block der Ingenieure am Hauptplatz hieß, durften nicht zu den Gleichaltrigen, die in den benachbarten Colombaie wohnten. Die zentrale Bar war ausschließlich den oberen Schichten vorbehalten, Arbeitern war der Zutritt verboten. Für die Landarbeiter, die für die Schilfernte eingesetzt wurden und die die Tiere versorgten, gab es eigene Unterkünfte außerhalb von Torviscosa. Sie galten als politisch unzuverlässig. Über allem thronte der Patron: „Marinotti hat genau beobachtet, wer die Theateraufführungen besucht hat und wer nicht", erinnert sich Lino. An dieser Ordnung änderte sich auch in der Demokratie nichts.

In der Chronik von Torviscosa taucht auch der Name Filippo Tommaso Marinettis auf. Noch im Ersten Weltkrieg hatte er militante Zeichnungen veröffentlicht, deren Linien pfeilförmig nach Wien, auf die Hauptstadt des verhassten österreichischen Gegners, zeigten. Marinetti und die von ihm gegründete Bewegung des Futurismus lieh dem Regime die Zeichensprache der Avantgarde. Wie tief Marinetti seinen Kopf in den Hintern der Diktatur steckte, zeigt auch sein „Poema di Torre Viscosa". Im August 1938 besuchte er die in Bau befindliche Industriestadt und bekam von der SNIA den Auftrag, das Projekt zu besingen. Als er das Gedicht kurz darauf publizierte, widmete er die Verse dem Duce. Hier taucht zum ersten Mal der Name Torre Viscosa auf, der den ursprünglichen Namen Torre di Zuino ablösen sollte. Daher ist Torviscosa nicht nur Marinotti und Mussolini, sondern auch Marinetti. MMM.

Die hierarchische Ordnung wurde auch im Schulbus eingehalten. Die Angestelltenkinder vorne, die Arbeitersprösslinge hinten. Nach dem Zwei-

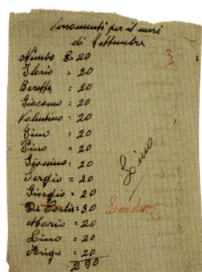

Ein Dokument des Widerstands: Liste mit Mitgliederbeiträgen der verbotenen Kommunistischen Partei

ten Weltkrieg baute die SNIA ein großes Werk in Südafrika. So begann ein reger Austausch zwischen dem Stammwerk und der Filiale. Auch Lino besuchte Freunde und Verwandte, die dort arbeiteten. „Südafrika hatte damals die Apartheid. Die kam mir vertraut vor, denn ich kannte sie aus Torviscosa." In den Sechzigerjahren begannen sich die Arbeiter zu organisieren und für bessere Arbeitsverträge zu streiken. Nach dem Tod Marinottis war die große Zeit der SNIA vorbei. In den Achtzigerjahren stieg der Fiat-Konzern ein und beendet 1991 die Produktion. Doch auch heute noch rauchen die Schornsteine. Chemie- und Pharmafirmen teilen sich einige Hallen.

Ach ja, er hätte da noch einige Kuverts, die ihm sein Bruder Gino, ein Hobbyhistoriker, hinterließ. Lino holt die Umschläge und legt ein vergilbtes Blatt mit einem Stempelabdruck auf den Tisch. „Fronte di liberazione nazionale", im Rot der Kommunistischen Partei. Die nationale Befreiungsfront organisierte den Aufstand gegen die deutsche Besatzung. In der Mitte des Blattes steht der Stern der Partei. Dann zeigt er mir eine Liste mit Beiträgen vom Oktober 1944, die von Parteikadern in Torviscosa gesammelt wurden. In der Fabrik: Dario, 10 Lire; Nino, 30 Lire. Im Dorf: Furia, 20 Lire. Bruno zahlte offensichtlich nicht, er ist als „arm" eingetragen. Arbeiter fanden die Dokumente bei Renovierungsarbeiten im Theater.

Die italienischen Partisanen sind ein nationaler Mythos, der nach 1945 einen Schulterschluss über die ideologischen Gräben hinweg ermöglichte. Kommunisten, Monarchisten und Katholiken sollten ihre Gegensätze im Kampf gegen Nazideutschland überwinden. Diese Erzählung erleichterte zwar die Gründung einer Demokratie, verdrängte aber ein wichtiges Kapitel aus der öffentlichen Wahrnehmung. Italien stilisierte sich zum Opfer und verdrängte die große Zustimmung für das Regime. Nicht nur Fabrikanten und Großbürger unterstützten Mussolini, sondern auch Arbeiter und sogar die als ur-

Oben: Architekt Giuseppe De Min plante bei den Vorarbeiterwohnungen rustikale Bögen ein

Rechts: Das in den 1950er-Jahren errichtete Fußballstadion

Rechts Mitte: Das Lido

Ganz rechts: Torviscosa aus der Vogelperspektive

kommunistisch geltenden Landarbeiter. Der Faschismus regiere also nicht nur durch Zwang, sondern konnte auf große Zustimmung zählen, die er durch Wohnungen, Gesundheitsvorsorge und Ferien am Meer vergalt. Als das Ende nahte, bekam auch Torviscosa ein neues Outfit. Über Nacht verschwanden die Symbole des Faschismus: Aus der Piazza Impero wurde die Piazza del popolo (Platz des Volkes), die Viale della giovinezza ist dem 1944 ermordeten Partisanen Primo del Pol gewidmet.

Schon oft habe ich ähnliche Dokumente in Museen gesehen, wo das Vitrinenglas eine Distanz herstellt. Hier brechen sie den Abstand auf, als würde die Geschichte zu leben beginnen. Die Resistenza mag ein Mythos mit vielen Ungereimtheiten sein, aber an diesen Dokumenten kleben Blut und Tränen. Wer waren diese Leute, die unter Einsatz ihres Lebens für eine bessere Welt kämpften? „Arbeiten wir mit allen Mitteln daran, die politischen Gefangenen zu befreien", heißt es in der Nummer zwei der *La nostra lotta*, dem Organ der Kommunistischen Partei, vom September 1944. Meine Hand zittert leicht, als ich den Archivfund fotografiere.

Die Zeitung besteht aus Seidenpapier, wie es für die Durchschläge von Schreibmaschinentexten verwendet wurde. Da muss einer in einem Untergrundbüro gesessen und Propaganda für den Aufstand getippt haben, stets bedroht von Verrat und Verhaftung. Auf theoretische Betrachtungen („Die Partei ist die bewaffnete Avantgarde der Arbeiterklasse") und Stalin-Zitate folgen Berichte über Streiks im Turiner Stahlwerk von Fiat Mirafiori. Die Roten Brigaden werden in den 1970er-Jahren die Rhetorik und Ästhetik dieser Bulletins imitieren, ein wahnhafter Versuch, an den antifaschistischen Aufstand anzuschließen.

Dann legt mir Lino auch noch ein Blatt hin, auf dem die Partei einen Helden feiert: Giordano Caveltro, neunzehn Jahre alt, aus Parma. Kurz vor seiner Hinrichtung am 5. Mai 1944 schrieb er einen

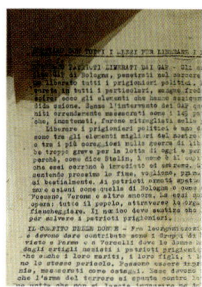

Mit solchen Untergrundzeitungen riefen die Partisanen zum Widerstand gegen die deutschen Besatzer auf

Brief an das italienische Volk: „Ich sterbe, aber die Idee lebt. Nun liegt es an euch, dieses arme Italien neu zu schaffen. Diese Land ist so schön, seine Sonne so warm, die Mütter sind so gut und die Mädchen so lieb." Anders als bei Marinotti intervenierte kein Kardinal, als das Erschießungskommando kam.

Lino und ich treten vor das Haus, das auf der Rückseite des Theaters liegt, in dem Marinotti kontrollierte, wer die Aufführungen schwänzte. Er deutet auf die gläserne Kuppel, die das Gebäude aus Backstein überragt. „Wir haben erst viel später erfahren, dass das ein Versteck der Partisanen war."

DER STOFF DER TRÄUME

Inzwischen gibt es einige Literatur über Franco Marinotti, die SNIA und Torviscosa. Über die Familie selbst ist wenig in Erfahrung zu bringen. Meist wird lediglich erwähnt, dass Franco Marinotti und seine Frau Teresa Ricotti – die beiden heirateten 1918 – drei Kinder, zwei Töchter und einen Sohn, hatten. Die Tochter Maria Luisa De Romans (1928–2018) war Künstlerin. Sie studierte in Lausanne und lebte auf verschiedenen Kontinenten, vor allem in Asien. Anfang der Siebzigerjahre lernte sie in New York Andy Warhol kennen, der sie in einem Siebdruck porträtierte. Mitte der Achtzigerjahre kehrte sie nach Italien zurück und eröffnete in Venedig ein Atelier.

Sohn Paolo Marinotti (1919–1995) wurde im deutschen Sprachraum durch seine Beziehung zur adeligen österreichischen Schauspielerin Ira von Fürstenberg, einem Stern der Regenbogenpresse, bekannt. Vor allem aber spielte Paolo Marinotti eine wichtige, kaum bekannte Rolle in der italienischen Nachkriegskunst.

Anfang der 1960er-Jahre formulierte eine Gruppe europäischer Künstler und Theoretiker einen radikalen Angriff auf die moderne Stadtplanung, die sich in den Dienst eines blinden Fortschrittsglaubens

> „ Ich sterbe, aber die Idee lebt. Nun liegt es an euch, dieses arme Italien neu zu schaffen "
>
> GIORDANO CAVELTRO, PARTISAN

Der Hauptplatz mit Rathaus, einer alten Piazza nachempfunden

Die Skulptur vor dem SNIA-Museum erinnert an Franco Marinotti

gestellt hatte. Die Situationistische Internationale (S.I.), ein loser, zwischen Frankreich, Deutschland und Skandinavien entstandener Verbund, forderte die Abschaffung all dessen, was in Torviscosa modellhaft durchgespielt worden war: die Trennung von Arbeit, Wohnen und Freizeit; die Automatisierung; die Entpolitisierung des Proletariats durch Konsum und Kultur. Der Künstler Constant schlug etwa vor, die Börse von Amsterdam niederzureißen, um auf dem Grundstück einen Spielplatz zu errichten. Hier wurzeln einige Ideen, die auch den heutigen Städtebau beschäftigen: der Vorrang der Bewohner gegenüber der Technik oder auch das Misstrauen gegenüber Masterplänen, die die Bedürfnisse der Menschen übersehen. 1961 beschloss die S.I. auf einer Mittelmeerinsel eine Experimentalstadt zu errichten, die nicht die Rationalität, sondern die Emotion in den Mittelpunkt stellte. Vorgesehen war etwa ein „Viertel der Angst". Das Geld dafür wäre aus Torviscosa gekommen.

Paolo Marinotti war ein wichtiger Kurator und durch seine Beziehung zu Ira von Fürstenberg auch eine Societyfigur

Paolo Marinotti übernahm in jungen Jahren die Leitung der Keramikfabrik in Torviscosa. 1951, mit zweiunddreißig Jahren, begann er seine Tätigkeit im venezianischen Palazzo Grassi, den Franco Marinotti 1949 gekauft hatte. Heute gehört er dem Pariser Unternehmer für Luxuswaren (Louis Vuitton) und Kunstsammler François Pinault, der den Palast auch weiterhin als Ausstellungshaus nutzt. Im Schatten des übermächtigen Vaters entwickelte Paolo eine eigene Idee davon, wie die Kultur auf die Gesellschaft einwirken könnte. Unter dem offiziellen Titel eines Generalsekretärs entwickelte er das 1951 eröffnete Centro Internazionale delle Arti e del Costume (C.I.A.C.) zu einem Ausstellungslabor, das weit über das Zeigen von Textilien hinausging.

Marinotti präsentierte Trachten und Techniken aus verschiedenen Jahrhunderten und Weltregionen nicht als folkloristische Kuriosität, sondern als Beispiel für das Zusammenwirken zwischen Handwerk, Kunst und regionaler Identität, heute würde man von einem kulturwissenschaftlichen

Ansatz sprechen. „Das Leben ist nicht Kalkül, sondern Kunst", schrieb Marinotti in einem seiner Texte, in denen er eine Gegenwelt zur Sphäre der Maschinen entwarf, eine indirekte Kritik an der Planstadt Torviscosa. Er richtete ein Stipendienprogramm ein, gründete eine wissenschaftliche Bibliothek und gab Studien in Auftrag. Den Besuchern stand eine Sammlung von Stoffproben zur Verfügung.

DER BISS DER COBRA

Von der Modegeschichte ausgehend entwickelte Paolo Marinotti spartenübergreifende Projekte, etwa eine Schau über Venedig, die nicht nur historische Glanzlichter aus der Lagunenstadt anbot, sondern auch Fragen nach deren Zukunft stellte. Wie sollte die Regierung mit der historischen Substanz und der Abwanderung umgehen, Themen, die auch heute noch brisant sind. „Von der Geschichtsschreibung vollkommen vergessen, entwickelte sich Marinotti zu einem der großen italienischen Mäzene des 20. Jahrhunderts", schreibt der Kunsthistoriker Stefano Collicelli Cagol in seiner 2008 veröffentlichten Monografie über Paolo Marinotti.

1959 begann Marinotti, den Schwerpunkt seiner Interessen auf zeitgenössische Kunst zu legen. Auch diese erst in jüngster Zeit gewürdigte Aktivität macht ihn zu einem der interessantesten Kuratoren der zweiten Hälfte des 20. Jahrhunderts. Mehr noch als die Mode betrachtete Marinotti die Kunst als Medium, sich möglichst unmittelbar auszudrücken. Nicht die Form war ihm wichtig, sondern die Nähe der Kunst zum Leben der Menschen.

Zuhause hatte er die Futuristen Tommaso Marinetti, Luigi Russulo und Giacomo Balla, Freunde seines Vaters, kennengelernt. Nun wollte er eine Verbindung zu Künstlern seiner eigenen Generation herstellen. Auf Anregung von Willem Sandberg (1897–1984), dem legendären Direktor des Stedelijk Museum Amsterdam, begann er zeitgenössische Künstler einzuladen. Sandberg entwickelte in den Jahren nach dem Ende des Krieges eine neue Form von Museum. Aus dem starren Tempel sollte ein Kulturzentrum werden, das sich mit einer Bibliothek, einem Lesesaal, einem Auditorium mit einem Musik- und Filmprogramm und einem Restaurant zur Stadt hin öffnete. Sandberg kam von der abstrakten, rationalistischen Kunst, revidierte seine Haltung dann aber Richtung Expressionismus. 1949 machte er die erste Ausstellung der dänischen Gruppe Cobra, deren Haupt Asger Jorn Marinottis wichtigster Ansprechpartner werden sollte.

Paolo Marinotti machte den **Palazzo Grassi** zum Zentrum der Avantgarde. Mit den Situationisten wollte er eine Stadt bauen

Sandberg hatte mit dem von Henri Bergson 1907 geprägten Begriff des *élan vital* das Schlagwort gegen die Erstarrung der Akademien und Museen geliefert. Marinotti übersetzte ihn mit „Vitalità", was so viel wie Lebenskraft bedeutet. Er organisierte eine Ausstellung zur „Vitalità nell'Arte", die Themen „Natur" und „Kontemplation" sollten folgen. Statt einfach Bilder an die Wand zu hängen, lud er Ausstellungsgestalter ein, Raumkonzepte zu entwickeln. Der Architekt Carlo Scarpa übernahm das Design von „Vitalità nell'Arte" (1959), der Künstler Lucio Fontana schuf in „Dalla Natura all'arte" (1960) eine begehbare Raumskulptur mit Stoffen aus Torviscosa.

Mit Asger Jorn kam einer der vielschichtigsten Künstler der Nachkriegszeit nach Venedig. Als Theoretiker griff er brisante Themen der Gegenwart auf: den Konsumismus der Wirtschaftswunderzeit, den Mythos des romantischen Künstlers und die Vermarktung der Kunst. Bei Jorn liefen die Fäden zahlreicher Avantgardegruppen zusammen. Nach der Auflösung von Cobra gründete er den M.I.B.I., den Movimento internazionale per un Bauhaus immaginista. Die Gruppe war als Kritik an der Hochschule für Gestaltung in Ulm gedacht, die sich dem Erbe des Bauhauses verschrieben hatte. Jorn kritisierte das Neue Bauhaus als zu technisch und zu rational.

Die Künstler trafen sich auch im Laboratorio Sperimentale von Alba, um gemeinsam Strategien zu entwickeln. Aus Paris, Deutschland, Italien und Skandinavien reisten Künstler in den Piemont, im Hintergrund stellte Marinotti das nötige Kleingeld zu Verfügung. So kam er auch in Kontakt zur Situationistischen Internationalen (S.I.) und deren Kopf Guy Debord. Die nach einem Treffen in Alba 1957 gegründete S.I. bestand aus Künstlern und Theoretikern, die sich über die Dogmen der Malerei und des Kinos lustig machten, alternative Stadtmodelle entwarfen und schließlich auch in den politischen Kampf eingriffen. Ihre subversiven Strategien beeinflussten die Studentenbewegung von 1968.

Die S.I. war ein zerstrittener, im Pariser Untergrund agierender Haufen mit einem unberechenbaren Wirrkopf an der Spitze. Umso erstaunlicher ist es, dass der Kontakt zu Marinotti, dem reichen, stets gut gekleideten Idealisten, überhaupt zustande kam. Asger Jorn finanzierte die Aktivitäten der S.I. vor allem auch durch Verkäufe seiner Bilder an Marinotti. Der Generalsekretär des Palazzo Grassi reagierte positiv, als ihm Debord 1959 das Utopolis-Projekt präsentiert. Utopolis sollte eine situationistische Stadt werden, nicht nur als Modell, sondern im realen Raum. Den sollte Marinotti auf einer Mittelmeerinsel zur Verfügung stellen.

Man kann sich Utopolis als Gegenmodell zu Torviscosa vorstellen. Statt Hierarchie Selbstverwaltung, statt Automatisierung kreative Entfaltung. Constant, der Vordenker der situationistischen Stadt, hatte bereits Modelle entwickelt, die den Homo ludens, den spielerischen Menschen, in den Mittelpunkt stellten. Alle Gebäude sollten für jeden zugänglich sein und die Bewohner wie Nomaden von Ort zu Ort ziehen (so eine der wenigen konkreten Angaben, wie die Stadt zu benutzen sei). Von einer „therapeutischen Stadt der Spiele" war da die Rede. Es lag aber nicht nur an den vagen Vorstellungen, sondern auch den unverschämten Forderungen, dass Utopolis scheiterte. Der

Vertrag der Künstler mit dem Palazzo Grassi sah vor, dass ein Fünftel der Gebäude ohne Gegenleistung in den Besitz der S.I. übergehen sollten.

Eine weitere Klausel mag Marinotti besonders irritiert haben. Debord und Jorn behielten sich das Recht vor, die Stadt jederzeit in die Luft sprengen zu dürfen. Im August 1961 wurde das Progetto Utopolis abgeblasen. „Die Situationisten wollten nicht eine Stadt, wie sie in den meisten Utopien entworfen wird, sondern eine gebaute Kritik dieser Ideale", schreibt der Historiker Roberto Ohrt. So scheiterte der Plan, ein Anti-Torviscosa, zu bauen. Wer den Geist der Utopie spüren will, bleibt auf einen Besuch in Torviscosa angewiesen.

REISEZIEL
Torviscosa ist eine Gemeinde in der Region Friaul-Julisch Venetien. Sie ist dreiundzwanzig Kilometer von Grado und sechzig Kilometer von Triest entfernt. Das Informations- und Dokumentationszentrums CID bietet einen Überblick über die Geschichte des Ortes. Es ist von April bis September, Samstag und Sonntag zwischen 15 und 19 Uhr geöffnet. Info: http://cid.comune.torviscosa.ud.it

EXTRATOUR 1
Auf dem Reißbrett entworfene Planstädte sind keine Erfindung des 19. und 20. Jahrhunderts, als in Torviscosa oder Zlín *company towns* entstanden. Wenige Kilometer von Torviscosa entfernt kann man eine Idealstadt des 16. Jahrhunderts besuchen. Die Republik Venedig errichtete **Palmanova** als Festungsstadt. Der sternförmige Grundriss hat sich bis heute erhalten. Ähnlich wie in Torviscosa spiegelt sich die soziale Hierarchie im Stadtplan wider. Im Zentrum wohnten die Offiziere, ganz außen die Söldner.

Grafik der Planstadt **Palmanova**

Grado ist ein Reiseziel für Birdwatcher

EXTRATOUR 2

Für Vogelbeobachter ist die Lagune östlich von Grado eine bekannte Attraktion. Das Schutzgebiet von Valle Cavanata erhob die Graugans (Anser anser) zu ihrem Symboltier.

LITERATUR

Die Autorin *Lorena Zuccolo* schrieb einen kritischen historischen Abriss: *Torviscosa città del Novecento* (Pro Torviscosa, 2019). Weniger distanziert fiel die Monografie über Franco Marinotti aus, die im Verlag seines Enkels Christian Marinotti erschien: *Valerio Castronovo, Anna Maria Falchero: L'avventura di Franco Marinotti. Impresa, finanza e politica nella vita di un capitano d'industria* (Christian Marinotti Edizioni, Mailand 2008). Lesenswert ist *Stefano Collicelli Cagols* Buch über Paolo Marinotti: *Venezia e la vitalità del contemporaneo, Paolo Marinotti a Palazzo Grassi, 1959–1967* (Il Poligrafo, Padova 2008).

2 SUSCH

2
SUSCH

KAPITAL UND KLOSTER

Die polnische Milliardärin Grażyna Kulczyk eröffnete in den Schweizer Alpen ein Kunstmuseum. Eine Reise ins Gebirge, wo reiche Menschen nach einem höheren Sinn suchen

Die Entjungferung fand im Kloster statt. In der Eröffnungsausstellung des Muzeum Susch im Jahr 2019 hing eine Dokumentation von Renate Bertlmanns Performance „Deflorazione" (1977). Bertlmann schlitzt darin mit Skalpellen eine Papierwand auf, die an ihren Brüsten befestigt ist. Die Wiener Künstlerin wollte damit ausdrücken, wie schmerzhaft der künstlerische Akt für Frauen sein kann. Das Werk war Teil einer Schau an einem außergewöhnlichen Ort.

Die polnische Unternehmerin und Sammlerin Grażyna Kulczyk hat sich in Susch, einem Dorf im Schweizer Unterengadin, einen Traum erfüllt. In einem von hohen Bergen umgebenen Tal baute sie die Brauerei eines Klosters aus dem Mittelalter in ein Museum für zeitgenössische Kunst um. Wo vorher Wanderer vorbeikamen, geben sich nun Kuratoren und Kritiker aus aller Welt die Klinke in die Hand. Als wir das Museum im Juni 2019 besuchten, waren wir die einzigen Gäste. An einen Massenbetrieb ist auch gar nicht gedacht. Auf dem Dorfparkplatz haben gerade einmal zwanzig Autos Platz.

FEMINISMUS IM FELSENDOM

Kulczyk ist eine der reichsten Polinnen, doch statt auf die üblichen Verdächtigen der Messekunst zu setzen – etwa Jeff Koons oder Gerhard Richter –, wählte sie den Feminismus als Schwerpunkt ihrer Erwerbungen. Die Eröffnungsausstellung des Muze-

um (so die polnische Schreibweise) umfasste viele wichtige Künstlerinnen der neueren Zeit, von Louise Bourgeois bis zu Maria Lassnig.

Tropf, tropf, tropf. Wasser rinnt über den Felsen und sammelt sich in der Höhle. Weil der 1157 entstandene Klosterbau unter Denkmalschutz steht, mussten Chasper Schmidlin und Lukas Voellmy, die Architekten des Muzeum Susch, in die Tiefe planen. Wochenlang waren die Detonationen zu hören, als die Bauarbeiter Hohlräume aus dem Felsen sprengten. In manchen Räumen bleibt der nackte, nasse Fels sichtbar.

Der Eingang zum Museum befindet sich in einem mehrstöckigen Haus am Ufer des Inn, der auf der Schweizer Seite ein Bach ist, ehe er in Österreich zum Fluss anschwillt. Früher einmal machten hier Pilger auf dem Weg nach Santiago de Compostela Station. In Susch zweigt die Straße ab, die sich zum Flüelapass hinaufwindet, von alters her eine wichtige Verbindung. Das Haupthaus mit Kassa, Wirtshaus, Bibliothek und Konzertsaal ist durch eine schmale Straße von den sich an den Hang schmiegenden Trakten getrennt. Die Architekten verbanden die Teile durch einen unterirdischen, ebenfalls in den Felsen gesprengten Tunnel.

So entstanden 1500 Quadratmeter Ausstellungsfläche, die vergessen lassen, dass man sich in einem Bergdorf befindet. Neben den Wechselausstellungen sind auch einige Werke zu sehen, die dauerhaft für bestimmte Räume geschaffen wurden, sogenannte In-situ-Arbeiten. Die polnische Künstlerin Magdalena Abakanowicz platzierte etwa in ein Kellergewölbe eine Figurengruppe, Statuen ohne Kopf, die den Raum in ein geheimnisvolles Mausoleum verwandeln.

Am meisten beeindruckten mich die Felshöhlen, die den Ort mit der alpinen Umgebung verbinden. Der Ausstellungsbereich hingegen mutet etwas glatt an. Viel Geld floss in dieses an sich unansehnliche Bauwerk und erzeugte eine unangemessene Form der Künstlichkeit. Die Aura des organisch Gewachsenen ging dabei teilweise verloren.

SLOW ART

„Die Leute kaufen Kunst immer mehr als Investition statt aus Neugier oder Leidenschaft", sagt Kulczyk, müde vom Spektakel der Messen und Auktionen, in einem Interview. Sie plädiert für einen weniger konsumistischen Umgang mit Kunst. So wie die Slow-Food-Bewegung auf regionale Zutaten achtet, will die Sammlerin die Wahrnehmung reinigen. Die verlangsamte Form der Rezeption nennt sie Slow Art.

Kulczyk kam bereits während ihres Jusstudiums in Posen mit Kunst in Berührung. Damals lernte sie auch ihren späteren Ehemann, Jan Kulczyk, kennen, von dem sie sich 2005 scheiden ließ. Das Vermögen des 2015 verstorbenen Unternehmers wurde auf vier Milliarden Euro geschätzt. Kulczyk galt als einer der mächtigsten Männer Polens, als einer, der die Politik im Hintergrund dirigierte. Im Nobelskiort St. Moritz, nicht weit von Susch entfernt, baute er sich ein Anwesen, einen architektonischen Exzess aus Marmor und Gold, der an einen schlechten Koksrausch erinnert. Da die Villa nicht in die Höhe wachsen konnte, ließ Kulczyk vier Stockwerke in den Felsen sprengen. The Lonsdaleite gilt als das teuerste Anwesen in der Schweiz, es kostete 185 Millionen Euro.

Auch seine Gattin war als Geschäftsfrau erfolgreich. In Posen kaufte Grażyna Kulczyk eine alte Brauerei und baute Stary Browar in eine Mischung aus Shoppingmall und Kulturzentrum um. Man kann darin einkaufen sowie Theater und Ausstellungen besuchen. Kritiker nannten Stary Browar eine Kathedrale des Neoliberalismus. Hier siedelte die Mäzenin 2004 auch ihre Stiftung an, die bildende Kunst, Tanz und Design fördert. Die Art Stations Foundation organisiert den Betrieb des Muzeum Susch.

Grażyna Kulczyk ist eine polnische Unternehmerin, die im Engadin ein Museum für ihre Kunstsammlung baute. Dafür musste sie ein Loch in den Felsen sprengen

Oben: Ansicht des Muzeum Susch

Oben rechts: Monika Sosnowskas Skulptur „Stairs" (2016–2017)

Rechts: Adrián Villar Rojas' „The Theater of Disappearance" (2018)

Ganz rechts: Gewölbe des ehemaligen Klosters

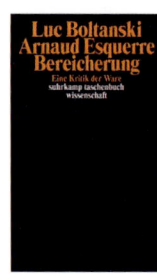

Die Soziologen Luc Boltanski und Arnaud Esquerre analysieren in ihrer Studie „Bereicherung" (Suhrkamp) die Verwertung historischer Immobilien

Das Muzeum Susch folgt einem Trend. Immer mehr Sammler verlassen die Zentren und ziehen sich in die Peripherie zurück. Die Villa von Giuseppe Panza in Varese stieg zum vielfach imitierten Vorbild auf. Das Sammlerpaar Venke und Rolf Hoff eröffnete in Norwegen auf einer Lofoteninsel ein Museum in einer ehemaligen Kaviarfabrik. In einem viel größeren Maßstab engagierte sich die Schweizer Mäzenin Maja Hoffmann, eine Erbin des Schweizer Pharmaunternehmens Hoffmann-La Roche, im südfranzösischen Arles, einer ehemaligen Arbeiterstadt.

Hoffmann gab beim Architekten Frank Gehry einen 150 Millionen Euro teuren Neubau auf einem ehemaligen Bahnhofsgelände in Auftrag. Zum Museumskomplex Luma gehören die Werkstätten der Eisenbahner, in denen Künstlerwohnungen und Tagungsräume untergebracht sind.

Kurz vor dem Besuch hatte ich das Buch zweier französischer Soziologen, Luc Boltanski und Arnaud Esquerre, gelesen, in dem unter anderem Hoffmanns Engagement in Arles analysiert wird. Die Studie half mir, das Wunder von Susch zu erklären. Die Autoren bezeichnen Arles als typisches Beispiel einer „Bereicherungsökonomie". Sie definieren damit den Übergang von der industriellen Produktion zu Waren, die der Logik des Kunstmarktes folgen. Während etwa ein Taschentuch nach dem Gebrauch an Wert verliert, steigen die Preise für exklusive Produkte. Das gilt nicht nur für Gemälde, sondern auch für erlesene Weine, Designerstühle oder eben auch alte Häuser wie in Arles oder Susch.

DIE RENDITE DER BRACHEN

Millionäre investieren in alte Industriegebäude, die, anders als Neubauten, eine Seele besitzen. Auf den Niedergang der Fabriksarbeit und der Landwirtschaft in den 1960er-Jahren folgte die Kulturalisierung der Brachen – durch Investoren mit einem

Sinn für Vintage. Die Geschichte eines Ortes bildet dabei einen Bedeutungsspeicher, der der Gegenwart Identität verleiht. Man hat eine Story, mit der man die Immobilie vermitteln kann. Den Pionieren folgen Gäste, die sich ebenfalls für Cultural Heritage interessieren.

Wertlose Grundstücke verwandeln sich so allmählich in einen exklusiven *place to be,* der die Nachfrage nach vermeintlicher Ursprünglichkeit bedient. Kulczyks Geschichte von der Pilgerrast in Susch stellt ein Beispiel für ein identitätsbildendes Narrativ dar. Das Muzeum Susch definiert eine Gegend neu, die von Bauernsterben und Landflucht geprägt ist. Der Club der Bereicherungsökonomie verbindet, einer nach außen hin unsichtbaren Standortlogik folgend, Tradition mit Investition.

Das geht mit keiner wirklichen Demokratisierung einher, sondern imitiert einen feudalen Gestus. Die französische Königin Marie-Antoinette ließ sich Ende des 18. Jahrhunderts ein Dorf errichten, um ein naturnahes Leben genießen zu können. Auf ähnliche Weise ziehen sich die Reichen von heute in Industriebrachen oder auf Bauernhöfe zurück, um Einfachheit zu spielen. Auch die Pilgerreise bietet sich als Metapher an. Man begibt sich auf Wanderschaft, um den irdischen Ballast abzuwerfen und Gott – und sich – näherzukommen. Die Bauern gehen, die Oligarchen kommen.

„Grażyna Kulczyk will im positiven Sinn anders sein", sagt die Kunstkritikerin Goschka Gavlik, die ich in Wien auf Susch anspreche. Gavlik gehört zu den besten Kennerinnen der polnischen Kunstszene und verfolgt die Tätigkeit der Mäzenin von Anfang an. Obwohl Kulczyk den Ruf einer beinharten Verhandlerin hat, erlebte Gavlik ihr Gegenüber als fast schüchterne Frau. Zu ihrer Sammlung gehören auch Ikonen und polnische Malerei, doch sie hört auf Berater und konzentriert sich auf die gefragte Gegenwart.

Auch die Ausstellungen in Susch kuratiert sie nicht selbst, sondern holt Expertinnen und Experten.

Magdalena Abakanowicz: „Flock I" (1990)

Eine Schau widmete sich der Schweizer Künstlerin Emma Kunz (1892–1963), die über esoterische Lehren zu einer originellen, abstrakten Formensprache fand.

Zuerst wollte Kulczyk in Posen ein Museum bauen, dann in Warschau. Als die Verhandlungen mit den staatlichen Behörden an der Finanzierung scheiterten, suchte die Mäzenin das Weite. Anders als ihr Exmann wollte sie nicht protzen, sondern im Stillen wirken. Vor einigen Jahren zog sie nach Tschlin, ein Bergdorf im Unterengadin. Ein Spaziergang führte sie in den 200-Seelen-Ort Susch. Hier bemerkte Kulczyk ein Gebäude, das, obwohl uralt, eine funktionale Anmutung besitzt. So begann das Märchen von der reichen Frau, die ins Kloster geht.

LUXUS UND GÜTER

Die Fassade der Selbstlosigkeit hat einen Sprung. Kulczyk gehört zu einer Gruppe von Superreichen, die in den vergangenen zwanzig Jahren die Kunstwelt veränderten. Während die öffentlichen Museen zunehmend an Einfluss verlieren, übernehmen private Foundations das Ruder. Wichtiger als wissenschaftliche Expertise ist der persönliche Geschmack – und die Gewinnmaximierung. Die französischen Magnaten François-Henri Pinault und Bernard Arnault, die Könige der Luxusindustrie, gründeten im Zentrum von Paris prächtige neue Museen. In einigen der zum Arnault-Imperium gehörenden Louis-Vuitton-Shops vermischen sich die Sphären: Konzeptkunst trifft auf Edelhandtasche. Pinault zeigt im Palazzo Grassi in Venedig Teile seiner Sammlung. Wer von den beiden Investoren in ihr Portfolio aufgenommen wird, darf mit satten Gewinnen rechnen. Seit etwa der deutsche Maler Albert Oehlen zur Pinault-Collection gehört, schießen die Auktionspreise für seine Bilder in die Höhe.

Doch nicht nur Best-of-Sammlungen wie jene von Pinault und Arnault erledigen die Aufgaben öffentlicher Museen. Sammlerinnen wie Grażyna Kulczyk oder die mit ihrer TBA-Stiftung inzwischen von Wien nach Venedig übersiedelte Francesca von Habsburg geben sich mit dem Schaulaufen der VIP-Artists nicht zufrieden und konzentrieren sich auf jene Sparten, die als kritisch und kapitalfern gelten.

Für Künstlerinnen und Künstler mit einem ökologischen oder feministischen Anliegen ist das von Vorteil. Die Privaten finanzieren Projekte, die sich staatliche Museen nicht leisten können. Ein Netzwerk von Kuratoren, Galeristen und Kritikern sorgt dafür, dass der Austausch zwischen Großveranstaltungen wie der Documenta, Kunstmessen wie der Art Basel und den Foundations funktioniert. Man bleibt unter sich.

Das Muzeum Susch liegt zwar in der Einschicht, doch hier gedeihen persönliche Beziehungen. Wenige Kilometer entfernt, im Dorf Sent, hat sich der Galerist Gian Enzo Sperone, eine der großen Nummern, niedergelassen. Die Galerie Tschudi siedelte sich im nahen Ort Zuoz an und zeigt Vertreter der Minimal Art oder den lokalen Künstlerstar Not Vital (siehe auch Extratour 1).

Die Bergidylle bildet die Kulisse für Millionendeals. St. Moritz liegt vierzig Kilometer entfernt. Nachdem die Banken wegen strenger Geldwäschegesetze auf dem Rückzug sind, stieg die Kunst zur Attraktion auf. Mächtige Galerien wie Hauser & Wirth betreiben hier Filialen, auf dem 1700 Meter hoch gelegenen Flughafen landen die Privatjets der Sammler. In der Einsamkeit der Berge können Oligarchen auch ohne Bodyguard das Chalet verlassen. Auf der Alm gibt's ka Sünd.

REISEZIEL
Das **Muzeum Susch** (Surpunt 78, Susch) liegt im Schweizer Unterengadin und ist von Montag bis Sonntag von 11 bis 17 Uhr geöffnet. Info: www.muzeumsusch.ch

ANREISE
Von der Schweizer Seite her ist Susch gut mit der Eisenbahn erreichbar. Von Österreich fährt ein Bus vom Tiroler Ort Martina nach Scuol-Tarasp, von hier geht es weiter mit dem Zug. Wer von Südtirol anreist, muss mit dem Bus von Mals im Vintschgau über den Ofenpass. In Zernez dann in den Zug umsteigen bis Susch.

UNTERKUNFT
Das **Waldhaus Sils**, fünfzig Kilometer von Susch entfernt, ist das einzigartige Beispiel eines alpinen Grandhotels aus der Zeit um 1900, das beinahe unverändert in Betrieb ist. Die Mischung aus Hochgebirge, perfektem Service und Vintage-Ambiente machen das Waldhaus zur Lieblingsdestination von diskreten Reichen und erfolgreichen Künstlern und Architekten. Info: waldhaus-sils.ch

EXTRATOUR 1
Schloss Tarasp ist eine mittelalterliche Burg im Südwesten der Gemeinde Scuol, wenige Kilometer von Susch entfernt. Schlossherr ist der Schweizer Künstler Not Vital, der aus der Gegend stammt und zu einem der Lieblinge internationaler Sammler aufstieg. Vital erwarb das Anwesen 2016 um 7,9 Millionen Franken. In seinem Heimatdorf Sent richtete Vital einen öffentlich zugänglichen Skulpturenpark ein, in dem er auch ein Haus erbaute, dass auf Knopfdruck im Boden verschwindet. Teil von Vitals Stiftung ist ein Patrizierhaus aus dem 17. Jahrhundert in Ardez. Hier zeigt der Künstler alte rätoromanische Schriften und Ausstellungen von Künstlerinnen und Künstlern. Not Vital veranstaltet in Schloss Tarasp während des Sommers Ausstellungen, die historische Einrichtung ist im Rahmen von Führungen zugänglich. Info: www.notvital.ch

Das **Schloss Tarasp** gehört dem Künstler Not Vital, der das Unterengadin zum Kunstzentrum machte

Kloster
St. Johann

EXTRATOUR 2

Für Fans von minimalistischer Architektur gibt es in Zernez (wenige Kilometer von Susch entfernt) das Gebäude des **Nationalparkzentrums** (Urtatsch 2, Zernez). Es wurde 2008 nach Plänen des Architekten Valerio Olgiati gebaut. Olgiati ist für seine monolithischen Sichtbetonbauten bekannt. Das Nationalparkzentrum, zwei dreistöckige, ineinandergeschobene Kuben mit kleinen Fensteröffnungen, wirkt aus der Ferne wie eine Skulptur: ein Anschlag auf jede Form rustikaler Behaglichkeit.
Info: www.nationalpark.ch

EXTRATOUR 3

Am Ausgang des Ofenpasses in Müstair liegt das **Kloster St. Johann,** dessen Gründung auf die Zeit Karls des Großen im 8. Jahrhundert zurückgeht und das bis heute von Benediktinerinnen betrieben wird. Im Rahmen von Führungen ist es möglich, einen Einblick in die 1200-jährige Geschichte zu bekommen: Zu sehen sind nebst der Kirche mit ihren frühmittelalterlichen Wandmalereien Repräsentations- und Wohnräume, Schlafgemächer und Gebetsräume, Kunstschätze und archäologische Funde aus der Kloster- und Baugeschichte. Das Kloster wurde behutsam erneuert und teilweise in ein vorbildlich eingerichtetes Museum verwandelt. Das Museum ist täglich geöffnet. Das Kloster bietet Gästezimmer und ein Ferienhaus auf einer Alm an. Warnung: Seitdem die Schriftstellerin Donna Leon ihren Wohnsitz aus Venedig ins Val Müstair verlegt hat, muss mit anschwellenden Touristenströmen gerechnet werden.
Info: www.muestair.ch

LITERATUR

Als Begleitlektüre zum Thema Reichtum und Rückzug kann empfohlen werden: *Luc Boltanski, Arnaud Esquerre: Bereicherung. Eine Kritik der Ware* (Suhrkamp Verlag, Frankfurt a. M. 2018). Ein erstaunlich modernes Buch ist die *Ordensregel des Heiligen Benedikt von Nursia*, die im Klosterladen von St. Johann erhältlich ist: Der Ordensgründer entwirft eine Lebensform, die geistige Disziplin mit Handarbeit und Teamwork verbindet.

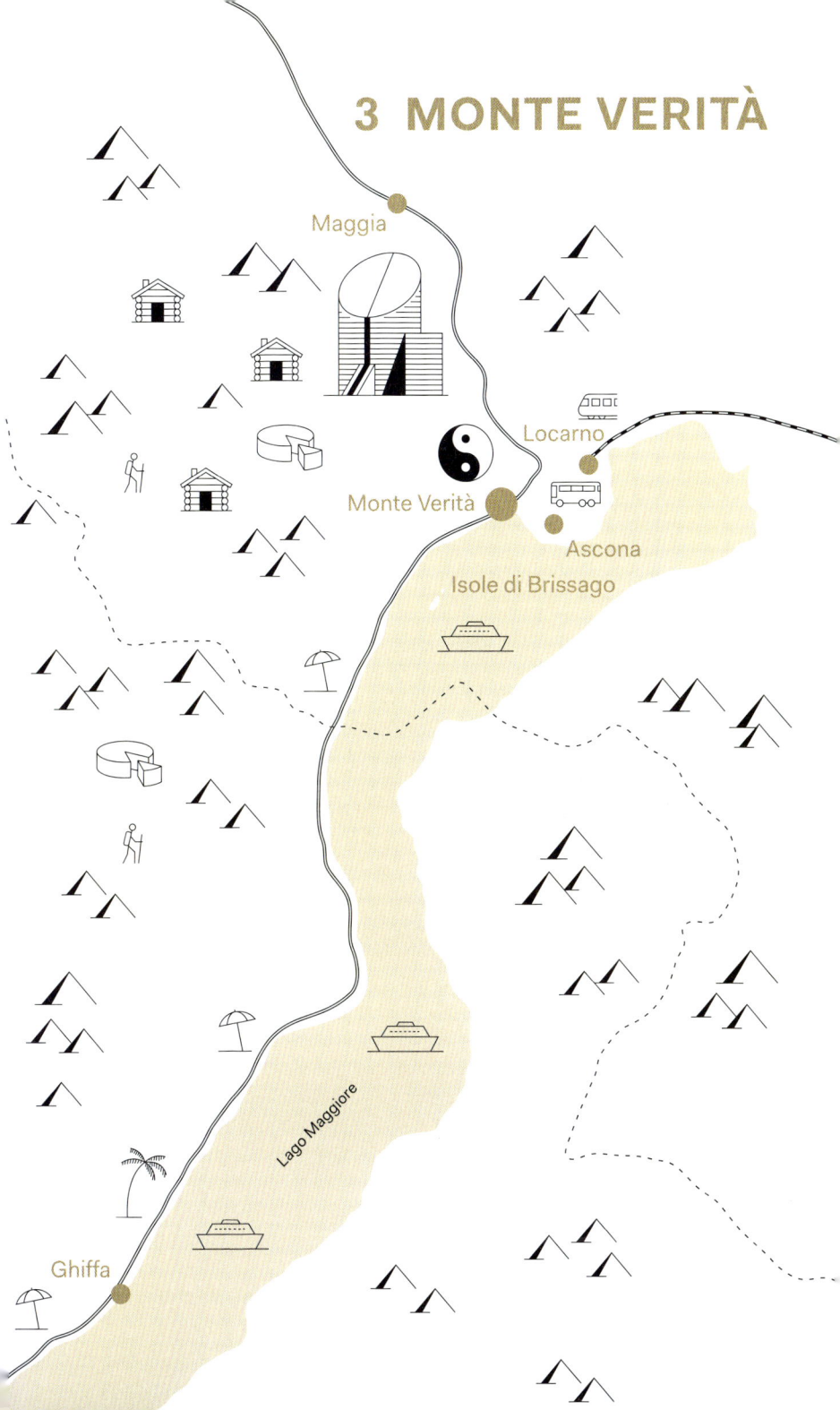

3
MONTE VERITÀ

DAS START-UP DER WELTVERBESSERUNG

Nirgends war die Kunst dem Leben näher als auf dem Monte Verità in Ascona. Ein Besuch im heiligen Gral der Lebensreformbewegung am Lago Maggiore

Der Aufstieg zur Wahrheit dauert eine halbe Stunde. Treppen führen von Ascona, einem Kurort am Lago Maggiore, hinauf auf den Monte Verità, den Wahrheitsberg, der eher ein Hügel ist. Villen säumen den Weg, vermögende Pensionisten lieben das milde Klima des Schweizer Kantons Tessin, dessen Berge an der Grenze zu Italien ins Alpenvorland abfallen. Wo die Zäune aufhören, öffnet sich eine Parklandschaft, in deren Zentrum ein Hotel im funktionalistischen Stil der 1920er-Jahre steht.

Keine Kulturgeschichte des 20. Jahrhunderts kommt an diesem Ort vorbei. Hier entstand eine der ersten Kommunen, die die Abkehr von der Gesellschaft erprobte. Schriftsteller wie Hermann Hesse trafen auf militante Anarchisten, Dadaisten auf Esoteriker. Nudismus und Feminismus auf Vegetarismus und Schamanismus: Auf einer Schafweide – die Weinbauern waren nach der Reblausinvasion abgewandert – entwickelte sich um 1900 eine Alternative zur Welt der Börsen und Fabriken.

Der Name Individualistische Cooperative, wie das Projekt in den Statuten der Gemeinschaft heißt, lässt bereits den Widerspruch erahnen: Radikale Eigenbrötler sollten sich in ein Kollektiv fügen. Es blieb nicht das einzige Paradoxon. Die Moderne zeigte sich auf dem Monte Verità doppelgesichtig – als Aufbruch zu Neuem und Rückkehr zum Ursprung.

Hermann Hesse (2. v. li.) auf dem Monte Verità,
rechts von ihm Henri Oedenkoven und Ida Hofmann

Der Pfad durch den Park führt am Russenhaus vorbei, das so heißt, weil hier 1905 russische Exilanten nach der im Zarenreich gescheiterten Revolution unterkamen. Es ist eine der sogenannten Lichtlufthütten, in der die Gäste die Prinzipien des einfachen Lebens übten, sich fleischlos ernähren und nackt auf dem Feld arbeiten; selbsterzeugtes Obst und Gemüse zubereiten und nur essen, wenn man Hunger hat. Drinnen stand ein Eisenbett, ein Waschtisch und ein Ofen, der Gast hatte die Hütte selber sauber zu halten. „Nichts sollte an den parasitären Lebensstil des bürgerlichen Establishments erinnern", schreibt Stefan Bollmann in seinem Buch über den Monte Verità.

> „Nichts sollte an den parasitären Lebensstil des bürgerlichen Establishments erinnern"
>
> STEFAN BOLLMANN

Der Monte Verità ist heute vor allem ein Seminarhotel. Die Zimmer können auch von Touristen gebucht werden, neben dem Haupthaus gibt es mehrere Nebengebäude mit Zimmern. Die Stiftung Monte Verità renovierte einige Lichtlufthütten und richtete in der Casa Anatta ein Museum ein.

Eine Handvoll Aussteiger hatte im Jahr 1900 mehrere Hektar Land erworben, um ein Sanatorium zu errichten. Der Kern der Gruppe bestand aus den Schwestern Ida Hofmann (1864–1926) und Jenny Hofmann, beide Musikerinnen aus Deutschland. Dazu kamen die Brüder Karl und Gustav Gräser, aus dem heute rumänischen Kronstadt stammend. Gustav, auch Gusto genannt, hatte bereits Erfahrungen mit alternativem Leben gemacht, in der Wiener Kommune des Künstlers Karl Wilhelm Diefenbach.

Karl Gräser, ein ehemaliger Soldat der k. u. k. Armee, wird mit Jenny Hofmann eine Beziehung eingehen. Das Geld für das Unternehmen kam von Henri Oedenkoven (1875–1935), damals Mitte zwanzig und bald schon Lebensgefährte der um zehn Jahre älteren Ida Hofmann. Oedenkovens Vater war Fabrikant in Belgien, das damals neben England das am meisten industrialisierte Land der Welt war. Alle fünf wollten raus aus den Zwängen von Familie und Ehe und prangerten die Naturzerstörung an. Die geistigen Anregungen kamen aus der Theosophie, der maßgeblichen esoterischen Strömung der Zeit, deren zentrale Figur, Helena Blavatsky, Rebellion mit Buddhismus verband. Sie formulierte die Kritik am Materialismus von Wissenschaft und Ökonomie.

Überall in Europa gab es Versuche, die philosophischen Höhenflüge in die Praxis umzusetzen. Man las Friedrich Nietzsche und den inzwischen vergessenen Philosophen Afrikan Spir. Die Reformer gründeten ordensähnliche Gemeinschaften, aßen vegetarisch und glaubten nicht an Jesus Christus, sondern an höhere Wesen aus dem Sanskrit. Der vom Christentum abgewertete Körper sollte zu seinem Recht kommen. Zu den Idealen gehörte auch der Sturz des Patriarchats. „Jeder verheiratete Mann, welcher mit seiner Frau in die Cooperative eintritt, verpflichtet sich, ihr völlige Unabhängigkeit einzuräumen", heißt es in den Statuten des Monte Verità.

GETANZTE FREIHEIT

Warum Ascona noch immer ein Ausflugsziel für alle an Gegenkultur Interessierten ist, hat mit dem Ausstellungsmacher Harald Szeemann (1933–2005) zu tun. Als Szeemann in den Siebzigerjahren zu dem Thema zu recherchieren begann, war der Feldversuch der Weltverbesserung in Vergessenheit geraten. Der letzte Eigentümer des Areals, der Bankier und Sammler Eduard von der Heydt (1882–1964), hatte das Anwesen an den Kanton Tessin vererbt.

Der öffentliche Eigentümer ließ die Hütten und das von von der Heydt 1927 gebaute Hotel verfallen. Szeemann erkannte die Verwandtschaft zwischen dem Monte Verità und den Aussteigern der 1970er-Jahre und grub in die Tiefe. Er fand Fotos der Performances von Rudolf von Laban, einer zentralen Figur des modernen Tanzes. Im Keller einer noch lebenden Kommunardin tauchten Tanzkostüme auf. Obwohl viele Künstlerinnen und Künstler zumindest zeitweise hier lebten, entstanden kaum Werke im klassischen Sinn. Wer das Feuer der Bewegung in sich verspürt, braucht keinen Malkasten.

Nach drei Jahren Recherche hatte Szeemann die Objekte für eine Ausstellung zusammen. Der Untertitel der 1978 an fünf Standorten in Ascona gezeigten Schau „Monte Verità" war „Die Brüste der Wahrheit". Er sollte die Vielzahl der Strömungen zum Ausdruck bringen, die sich in Ascona kreuzten.

Der kleinste gemeinsame Nenner war die „Abkehr von jeglicher blutbefleckter Nahrung", wie der Komponist Richard Wagner den Vegetarismus beschrieb. Eine von Szeemann ausfindig gemachte Landkarte stellt die Anzahl vegetarischer Restaurants in Europa dar, in Wien gab es über 200, ein Beweis für die internationale Vernetzung der Revolte für ein gutes Leben.

Kurator **Harald Szeemann** machte den Monte Verità durch eine legendäre Ausstellung bekannt

Szeemann bezeichnete den Monte Verità als dritten Weg zwischen Kapitalismus und Kommunismus und bot damit eine noch immer aktuelle Interpretation an. Heutige Versuche, die Zerstörung des Planeten durch eine Veränderung der Konsumgewohnheiten aufzuhalten, erinnern an die Wahrheiten um 1900. „Du sollst dein Leben ändern" ist ein moralischer Imperativ, der die Veritaner mit heutigen Umweltaktivisten verbindet.

Szeemanns Ausstellung wanderte nach Zürich, Berlin, Wien und München und ist heute in der Casa Anatta zu sehen, dem 1904 auf dem Monte Verità errichteten Privathaus von Henri Oedenkoven und Ida Hofmann. Im Hauptraum spielte Hofmann auf dem Klavier Richard Wagners, es tanzten Pionierinnen des freien Ausdrucks wie Mary Wigman. Der spätere Eigentümer Eduard von der Heydt hängte Bilder seiner Kunstsammlung an die Wand, darunter Gemälde von Vincent van Gogh. Dem theosophisch-buddhistischen Denken der Zeit geschuldet – Anatta bedeutet im Chinesischen Ichlosigkeit – verzichteten die Erbauer auf alles Gerade und Eckige. Auf der riesigen Terrasse nahmen die Bewohner Sonnenbäder,

Oben: Nacktes Garteln gehörte zum Kurprogramm

Oben links: Eine der renovierten Lichtlufthütten

Ganz links Mitte: Ausstellung im Casa Anatta Museum

Ganz links: Das 1927–1929 errichtete Hotel Bauhaus

Links: Eurythmische Bewegung in Reformkleidern

die Theoretiker der modernen Architektur werden darin ein frühes Beispiel für ein zwangloses Wohnen mit Flachdach erkennen.

Szeemann lieferte die Vorarbeiten für eine Revitalisierung des Ortes. Die ETH Zürich gründete mit dem Kanton eine Stiftung, die in den Neunzigerjahren ein Kongress- und Kulturzentrum einrichtete und das Terrain revitalisierte. Im Hauptgebäude hängen noch einige Werke der Asiatika-Sammlung von Eduard von der Heydt, der den Monte Verità in den Zwanzigerjahren zu einem Treffpunkt der Reichen und Schönen machte. Man fuhr in der Limousine aus Berlin oder Zürich hierher, um sich mit Licht, Luft und Yoga zu therapieren, Wellness würde man heute dazu sagen.

SPINNER UND BANKER

Cover von **Ida Hofmanns** Buch „Wahrheit ohne Dichtung", 1906

Szeemann beschrieb das Muster des Monte Verità. Zuerst kommen die Spinner, dann die Künstler. Die Künstler malen die Landschaft, verkaufen ihre Bilder aber nicht an Einheimische, sondern an die Bankiers im Norden. „Die Bankiers wollen dann auch hier leben, aber nicht in Hütten, sondern in komfortablen Häusern, und bringen ihre eigenen Architekten mit", sagt Szeemann. Vom Geheimtipp zum Luxus-Retreat: Betrachtet man die Geschichte von Rückzugsorten von der Toskana bis nach Kalifornien, hat sich an dem Drehbuch wenig geändert.

Der Vergleich mit den Kommunen der Sechzigerjahre liegt auf der Hand. Mit ihnen teilten die Veritaner nicht nur den Wunsch nach einem authentischen Leben, sondern auch das Scheitern. Scheinbar emanzipierte Männer verwandelten sich in egomanische Gurus, die ihre Lebensgefährtinnen mit Syphilis ansteckten. Sich entspannt gebende Anarchisten erwiesen sich als Faulpelze, die der Gemeinschaft auf der Tasche lagen. Als Unternehmen hat die Heilanstalt in den ersten Jahrzehnten nicht funktioniert.

Auch wenn sich Henri Oedenkoven und Ida Hofmann um einen regulären Betrieb bemühten, hielten sich selten einmal mehr als ein Dutzend Gäste im Sanatorium auf. Am meisten verdienten die Betreiber mit den Ansichtskarten von nackten Prominenten. Auch für den Besuch des Geländes wurde Eintritt verlangt. Der Blick auf den Zoo der befreiten Menschheit war bei Tagesausflüglern beliebt.

Ein Gast ersann ein heiteres Gegenprojekt zum heiligen Ernst des Monte Verità. Der deutsche Unternehmer Max Emden verkaufte 1927 das Berliner Kaufhaus KaDeWe und das Kaufhaus Oberpollinger in München – beide gehören übrigens inzwischen dem österreichischen Investor René Benko – und zog auf eine Insel im Lago Maggiore. Hier ließ er sich eine schlossartige Villa bauen und legte einen botanischen Garten an. Die Zeitungen berichteten über das Paradies, in dem nackte Mädchen tanzten. Statt eines Wahrheitsberges gestaltete Emden eine Insel des schönen Fakes. Die Frauen waren keine Aussteigerinnen, sondern Models, die stundenweise für Fototermine bezahlt wurden. Am Abend kehrten sie mit dem Wassertaxi in die Realität zurück.

Der Kunstsammler **Eduard von der Heydt** verwandelte den Monte Verità in den 1920er-Jahren in einen Treffpunkt der Avantgarde

REISEZIEL
Der **Monte Verità** befindet sich auf einem Hügel über Ascona. Seit 1989 verwaltete eine Stiftung den Komplex, zu dem ein Hotel, ein Restaurant, ein Park und das Museum Casa Anatta gehören. Das Museum ist von 10. Juni bis 1. November geöffnet. Info: www.monteverita.org

ANFAHRT
Nach der Ankunft in Locarno können Sie den Monte Verità auf folgende Arten erreichen: Linie 1 (Fahrplan) ab Bahnhof Locarno bis Ascona (Endstation), dann Linie 5 (Fahrplan „Buxi") von Ascona (Autosilo, gegenüber der Haltestelle der Linie 1) zum Monte Verità.

EXTRATOUR

Der Ausflug führt ins nordöstlich gelegene **Maggiatal**, einem der typischen Tessiner Täler mit Schluchten, Bächen und Steinhäusern, die heute nicht mehr von Bauern, sondern von Sommerfrischlern bewohnt werden. Hier gibt es zahlreiche gut markierte Wanderwege, die ideale Möglichkeit, um diese von Kastanienbäumen geprägte Landschaft zu erkunden. In der Mitte des Tales liegt Maggia, wo der Kurator Harald Szeemann seit 1961 seine Agentur für geistige Gastarbeit betrieb. Der manische Sammler trug in der Fabbrica Rossa 26.000 Bücher und 750 Laufmeter Dokumente zusammen.

Fährt man das Maggiatal weiter, gelangt man zu dem **Weiler Mogno**, in dem nach Plänen des Tessiner Architekten Mario Botta 1992 bis 1996 eine Kapelle errichtet wurde. Eine Lawine hatte die alte Kirche zerstört. Botta steckte ungewöhnlich viel Arbeit in die Lösung der Aufgabe: ein Wechselspiel zwischen hellem und dunklem Gestein, byzantinischen Zitaten und moderner Geometrie. Die Materialien Wasser, Stein, Glas, Holz und Licht sind aufeinander abgestimmt und erzeugen eine Atmosphäre, die zu ästhetischer und spiritueller Versenkung einlädt.

Der Architekt **Mario Botta** errichtete im Maggiatal eine außergewöhnliche Kapelle

UNTERKUNFT

Wem die Schweiz zu teuer ist, der kann auf der italienischen Seite des Lago Maggiore bleiben. In Ghiffa wohnte ich im **Park Hotel Paradiso** (Zimmerpreis: 61 Euro), einer alten, im Liberty-Stil eingerichteten Villa. Heute wird das Gebäude als Familienpension geführt, mit wenig Komfort und viel Aufmerksamkeit. Das Essen auf dem Balkon mit grandioser Aussicht auf den See ist tadellos. Hotel Park Paradiso: Via G. Marconi , 20, Ghiffa (VB); Info: www.hotelparkparadiso.jimdofree.com

LITERATUR

Stefan Bollmann verfasste eine sehr lesenswerte Geschichte: *Monte Verità. 1900. Der Traum vom alternativen Leben beginnt* (Pantheon, München 2017). Antiquarisch erhältlich ist der Ausstellungskatalog von *Harald Szeemann: Monte Verità, Berg der Wahrheit, Lokale Anthropologie als Beitrag zur Wiederentdeckung einer neuzeitlichen sakralen Topographie* (Electa Editrice, Mailand 1978).

4 LEDNICE UND VALTICE

4
LEDNICE UND VALTICE

DAS VERSUNKENE REICH DER LIECHTENSTEINS

Die Dynastie der Liechtensteins baute im heutigen Mähren die Schlösser Lednice und Valtice zu prächtigen Residenzen aus. Eine Geschichte über Glaube und Gewalt, Gartenliebe und Geldwäsche

An der Thaya berührt das Morgenland das Abendland. Das Minarett, achtundsechzig Meter hoch und von Störchen und Reihern umkreist, überragt den zu einem See gestauten Fluss und die mächtigen Bäume des Schlossparks von Lednice – wie eine Fata Morgana. Hunderte Arbeiter gruben sich tief in den Sand und rammten Baumstämme in die Erde, um ein tragfähiges Fundament zu schaffen. Das 1800, nach drei Jahren Bauzeit, fertiggestellte Bauwerk sollte den Ruhm des Bauherrn symbolisieren.

Fürst Alois I. (1759–1805) wollte sich ein Denkmal setzen und gleichzeitig sein Interesse an fremden Kulturen demonstrieren: auf der Fassade prangen Koranzitate. Das Bauwerk steht außerdem im Zeichen einer anderen Denkschule. Der Architekt Joseph Hardtmuth arbeitete in das Minarett die magische Zahl „8" der Freimaurer ein: Der Turm ist achteckig und das erste, einer Moschee nachempfundene Stockwerk verfügt über acht Säle.

APOLLO IN MÄHREN

Das Minarett ist der Höhepunkt der sich über 280 Quadratkilometer erstreckenden künstlichen Landschaft von Eisgrub/Feldsberg und Lednice/Valtice. 280 Quadratkilometer, das ist mehr als die Hälfte der Fläche Wiens. Der Besucher hat die Möglichkeit,

Das versunkene Reich der Liechtensteins

diese einzigartige Landschaft mit dem Rad zu erkunden. Achtzig Kilometer markierte Touren führen von Břeclav, wo es eine schnelle Zugverbindung nach Wien gibt, bis über die österreichisch-tschechische Landesgrenze.

Der Weg führt an einem klassizistischen Apollotempel vorbei, der so platziert ist, dass die Sonnenstrahlen zu Frühlingsbeginn auf die Statue des antiken Gottes fielen. Oder man stößt auf einen Obelisken nach ägyptischem Vorbild, der, 1798 errichtet, an eine napoleonische Schlacht erinnert. Der Ausflug ist ein ständiger Wechsel von Natur und Kultur, der Besuch in einer verwirklichten Größenfantasie, Ausdruck von Machtfülle und Schönheitssinn.

Wer sich etwas Zeit nimmt, kann dieses gebaute Märchen zu lesen versuchen. Die Spur führt weit zurück in die Zeit der Religionskriege und der aristokratischen Herrschaft. Die Reise nach Eisgrub/Feldsberg und Lednice/Valtice erschließt die Geschichte eines Fürstenhauses, das heute als reichste Adelsfamilie Europas gilt. Das grausame 20. Jahrhundert erschütterte dieses Gesamtkunstwerk. Das untergegangene Reich „Liechtenstein", 750 Kilometer vom heutigen Liechtenstein entfernt, führt außerdem zur Frage, wie eine Demokratie mit dem feudalen Erbe umgeht.

Die meisten denken an Vaduz, wenn von den Fürsten Liechtenstein die Rede ist. Doch seit dem 16. Jahrhundert bis 1938 lag ihre Hauptresidenz im mährischen Eisgrub/Lednice und Feldsberg/Valtice, das bis 1918 in Niederösterreich lag. Das Haus Liechtenstein gehörte zum innersten Zirkel des Kaiserhauses, stellte Feldherren in den wichtigen Schlachten und redete mit, wenn Entscheidungen gefällt wurden.

Feldsberg ist ein wuchtiges Barockschloss, das die Verwurzelung der Liechtensteins in der katholischen Gegenreformation symbolisiert. Das Jagdschloss Eisgrub hingegen steht für die neuere Zeit, als Aufklärung und Romantik die Architektur und Landschaften veränderten. Dazwischen liegen Seen und Wälder, die sich am Fluss Thaya entlangziehen. Voluptuarbauten genannte Lustgebäude – Triumphbögen oder die Ruine eines Aquädukts (Wasserleitung) verweisen auf die mit Heldentum verbundene Bildwelt der Antike. Die künstliche Ruine einer Ritterburg zeugt vom Willen der Herrscher, sich im 19. Jahrhundert auf ihre Ursprünge zu besinnen. Nach der Französischen Revolution, als neue soziale Gruppen ihre politischen Ansprüche anmeldeten, wollten die Adeligen ins Mittelalter zurück und inszenierten sich in neugotischen Schlössern als edle Ritter.

Ivana Holásková, Direktorin des Museums in Lednice

ROTE RUINEN

Ivana Holásková arbeitet seit 1978 in Lednice. Das war dreiunddreißig Jahre nachdem die Liechtensteins 1945 ihre Residenz verlassen hatten. Holásková studierte Soziologie und Pädagogik und begann in der Schlossverwaltung zu arbeiten, wo ihr Mann Direktor war. „Es war eine traurige Zeit", erzählt Holásková. Nur ein paar Räume des Jagdschlosses waren für museale Zwecke geöffnet, die meisten Trakte unterstanden der Mendel-Universität für Land- und Forstwirtschaft Brünn. Im ersten Stock, wo sich die Wohnräume der Familie befanden, zog ein Museum für Landwirtschaft ein.

Das acht Kilometer entfernt liegende Schloss Feldsberg war zunächst eine sowjetische Kaserne, die später in ein Museum für barocke Kunst umgewandelt wurde, in dem die Geschichte der Liechtensteins als Beispiel für feudale Ausbeutung erzählt wurde. Noch vor zwanzig Jahren führten mürrische Guides durch heruntergekommene Gebäude, von deren Dächern Ziegel herabfielen.

Die Bewohner von Lednice konnten sich mit der prunkvollen Vergangenheit des Ortes nicht identifizieren. Sie waren aus der ganzen Tschechoslowakei geholt worden, um die Häuser der vertriebenen Deutschen zu übernehmen. Dem Reich fehlten Fürst und

Schloss Feldsberg/Valtice war lange Zeit der Hauptsitz der Fürsten Liechtenstein

Volk, ein jahrhundertealtes Band war gerissen. Die neuen Bewohner von Lednice folgten dem kommunistischen Slogan: Der Besitz der Ausbeuter gehört uns. „Es waren keine guten Menschen", sagt Holásková.

Wir treffen uns in einem Hinterzimmer des Museumscafés, das mit Flohmarktmöbeln ausgestattet ist. Auf dem Büchertisch stapeln sich Klassikerausgaben, Goethe und Heine, Reste einer vergangenen Zeit, als der Ort deutsch war. Das Schloss wird an diesem heißen Augusttag von Besuchermassen überrannt. Kolonnen von Fahrrädern füllen die Zufahrtsstraßen, die Gäste nehmen an Führungen teil oder verteilen sich auf die weitläufige Parkanlage. Eine Hochzeitsgesellschaft sucht den Weg in die Schlosskapelle und geht beinahe in der Menge unter. 400.000 Besucher kommen jährlich allein nach Lednice, mit Einnahmen von fünfzig Millionen Kronen (rund zwei Millionen Euro) kann die Direktorin Ivana Holásková ihre Ausgaben decken.

Fürst Alois II., 1858 gemalt von Friedrich Schilcher, importierte den englischen Lifestyle und verband Kunst mit Ökonomie

Sie kommt mit fünfundvierzig Angestellten aus, zwanzig davon sind Gärtner, die den 200 Hektar großen Park pflegen. Für Sonderprojekte ist Geld aus Prag erforderlich. Die Katakomben unter dem Glashaus, die als Wintergarten genutzt wurden, müssen restauriert werden, auch das Orientalische Haus an der Wasserschleuse bedarf einer Erneuerung. Man merkt, dass Holásková in ihrer Aufgabe aufgeht. Die Arbeitswoche hört bei ihr in der Hochsaison nicht am Freitag auf. Am Samstag und Sonntag wird sie an den Kassen und bei den Vermietungen gebraucht. Oder im Gewächshaus, das zu den Sensationen von Schloss Eisgrub gehört.

MADE IN ENGLAND

Der Nachfolger des Minarettbauers war sein Enkel Fürst Alois II. (1796–1858), der in Großbritannien den Lebensstil der dortigen Aristokraten kennenlernte. Aus England brachte er den neugotischen

Tudor-Stil mit, der die Architektur des Schlosses Eisgrub prägen sollte. Der barocke Kern bekam eine Hülle aus Spitzbögen und Erkern, das Ganze mutet wie eine Erfindung Walt Disneys an. Das anschließende, von 1843 bis 1845 errichtete Palmenhaus vermittelt eine andere architektonische Sprache. Alois II. lud den englischen Architekten Peter Hubert Desvignes (1804–1883) ein, in Eisgrub ein Glashaus zu entwerfen, das schließlich von einem österreichischen Kollegen verwirklicht wurde. Es überwältigt durch seine Modernität.

Alois II. importierte aus England auch das utilitaristische Denken der Handelsnation. Das Gewächshaus diente nicht nur der Repräsentation, sondern auch dem botanischen Experiment. Die Handwerker arbeiteten mit der damals innovativen Gusseisentechnik. Mit den Metallrahmen konnten große Bögen gespannt werden, die mit Glasschuppen bekleidet wurden. Noch vor dem Crystal Palace auf der Weltausstellung in London 1851, dem Urknall der modernen, nach Funktionalität strebenden Architektur, entstand an der geografischen Peripherie das damals größte Glashaus der Welt.

Alois II. verstand sich als konservativer Reformer, loyal gegenüber dem Kaiserhaus, fortschrittlich in ökonomischen Dingen. Er förderte landwirtschaftliche Schulen und neue Zucht- und Anbaumethoden. Die Parks von Lednice dienten nicht nur dem Vergnügen, sondern auch als Versuchsgelände für Baumsorten. Dabei spielten finanzielle Überlegungen eine Rolle. In ganz Europa war das Beispiel des Fürsten von Pückler-Muskau (1785–1871) bekannt, der im sächsischen Bad Muskau einen bis heute bewunderten Park nach englischem Vorbild verwirklicht hatte. Um den sandigen Boden zu verbessern, ließ er riesige Mengen Gartenerde herbeischaffen, ein kostspieliges Vorhaben, das mit dem Bankrott endete. Die Liechtensteins verrechneten Repräsentation mit Investition, eine Denkweise, der sie bis heute treu geblieben sind.

Nachdem ihr Mann 1991 gestorben war, übernahm Ivana Holásková die Direktion des Schlosses Lednice. Nach der Samtenen Revolution begann eine neue Ära. Das staatlich finanzierte Národní památkový ústav (NPÚ), das Amt für Denkmalschutz, investiert viel in die Erhaltung der Bauwerke der Gartenanlage. In einem ehemaligen Prunkstall in Eisgrub/Lednice wurde eine Ausstellung eingerichtet, die die Geschichte der Hausherren ohne moralische Entrüstung erzählt. In Feldsberg/Valtice rekonstruierten Fachleute das Innere des zerstörten Schlosstheaters von 1790. Die Restauratoren bauten die barocken Maschinen nach, mit denen die Geräusche von Wind oder Regen erzeugt werden können.

Eine Menükarte aus besseren Tagen: Sagosuppe und Beefsteak

Nun war es auch wieder möglich, Beziehungen zu den ehemaligen Eigentümern aufzunehmen. 1988 war der spätere Fürst Hans-Adam II. inkognito zu Besuch, seither kommt die Familie regelmäßig, allein und mit Gästen. Der Wiener Kollege Johann Kräftner, Direktor der Fürstlichen Sammlungen, unterstützt Holásková im Rahmen seiner Möglichkeiten. Als die staatliche Kulturmanagerin die Kahlheit der Wände beklagte – hier hingen die Porträts der Fürstenfamilie –, wusste Kräftner eine Lösung. Eines Tages tauchte er mit einem Stapel von Drucken auf, täuschend ähnlichen Reproduktionen der fehlenden Gemälde.

Der **Apollotempel** (1817–1818) schmückt den Landschaftspark von Lednice/Valtice

Beim Rundgang durch das Gebäude spürt man die Leidenschaft, mit der hier an der Wiederherstellung der Vergangenheit gearbeitet wird. Auf einem Tischchen im Esszimmer verrät die Menükarte des 28. März 1913 die Speisenfolge: Sagosuppe, dann Beefsteak mit Spinat und Kartoffeln. Die kunstvoll geschnitzte Wendeltreppe der Bibliothek wurde poliert, die blaue Seide im Tanzsaal nachgewebt: Die Restauratoren haben jenen fiktiven Zustand rekonstruiert, in dem die Liechtensteins 1945, als die Rote Armee vorrückte, das Schloss verlassen haben könnten. Die Erneuerung bringt die Wunden der Historie zum Verschwinden: die Ungleichheit der aristokratischen Gesellschaft, die

Das versunkene Reich der Liechtensteins

Oben: Schloss Eisgrub/Lednice,

Oben links: Detail der neogotischen Architektur

Mitte links: Der große Teich zwischen den Schlössern

Ganz links: Die Moschee im Minarett

Links: Treppe in der Bibliothek von Schloss Eisgrub/Lednice

Enteignungen und die Misswirtschaft des Kommunismus. Doch wer sind diese Liechtenstein, die diese Landschaft über Jahrhunderte prägten?

SCHLOSS UND BOSS

Überquert man heute die Grenze zwischen der Vorarlberger Stadt Feldkirch und dem nur wenige Kilometer entfernten Fürstentum Liechtenstein, dem heutigen Reich der Familie, erlebt man eine merkwürdige Collage aus Stadt und Land. Jedes zweite Haus trägt das Namensschild eines Treuhänders oder einer Bank, Industrieanlagen verdrängen die Wiesen und Felder. Das Zentrum von Vaduz staut sich zu einem willkürlich gewachsenen Betonchaos, von dem sich architektonische Anstrengungen wie der von dem deutschen Architekten Hansjörg Göritz gestaltete Landtag (2008) mit seiner ockergelben Ziegelhaut wohltuend abheben.

Der Ortskern wird von dem Schlossberg überragt, auf dem sich die Residenz des Fürsten befindet. Es handelt sich um ein mittelalterliches Schloss, das allmählich verfiel, ehe es Anfang des 20. Jahrhunderts rekonstruiert wurde. Es ist keine repräsentative Behausung, eher eine Ritterburg für Kinder. Hier wohnen, gut von der Öffentlichkeit abgeschirmt, die Liechtensteins.

Hans-Adam II. ist Chef des Hauses und damit gleichzeitig Staatsoberhaupt Liechtensteins. Im Jahr 2004 übernahm sein Sohn Alois die Regierungsgeschäfte, doch sein Vater repräsentiert am besten einen inzwischen seltenen Typus von Aristokraten. Die Aufhebung des Adels und die Enteignung der Habsburger verdrängten nach dem Ersten Weltkrieg in Österreich und den anderen Nachfolgestaaten Österreich-Ungarns die Fürsten und Grafen aus der Öffentlichkeit. So wirken die Liechtensteins wie Überlebende einer vergangenen Epoche, die sich erfolgreich dem Lauf der Zeit anpassten.

Im Jahr 2003 drohten Hans-Adam II. und Erbprinz Alois, das Land zu verlassen und nach Wien zu ziehen. Anlass war eine Volksabstimmung, die die Macht des Staatsoberhaupts erweitern sollte. Der Fürst hatte eine Verfassungsänderung vorgeschlagen, die ihm das Recht einräumte, Richter abzulehnen und einzelne Regierungsmitglieder zu entlassen. Hans-Adam II. brachte seine Haltung klar zum Ausdruck: „Die Monarchie in Liechtenstein soll nicht dem Druck der Straße weichen oder gestürzt werden, weil ein paar Hitzköpfe glauben, sie müssen hier mit einer Revolution die Republik einführen."

Hans-Adam II. regiert das Fürstentum von Vaduz aus

Die Abstimmung ging klar zugunsten der Monarchie aus, wohl auch deshalb, weil der Herrscher die Drohung in den Raum stellte, zu den Verhältnissen vor 1938 zurückkehren zu wollen, als die Liechtensteins ihre Geschäfte in Wien und Tschechien abwickelten und nur hin und wieder in Vaduz vorbeischauten. Sogar vom Entzug des Landesnamens war die Rede. Im Jahr 2012 holte sich der Fürst erneut eine Legitimation. Diesmal wurde das Volk befragt, ob der Fürst weiterhin das Ergebnis von Volksabstimmungen aufheben darf. 76 Prozent der 19.000 Stimmberechtigten stimmten für den Fürsten, man könnte auch sagen, gegen die eigenen Rechte.

Ein Passus in der Landesverfassung garantiert zumindest hypothetisch die Gewaltenteilung. Die Liechtensteiner könnten die Monarchie in einem Volksentscheid mit einer einfachen Mehrheit der Stimmen abschaffen. Im Selbstverständnis des Fürsten reicht dieses Schlupfloch, um weiterzumachen wie vor hundert Jahren. Für Seine Durchlaucht, so die offizielle Anrede, ist die Demokratie eine relativ neue Regierungsform, die dem aristokratischen System nicht unbedingt überlegen ist. So spottete Fürst Hans-Adam II. einmal über die Bundesrepublik Deutschland, die die Liechtensteins nicht bei ihren Bemühungen um Rückgabe enteigneten Vermögens in Tschechien unterstützt hatte. Man habe das Dritte

Karl von Liechtenstein (1569–1627) half dem Kaiser, die Rebellion der Stände niederzuschlagen

Reich überstanden, sagte der Fürst. „Wir werden auch ein viertes überleben."

Die Liechtensteins wollen sich nicht auf eine repräsentative Rolle zurückdrängen lassen, sondern mitgestalten. Der Fürst und der Kronprinz sehen sich als CEOs der Liechtenstein AG. Der Aufstieg eines Bauerntales zum Banken- und High-Tech-Standort geht auch auf das strategische Denken der Familie zurück. Hinter der wirtschaftsliberalen Fassade steckt ein beinharter Konservativismus. Frauen sind von der Erbfolge ausgeschlossen, denn die Aufgaben einer Mutter lassen sich mit einem Beruf nicht vereinbaren. „Wenn wir die weibliche Erbfolge hätten, könnte dies zu einer Überbelastung der Fürstin kommen", sagte Hans-Adam II. 2004 in einem Interview mit der NZZ.

Der Fürst und der Thronfolger sind strikte Gegner von Schwangerschaftsabbrüchen. Liechtenstein bestraft jede Frau, die eine Abtreibung vornimmt, mit bis zu einem Jahr Gefängnis. Als die Bürgerinnen und Bürger über die Legalisierung abstimmen wollten, griff der Fürst in das Geschehen ein. Thronfolger Alois drohte bereits vor dem Urnengang damit, ein positives Ergebnis mit seinem Vetorecht abzuschmettern. Er bekam, was er wollte. In der scheinbaren Allmacht liegt auch Ohnmacht. Die Liechtensteins wissen, dass Vaduz ihre letzte Chance ist. Denn die wichtigste Schlacht haben sie – wahrscheinlich – verloren.

ALTE RECHNUNGEN

Der Rückzug der Liechtensteins aus der damaligen Tschechoslowakei erfolgte in mehreren Etappen. Der erste Einschnitt geschah 1918, als Österreich-Ungarn auseinanderfiel. Eisgrub lag auf tschechischem Gebiet, Feldsberg gehörte zum Bundesland Niederösterreich, beide hatten eine überwiegend deutschsprachige Bevölkerung. Durch das Gebiet führte eine wichtige Eisenbahnlinie des tschechoslowakischen Staates, sodass eine Lösung gefunden werden musste. Damit die Züge nicht durchs Ausland fuhren, bekam die ČSR Feldsberg zugesprochen. „Die Liechtensteins haben nicht weiter dagegen protestiert", sagt Johann Kräftner. Vom Selbstverständnis her waren sie weder Tschechen noch Österreicher, sondern Liechtensteiner Staatsbürger. Doch nicht alle blieben gelassen.

Der tschechische Nationalismus hatte einen großen Feind: die österreichischen Aristokraten. Der Hass ging auf die Zeit der Gegenreformation zurück, als der Wiener Kaiser die protestantischen böhmischen Stände – Vertreter des Adels und der Städte, die Unabhängigkeit von den katholischen Habsburgern anstrebten – gnadenlos bekämpfte. Die sogenannte Schlacht am Weißen Berg im Jahr 1620 kennt auch heute noch jeder tschechische Schüler. Böhmen und Mähren wollten sich von Wien lossagen, worauf der Kaiser Truppen gegen die Aufständischen schickte.

Im Jahr 1620 unterlag die Armee der verbündeten Stände dem kaiserlichen Heer, dem sich auch Soldaten der Katholischen Liga anschlossen, auf dem Weißen Berg in der Nähe von Prag, eine Niederlage von historischer Bedeutung. Böhmen und Mähren, das heutige Tschechien, wurden dazu gezwungen, katholisch zu werden. Die Eliten gaben das Tschechische auf und redeten Deutsch (und Italienisch), die Sprachen der Herrschaft. Die Sieger der Schlacht am Weißen Berg exekutierten 1621 auf dem Altstädter Ring in Prag siebenundzwanzig Rebellen (drei böhmische Herren, sieben Ritter, siebzehn Bürger), darunter auch einige deutschsprachige Adelige. Die Liechtensteins spielten dabei eine wichtige Rolle.

Karl von Liechtenstein (1569–1627) wurde nach der Niederwerfung der Rebellion Vizekönig von Böhmen. Die Liechtensteins waren eine aus Österreich stammende Adelsfamilie, die seit dem 13. Jahrhundert auch in Mähren begütert war. Karl hatte sich wie die meisten Adeligen in Mähren zuerst zum Protestantismus bekannt und konvertierte erst 1599

Das Minarett von Lednice, um 1900

Fürst Franz I. (1853–1938) und Gattin Elsa von Gutmann (1875–1947)

zum Katholizismus. 1608 stieg er, auch als Belohnung für seine Loyalität, in den Fürstenstand auf. Nach der Schlacht am Weißen Berg leitete er als Statthalter des Kaisers die Konfiskation der „Rebellengüter" und die Hinrichtung der Aufständischen, von denen einige zu seinen Jugendfreunden zählten.

Die Todesstrafen wegen Rebellion und Landfriedensbruch wurden im Juni 1621 bei zwei der Verurteilten besonders grausam, durch Abschneiden der Zunge und der Hand, vollzogen. Mikuláš Diviš, Diener des Altstädter Rats in Prag, wurde für eine Stunde mit der Zunge an den Galgen genagelt. Mehrere Köpfe wurden auf den Altstädter Brückenturm gespießt und hingen dort jahrelang, eine gängige Form der auch symbolischen Auslöschung.

Der Kaiser belohnte Karl von Liechtenstein mit Rebellengütern, den konfiszierten Ländereien der besiegten Stände. In seinem Palast in Prag trug Karl eine bedeutende Kunstsammlung zusammen und baute Schloss Feldsberg – nur fünfundachtzig Kilometer vom Machtzentrum Wien entfernt – zum repräsentativen Familiensitz aus, dessen barocke Gestalt heute noch besteht. Sein Sohn Karl Eusebius (1611–1684) setzte die Bauarbeiten fort und errichtete auch die kerzengerade Allee von Feldsberg/Valtice nach Eisgrub/Lednice.

Die Liechtensteins waren somit Protagonisten der Gegenreformation. Wer sich nicht zum römisch-katholischen Glauben bekannte, musste das Land verlassen. Wenn wir heute die barocken Paläste und Kirchen bewundern, vergessen wir oft deren Ideologie. Sie waren gebaute Propaganda für das katholische, auf Unterwerfung und Gehorsam beruhende Weltbild. Aufstieg und Reichtum der Liechtensteins gehen also auch auf jenen grausamen Bürgerkrieg zurück, der mit dem Sieg der katholischen Habsburger und der Niederlage der überwiegend protestantischen Tschechen endete.

Als die Macht der Regentschaft 1918 gebrochen war, hatten die Liechtensteins einen schlechten Stand.

Sie waren ein Symbol der Habsburgerherrschaft, auch wenn die Glaubenskriege des 17. Jahrhunderts nichts mit den nationalistischen Konflikten des 19. und 20. Jahrhunderts zu tun hatten. Damals ging es – quer durch die Ethnien – um Religionsfreiheit und den Kampf der Stände gegen den zentralistischen Kaiser.

Die Tschechoslowakische Republik (ČSR) beschloss nach dem Ersten Weltkrieg eine Bodenreform, um die Großgrundbesitzer zu enteignen. Der Slogan „Tschechien den Tschechen" wurde auch mit dem Trauma des Weißen Bergs begründet, dem Opfermythos der nationalen Geschichte. In den Augen der demokratischen Politiker waren die Liechtensteins keine Angehörigen eines eigenen Staates, sondern Vasallen der Habsburger, so wie andere Profiteure der Gegenreformation auch.

Die Liechtensteins waren von den Enteignungen stark betroffen und bekamen eine weit unter dem Marktwert liegende Entschädigung. Von 160.000 Hektar Land mussten sie 91.000 Hektar abtreten, darunter die meisten landwirtschaftlichen Flächen. Zwanzig Jahre danach veränderte sich die Situation wieder dramatisch. 1938 besetzten die Truppen Hitler-Deutschlands das Sudetenland, also jene Gebiete, die eine mehrheitlich deutschsprachige Bevölkerung hatten. Das Klima zwischen den Volksgruppen hatte sich verschlechtert, die Sudetendeutsche Partei übernahm den Tschechen- und Judenhass der Nationalsozialisten.

Als die Wehrmacht das Sudetenland besetzte, traf das auch die Liechtensteins. Ein Großteil ihrer Ländereien lag im Sudetenland und gehörte nun zum Deutschen Reich. Politisch war die Familie auf Distanz geblieben. Der regierende Fürst Franz I. war mit einer Jüdin, Elsa von Gutmann (1875–1947), verheiratet, die 1938 in die Schweiz flüchtete. Er starb kurz vorher auf Schloss Feldsberg und war der letzte Liechtenstein, der in Wranau (Vranov u Brna) nördlich von Brünn in der historischen Gruft der Familie begraben wurde.

Sein Großneffe Franz Josef II. trat als Zweiunddreißigjähriger die Nachfolge an. Mit ihm begann ein neues Kapitel, denn der junge Fürst verlegte den Wohnsitz 1938 von Wien bzw. Feldsberg/Eisgrub 750 Kilometer westlich nach Liechtenstein. Da der Ministaat eine neutrale Position einnahm, geriet er zwischen die Fronten. Auf der einen Seite das übermächtige Nazi-Deutschland, auf der anderen Seite der tschechische Widerstand, der die Liechtensteins als Gegner betrachtete. Die Adeligen ahnten, dass der schlimme Teil erst noch kommen würde. Gegen Kriegsende packte Franz Josef II. die Möbel und Kunstwerke zusammen und zog endgültig in das ihm kaum bekannte Liechtenstein.

Erst nach dem Zweiten Weltkrieg wurde Vaduz zum Zentrum des Fürstentums

Der Landstrich mit dem Zentrum Vaduz war seit 1719 ein Reichsfürstentum, nachdem das Territorium – die Herrschaft Schellenberg und die Grafschaft Vaduz – kurz vorher von den Liechtensteins gekauft worden war. Für die Familie war das Land selbst nicht interessant. Sie machten sich über die bäuerlichen Bewohner lustig, wenn sie denn überhaupt einmal auf Besuch weilten. Für den Fürsten hatte Liechtenstein eine rein politische Bedeutung. Das Haus Liechtenstein trug zwar seit 1608 den Fürstentitel, hatte aber keinen Sitz auf den Reichstagen, in dem alle Reichsstände (alle Kurfürsten, Reichsfürsten und Reichsstädte) des Heiligen Römischen Reiches Deutscher Nation saßen. Erst durch den Kauf der „reichsunmittelbaren" Gebiete konnten die Liechtensteins in den Reichsfürstenstand aufsteigen.

Als der Kaiser die Herrschaften Schellenberg und Vaduz vereinte, ermöglichte er der Dynastie die Erlangung von Sitz und Stimme im Reichsfürstenrat des Reichstags des Heiligen Römischen Reichs. Schellenberg und Vaduz wurden Liechtenstein, ein Name, der bis heute an den der Familie geknüpft ist. Geht der Fürst, kann er den Namen mitnehmen. 1938 sollte sich die Investition der Vorfahren als Glücksfall erweisen. Die Liechtensteins verabschiedeten sich vom Prunk der Residenzen in Österreich und Tschechien und richteten sich in einer Burg oberhalb von Vaduz ein.

Nach Kriegsende 1945 rollte eine zweite Enteignungswelle an, diesmal war es eine entschädigungslose Konfiskation. Staatspräsident Edvard Beneš (1884–1948) erließ die nach ihm benannten Dekrete. Laut Dekret Nr. 12 vom 21. Juni 1945 wurden konfisziert: das Eigentum insbesondere, erstens, aller Personen deutscher und magyarischer Nationalität ohne Rücksicht auf ihre Staatsangehörigkeit und zweitens, der Verräter und Feinde der Republik, egal welcher Nationalität. Obwohl die Liechtensteins bereits 1945 juristisch dagegen ankämpften, konnten sie nichts ausrichten. Doch inzwischen entwickelte sich auch auf tschechischer Seite die Bereitschaft, die Dinge neu zu bewerten. Der Historiker Václav Horčička untersuchte 2013 die Enteignung aufgrund historischer Dokumente und äußerte seine Skepsis an der Rechtmäßigkeit: „Die Konfiszierung des Vermögens der liechtensteinischen Primogenitur im Juni beziehungsweise Juli 1945 rief und ruft viele Zweifel hervor."

DER KLASSENFEIND

Als die Kommunisten 1948 an die Macht kamen und aus der ČSR eine stalinistische Volksrepublik (ab 1960 ČSSR) machten, waren die Liechtensteins endgültig aus dem Spiel. Der Hochadel war ein doppeltes Feindbild – als Überbleibsel der dem Faschismus anhängenden Minderheit und als aristokratischer Klassenfeind. Wieder wurde die Geschichte vom Weißen Berg ausgepackt, auch wenn inzwischen klar war: Die Liechtensteins waren viel länger da und das „Blutgeld" nur ein kleiner Teil ihres Vermögens.

Wenige Tage vor unserem Besuch in Lednice im August 2020 reichte die Regierung Liechtensteins eine Beschwerde beim Europäischen Gerichtshof für Menschenrechte in Straßburg ein. Erst 2009 hatten

Prag und Vaduz diplomatische Beziehungen aufgenommen. Zwar kündigte Fürst Hans-Adam II. damals an, die Restitution nicht gerichtlich erzwingen zu wollen, doch unter der Oberfläche gärt es.

Die Regierung und die Stiftung Fürst Liechtenstein streiten seit 2016 um sechshundert Hektar Wald in der Nähe von Prag, die im Grundbuch auf den Namen Liechtenstein eingetragen waren und die der Staat für sich beansprucht. In der Folge brachte die Stiftung Fürst Liechtenstein weitere Klagen ein, bei denen es um Gebiete in der Größe von sechshundert Quadratkilometer geht. Historiker schätzen den Wert des entzogenen Vermögens auf 343,5 Millionen Franken (318 Millionen Euro).

Das tschechische Verfassungsgericht fällte im Februar 2020 eine Grundsatzentscheidung, die zuungunsten der Dynastie ausging. Die Richter hatten erklärt, dass die Enteignung der Liechtensteins auf Grundlage der Beneš-Dekrete rechtens sei. Nach Auffassung der Juristen bezeichneten sich die Liechtensteins bereits in den Dreißigerjahren als Deutsche, eine Begründung für die folgenden Enteignungen. Fürst Franz I. soll sich bei der tschechoslowakischen Volkszählung im Dezember 1930 zur deutschen Nationalität bekannt haben. Nationalität sei nicht gleich Staatsangehörigkeit, argumentieren die Liechtensteins.

Bleibt nur noch der Gang nach Straßburg. Nun sollen die Richter des Europäischen Gerichtshofs für Menschenrechte klären, ob die Liechtensteins Bürger eines souveränen Landes oder doch nur Adelige waren, die sich ein Fantasiereich aufgebaut hatten.

Die Klage wird nicht vom Fürsten, sondern von der Regierung Liechtensteins eingebracht. Zwischen Fürstenhaus und Regierung gibt es immer wieder Konflikte, doch seit der Verfassungsreform 2003 hütet sich die Regierung, sich auf ein Kräftemessen mit dem Staatsoberhaupt einzulassen. In diesem Fall ziehen beide an einem Strang, denn es geht darum,

> **Die Konfiszierung des Vermögens der liechtensteinischen Primogenitur 1945 rief und ruft viele Zweifel hervor**
>
> VÁCLAV HORČIČKA, HISTORIKER

Links oben, links und oben: Das Glashaus von Schloss Eisgrub/Lednice.

Oben, großes Bild: Das Minarett befindet sich in einer Sichtachse zum Schloss

die Rechte der Liechtensteiner Bürgerinnen und Bürger zu schützen. Für Ivana Holásková, die Schlossherrin im Dienste der Tschechischen Republik, ist der Fall klar: „Sie haben das alles hier aufgebaut und es soll ihnen zurückgegeben werden."

Tschechien beschloss kurz nach der Samtenen Revolution ein Restitutionsgesetz, das zur Rückgabe zahlreicher Schlösser und Ländereien führte. Tschechische Adelsfamilien wie die Lobkowitz oder Schwarzenbergs kamen zurück. Das Gesetz sieht aber ausdrücklich vor, dass nur jene Objekte betroffen sind, die nach dem kommunistischen Putsch 1948 entzogen wurden. Daher gingen die Liechtensteins leer aus.

Politisch steht die Abschaffung der Beneš-Dekrete übrigens nicht zur Debatte. Eine große Mehrheit der Bevölkerung hätte dafür kein Verständnis. Bei einer Umfrage im Jahr 2019 gaben lediglich dreizehn Prozent an, für eine Beseitigung der Gesetze von 1945 zu sein. Einundvierzig Prozent waren sogar der Meinung, dass die Vertreibung der Sudetendeutschen gerecht war.

SPARBUCH LEONARDO

Wer es genau wissen will, muss in Wien bei Johann Kräftner, dem Leiter der Fürstlichen Sammlungen, nachfragen. Wir treffen uns in seinem Büro im Sommerpalais der Liechtensteins am Alsergrund, Fürstengasse 1. Niemand kennt sich in der Dynastie so gut aus wie er, er kennt die Vorliebe Johann Adam Andreas I. (1657–1712) für Pferde und weiß, dass der Reitstall von dessen Nachfahren Johann I. im Jahr 1872 in einen Konzertsaal, den berühmten Bösendorfersaal, verwandelt wurde. Man kann mit ihm über die Architektur niederösterreichischer Bauernhäuser ebenso diskutieren wie über die französisch inspirierte Eleganz der Bauten des Biedermeierarchitekten Joseph Kornhäusel (1782–1860), einem der maßgeblichen Ausstatter der Liechtensteins.

Auch im Bundesland Niederösterreich gestaltete das Fürstenhaus die Landschaft, setzte Tempel, Triumphbögen und sogar eine Pyramide auf die Hügel. Maler inszenierten die Ruinen des mittelalterlichen Stammsitzes bei Mödling, von dem sich der Name Liechtenstein ableitet, als romantische Ruine, die die organische Verbundenheit der Herrschaft mit der bäuerlichen Umgebung zum Ausdruck brachte. In Österreich besitzen die Liechtensteins heute noch 20.000 Hektar Wälder und Felder und ein Unternehmen für die Aufzucht innovativer Forstpflanzen.

Die **Hanslburg** vermittelte im Historyland von Lednice/Valtice Mittelalterfeeling

„Bis 1938 lebte die Familie in Wien und große Teile des Jahres in Eisgrub beziehungsweise Feldsberg", erzählt Kräftner. In der kalten Jahreszeit residierte man zwischen den dicken Mauern der alten Stadtpaläste in Wien, während der warmen Monate und der Jagdsaison im Herbst zogen die Aristokraten aufs Land. Kräftner, Jahrgang 1951, ist studierter Architekt und arbeitet seit 1998 für den Fürsten. Erst leitete er Anfang der Nullerjahre die Renovierung des Wiener Gartenpalais, das von 1979 bis 2001 vom Museum moderner Kunst gemietet worden war. Kräftner machte aus dem Barockpalast ein Museum für Alte Kunst. Bis zum Ende des Zweiten Weltkriegs hing hier eine der wichtigsten Privatsammlungen der Welt: riesige, oft im Auftrag der Familie gemalte Bilder von Peter Paul Rubens beherrschen die Räume. Auch ein Porträt von Leonardo da Vinci, das Porträt der „Ginevra de' Benci", zählte dazu.

„Die ‚Ginevra de' Benci' ist Leonardos schönstes Porträt, schöner als die eigentlich unansehnliche Mona Lisa", sagt Kräftner. Seit dem 17. oder 18. Jahrhundert befand sich das Bild im Besitz der Liechtensteins. Nach dem Zweiten Weltkrieg, nach dem Verlust der Ländereien in Tschechien, musste der damals regierende Fürst Franz Josef II. die Kunst zu Geld machen. Zu den Verkäufen gehörte auch die „Ginevra", die im Jahr 1967 von der National Gallery of Art in Washington, D.C. um fünf Millionen US-

Dollar erworben wurde, um den bis dahin höchsten für ein Gemälde erzielten Preis.

Die Liechtensteins besaßen in Wien drei Paläste. Das Majoratspalais in der Bankgasse diente als Wohnung sowie für Feste und Empfänge. Hier war auch die Verwaltung untergebracht. Im Palais in der Herrengasse befand sich im Hintertrakt die Bibliothek des Fürsten, die Reitschule und Stallungen lagen unter ihr. Diese Anlage wurde 1913 abgerissen und 1933 durch das erste Wiener „Hochhaus" ersetzt. Das Sommerpalais in der Fürstengasse hatte einen großen barocken Park mit einem Belvedere, einem künstlerisch gestalteten Aussichtspunkt auf die fürstliche Siedlung Liechtenthal.

Seit den Siebzigerjahren begannen die Liechtensteins wieder Kunst zu kaufen, seit 2000 systematisch und im großen Stil. Die Hausbank LGT erzielt zwar Rendite – derzeit ist von dreihundert Millionen Franken jährlich die Rede –, doch der Wert von Malerei und Skulptur ist weniger von Kursschwankungen und Wirtschaftskrisen abhängig. Die Berichte über die fragwürdige Anlage von Vermögen beschädigten das Image des Finanzstandorts Liechtenstein.

Immer wenn von Geldwäsche, Steuerhinterziehung oder illegaler Parteienfinanzierung die Rede ist, führt die Spur nach Vaduz, stellte der deutsche Geheimdienst BND 1999 in einem vom *Spiegel* veröffentlichten Dossier fest. Diktatoren und Drogenbosse fuhren in die Alpen, um ihr Geld zu deponieren, 2008 verkaufte ein lokaler Mitarbeiter der LGT eine CD mit den Namen deutscher Steuerhinterzieher an die Berliner Behörden. Die Bank prangerte den Datendiebstahl zwar an, zahlte dann aber doch sechsundvierzig Millionen Euro an den deutschen Fiskus, um die Sache zu bereinigen. Kommentatoren sprachen von einem „Ablasshandel". Die von der LGT in die Werbung aufgenommenen Alten Meister sollen auch dabei helfen, die Marke zu reinigen.

Der regierende Fürst Hans-Adam II. hatte in Wien große Pläne. 2004 eröffnete er in dem um fünfundzwanzig Millionen Euro renovierten Sommerpalais das Liechtenstein-Museum. Achthundert der 33.000 Liechtensteiner Bürger reisten in einem Sonderzug an. Dann war das Palais in der Bankgasse an der Reihe. Die Stiftung Fürst Liechtenstein investierte hundert Millionen Euro, um das im Krieg schwer beschädigte Gebäude zu restaurieren. Die Arbeiter bohrten im Hof drei Stockwerke in die Tiefe, um ein Depot für die Sammlungen zu errichten. Das Glanzstück ist der große Tanzsaal mit monumentalen Lustern und Michael Thonets Parkettböden mit Einlegearbeiten aus verschiedenen gebogenen Hölzern. Der Barock wird hier zum ersten Neorokoko, einer der Moden des 19. Jahrhunderts.

Das Wiener Sommerpalais ist Sitz des Liechtenstein Museums, das nur ihm Rahmen von Führungen zugänglich ist

Doch noch ehe der Palast als Museum für die Kunst des 19. Jahrhunderts eröffnet wurde, drehte Hans-Adam II. den Geldhahn zu. Direktor Kräftner hatte im Sommerpalais mit 300.000 Besuchern jährlich gerechnet, um kostendeckend arbeiten zu können. Die kamen zwar im ersten Jahr, schnell sank die Zahl aber auf 45.000. So musste er das Museum in der Rossau schließen, die neue Institution in der Bankgasse wurde erst gar nicht eröffnet. Beide Museen sind heute nur noch im Rahmen von Führungen zugänglich. Kalkulation ist wichtiger als Repräsentation.

Statt in den Museumsbetrieb wolle er in den Ausbau der Sammlung investieren, sagte Hans-Adam II., als er das Aus verkündete. Auch dafür ist Kräftner zuständig. Er holte auf Auktionen Kunstwerke zurück, die in der Nachkriegszeit verkauft worden waren, Stücke aus der Zeit des Barock, des Klassizismus oder auch des Biedermeier. Manche schafften es durch ihren Preis in die Schlagzeilen. 2004 ersteigerte Kräftner das Badminton-Cabinet, einen Schrank aus dem 18. Jahrhundert, um fünfundzwanzig Millionen Euro.

So kam es auch dazu, dass ein Experte in Kräftners Büro vorstellig wurde und einen angeblichen Leonardo zum Kauf anbot. Robert Simon, ein New Yorker Kunsthändler, hatte den „Salvator Mun-

Johann Kräftner, Direktor der Sammlung Liechtenstein

di" 2005 erworben. Angeblich zahlte er bei einer Auktion in der amerikanischen Provinz nur zehntausend Dollar. Er kam mit einem Aktenköfferchen und legte das damals noch nicht restaurierte Bild auf den Schreibtisch. Auch nach der Restaurierung begutachtete Kräftner das Gemälde. „Vorher war es eine Ruine, danach fantasievoll aufgemascherlt: in beiden Zuständen uninteressant", sagt Kräftner.

Auf einer New Yorker Auktion wurde das Bild 2017 um den Rekordpreis von 382 Millionen Euro versteigert, es befindet sich heute im Besitz des Louvre Abu Dhabi, erworben wurde es vom Ministerium für Kultur und Tourismus Abu Dhabi. Kräftner hatte mit seiner Einschätzung recht, denn anders als angekündigt blieb der „Salvator mundi" bisher unter Verschluss. Kein Museum will sich die Blöße geben, einen Leonardo zu präsentierten, der wahrscheinlich gar keiner ist.

SMART CASUAL

„Vieles deutet darauf hin, dass die Tschechen die Liechtensteins als Teil ihrer Geschichte akzeptieren", antwortet Kräftner auf die Frage nach dem Verhältnis zwischen dem zeitgenössischen Tschechien und der Dynastie. Er hält eine außergerichtliche Klärung des Streitfalls für möglich, die Aufnahme diplomatischer Beziehungen war ein erster Schritt in diese Richtung. Die Einrichtung einer Historikerkommission, der Kräftner neben Václav Horčička und dem Wiener Historiker Thomas Winkelbauer angehört, trug zur Versachlichung bei. Die gemeinsame Geschichte wurde in acht Bänden aufgearbeitet und in beiden Sprachen publiziert. „Voraussetzung müsste allerdings sein, dass die tschechische Regierung anerkennt, dass Rechte verletzt wurden", sagt Kräftner.

Das Ende der Reise führt zurück nach Feldsberg/Valtice, das versunkene Reich. Man könne auch ein Degustationsmenü mit zwei Gängen probieren, sagt die livrierte Kellnerin im Restaurant Essens. Wir befinden uns im sogenannten Grenzschloss, das nun edel und sprachlich neutral Chateau de Frontiere genannt wird. Die Speisekarte verspricht lokale Produkte, als Dresscode wird Smart Casual empfohlen. Vorbei die Zeit der Neunzigerjahre, als gelangweilte Kellner fette Käseomeletten servierten.

Das Grenzschloss erzählt die Vergangenheit im Gewand von 2020. Als es 1826/27 nach Plänen von Joseph Franz Engel errichtet wurde, stand es für jene Mischung aus Antikenverehrung und Heimatromantik, die gemeinhin mit dem Namen Biedermeier verbunden wird. Das Gebäude liegt dort, wo früher einmal die Grenze zwischen Niederösterreich und Mähren verlief. Hier entsprang aus der Urne einer Quellnymphe der Grenzbach und lief durch die Arkaden des Schlosses hindurch in den davor liegenden Teich.

Ein Aquarell (Joseph Höger, 1839) aus der Biedermeierzeit zeigt den hellviolett bemalten Mittelsaal mit einer klassizistischen Vase. Vor den geöffneten Fenstern breitet sich der große Teich zwischen Feldsberg und Eisgrub aus. Das milde Licht und die Wolken über dem Wasser evozieren eine südliche Stimmung. Die Architekten und Maler projizierten die Ufer des Mittelmeeres und die Heiterkeit der griechischen Götter in die Hügel. Nach Jahrzehnten sozialistischer Gleichgültigkeit nutzen Unternehmer den Wert des Ambientes als Kulisse für gehobene Gastronomie. Das Schweineschmalz wird im Glas serviert. Champagner für alle!

ANREISE
Von Wien führt eine rasche Zugverbindung nach Břeclav. Eine Lokalbahn fährt von hier stündlich nach Valtice Město.

RADTOUR
Es empfiehlt sich, die Gegend von Břeclav aus zu erkunden. Mehrere Radrouten führen nach Lednice und weiter nach Valtice, vorbei an Tempeln und Triumphbögen.

INFOS ZU SCHLOSS LEDNICE
www.zamek-lednice.info

INFOS ZU SCHLOSS VALTICE
www.lednicko-valticky-areal.cz/de

GASTRONOMIE
Restaurant Essens in Valtice,
Info: www.restaurantessens.com

EXTRATOUR
Vierzehn Kilometer von Lednice entfernt liegt **Mikulov** (Nikolsburg), das einst das Zentrum des jüdischen Lebens in Mähren war. Hier lebte vor seiner Übersiedelung nach Prag auch der Rabbiner und Mystiker Rabbi Löw (um 1520–1609), von dem die Golem-Legende stammen soll. Der Friedhof mit Grabsteinen, die teilweise aus dem 17. Jahrhundert stammen, erinnert an die Gemeinde. Orthodoxe Juden aus aller Welt kommen hierher, um nach ihren Wurzeln zu suchen. Eine der Synagogen wurde renoviert und in ein Museum verwandelt (Husova 13). Information: www.rmm.cz

Der jüdische Friedhof von Mikulov

LITERATUR
Für den Teil über die Religionskriege habe ich das Standardwerk von *Thomas Winkelbauer: Ständefreiheit und Fürstenmacht. Österreichische Geschichte 1522–1699, Teil 2* (Carl Ueberreuter Verlag, Wien 2003) verwendet. Die Berichte der liechtensteinisch-tschechischen Historikerkommission sind online verfügbar: www.flcz-historikerkommission.li, hier speziell im Band 7: *Václav Horčička, Roland Marxer: Liechtenstein und die tschechoslowakischen Konfiskationen von 1945. Vom Zweiten Weltkrieg bis zur Gegenwart* (2013).

5 SAXEN

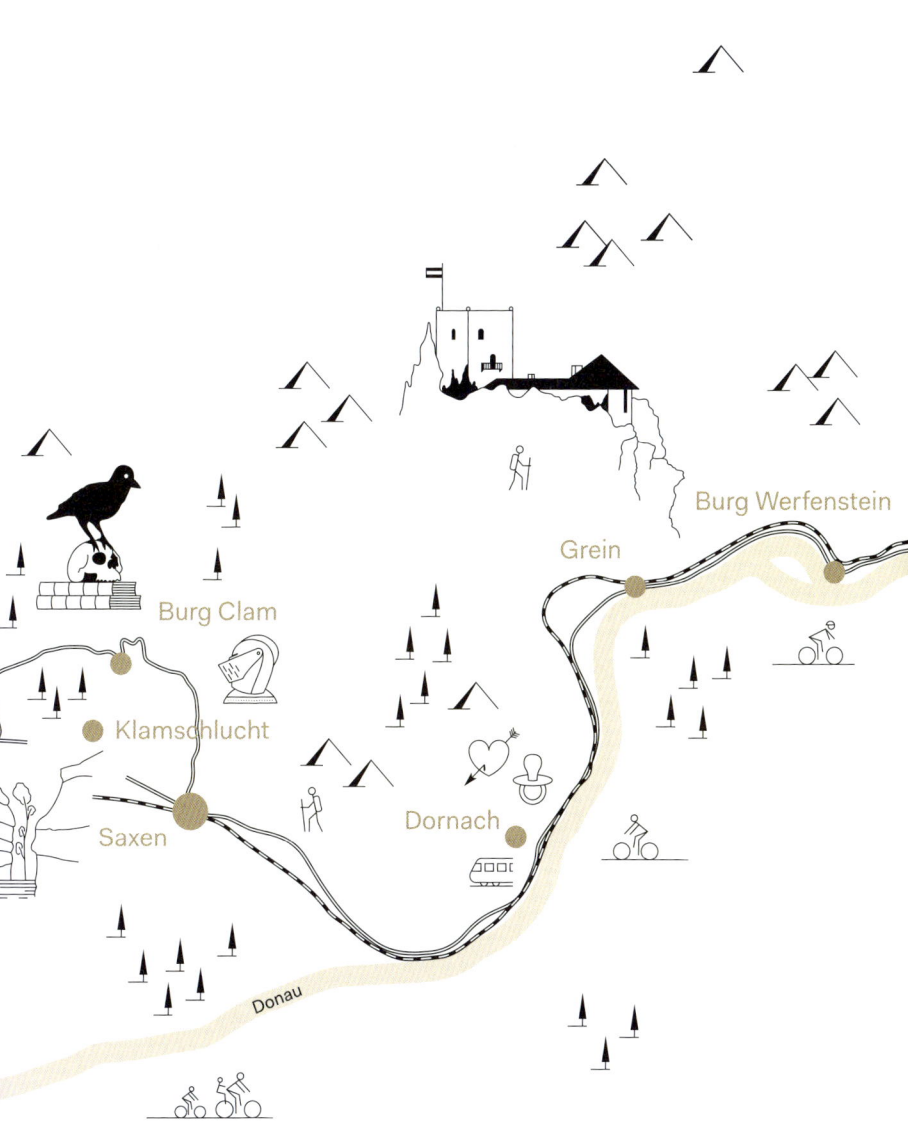

5
SAXEN

URLAUB BEI VERWANDTEN

Ein kleiner Ort in Oberösterreich ist Schauplatz einer tragischen Liebesgeschichte. Der Schriftsteller August Strindberg lebte hier mit seiner Frau Frida Strindberg-Uhl – und geriet in der Klamschlucht in seine persönliche Hölle

Dem schwedischen Schriftsteller August Strindberg (1849–1912) ist im oberösterreichischen Ort Saxen ein kleines Museum gewidmet. Strindberg verbrachte zwei Mal längere Zeit in der Gegend: 1893/94 bei den Großeltern seiner Frau Frida Strindber-Uhl in dem fünfzig Kilometer südöstlich von Linz an der Donau gelegenen Dornach; zwei Jahre später wohnte er bei der Schwiegermutter im nahen Saxen und dem Nachbarort Klam.

Anfangs versuchte Strindberg, dem damals bereits der Ruf eines Skandalautors anhaftete, artig zu sein. Er spielte mit Großvater Cornelius Reischl, einem vermögenden Notar, Schach und ließ ihn gewinnen. Wenn Reischl beim Lesen der Zeitung zu schwadronieren begann, blieb der Gast stumm und aß, was auf den Tisch kam: Enten, Fasane und Hasen, die der Gastgeber auf der Jagd im Übermaß schoss. Doch die Idylle hielt nicht lange und verwandelte sich in ein Chaos. Strindberg nannte es „Inferno" und machte es zum Stoff eines Romans.

Warum es in Saxen überhaupt ein Strindberg-Museum gibt, hat mit dem aus dem Ort stammenden Germanisten Friedrich Buchmayr zu tun. Er ist Bibliothekar der Stiftsbibliothek St. Florian und stieß im Zuge seiner Recherche auf bisher unbekannte Nachlässe. In der Sekundärliteratur sind Dornach bzw. Saxen als jene Orte bekannt, an denen einige von Strindbergs wichtigsten Texten spielen, die Romane „Inferno" und „Das Kloster", das Drama „Nach Damaskus" und das „Okkulte Tagebuch".

Urlaub bei Verwandten

Hier bekam August Strindberg Halluzinationen:
Die Klamschlucht um 1900

Dank Buchmayrs Recherchen weiß man nun auch, wer diese merkwürdigen österreichischen Verwandten und vor allem wer die Frau an seiner Seite war. In der Literaturgeschichte als Femme fatale überliefert und von ihrem Mann abschätzig beschrieben, lernt man Madame Strindberg als ambitionierte Schriftstellerin, Übersetzerin und Netzwerkerin kennen, die später in London das erste Kabarett der Avantgarde in England, The Cave of the Golden Calf, gründen sollte.

Durch die Journalistin **Frida Uhl** kommt Strindberg nach Oberösterreich. Die Ehe wird für beide zur Tragödie

MADAME STRINDBERG

Für den Ausflug in die Strindberg-Welt empfiehlt es sich, ein Fahrrad auszuleihen. Die Donau durchschneidet hier eine hügelige, bewaldete Landschaft. Erst weiter unten, in der Wachau, verliert der Strom seinen gebirgsflussartigen Charakter und breitet sich aus. Auf Uferfelsen sitzen alte Schlösser wie die Burg Werfenstein. Wenige Kilometer flussaufwärts kaufte der Wiener Notar Cornelius Reischl 1855 ein Landgut, die erste Station unserer Radrunde.

Das Gebäude wurde später mit Türmchen versehen und zum Schloss Dornach aufgewertet. Man kann das Gebäude vom Gartentor aus betrachten, und wenn man die Uferstraße weiterfährt, steht da auch der ehemalige Eselstall, in den die Familie Strindberg nach einem Krach mit dem Hausherrn übersiedelte. Das „Häusel", in dem 1894 die Tochter Kerstin (Christiane) auf die Welt kam, ist heute ein blau angemaltes Wohnhaus. Von hier aus führt die Straße dann ins Landesinnere, nach Saxen und Klam, den weiteren Stationen des Familiendramas. Wer waren dessen Protagonisten?

Frida Strindbergs Vater Friedrich Uhl war Chefredakteur der *Wiener Zeitung* und ermöglichte Frida den Einstieg in das Feuilleton. Die 21-jährige Journalistin lernte den damals 44-jährigen schwedischen Schriftsteller August Strindberg 1893 in Berlin

August Strindberg (1849–1912)
experimentierte mit Chemie und seinem Selbst

kennen, als der eben im Begriff war, sich von seiner ersten Frau scheiden zu lassen. Mit seinem Einakter „Die Gläubiger" gelang Strindberg auf dem Theater der Durchbruch, nach der Uraufführung lernen sich die beiden kennen. Das Paar traf sich in einer Weinstube, die von Strindberg den Namen „Schwarzes Ferkel" bekam. Hier kam der harte Kern der Bohème zusammen, etwa der polnische Schriftsteller Stanisław Przybyszewski (1868–1927), der dem „Ferkel"-Stammgast Edvard Munch die Anregung zu dessen berühmtem Bild „Der Schrei" gab.

PAKT MIT DEM TEUFEL

In der Zeit um 1900 war Strindberg der Autor, den die Schüler in ganz Europa versteckt unter dem Pult lasen. Sein Einfluss etwa auf die Wiener Moderne, auf Karl Kraus oder Arnold Schönberg, kann gar nicht hoch genug eingeschätzt werden. Sein radikal subjektiver Stil zerstörte die Konventionen des Erzählens, sein Hass auf die bürgerliche Gesellschaft befeuerte die Rebellion. Er experimentierte mit Fotografie, Malerei und Chemie – und mit sich selbst. Einer seiner Essays hieß – ganz im Sinne von Nietzsches Übermenschentum – grandios einfach „Ich".

Heute kennt man vielleicht noch „Fräulein Julie", eine Tragödie über die Affäre zwischen einer Adeligen und ihrem Diener, die meisten von Strindbergs Romanen und Dramen sind aber nur noch antiquarisch erhältlich. Sein Frauenhass und seine rassistischen Überzeugungen erschweren die Lektüre.

Dennoch hat er in den folgenden Generationen Anhänger gefunden. Der schwedische Regisseur Ingmar Bergman (1918–2007) ging als Fünfzehnjähriger in ein Antiquariat, um alles von Strindberg zu kaufen. In dessen Schriften fand er eine Sprache für seine Zweifel an der Religion und die Sehnsucht nach Übersinnlichem. Ohne die Schriften Strindbergs ist Bergmans Naturmystik und seine Ausflüge in zwi-

> „ I love him not, but I care for him "
>
> FRIDA UHL

Der australische Musiker Nick Cave verehrt August Strindberg. Er war auch schon in Saxen

schenmenschliche Abgründe kaum zu verstehen. Wer würde bei der Beziehungstragödie von August und Frida nicht an Bergmans Entfremdungsdrama „Szenen einer Ehe" (1973) denken.

Anhänger der Finsternis, wie der dänische Regisseur Lars von Trier oder der Popmusiker Nick Cave, empfehlen Strindberg als Experten für Ausnahmezustände. Wer der Meinung ist, dass es neben der sichtbaren auch noch eine durch Drogen und Trance erahnbare andere Welt gibt, in der der Teufel für Spannung sorgt, kommt um die Lektüre nicht herum.

Zwischen Frida und August begann eine Beziehung, die alle Klischees über den Underground der Moderne erfüllten. Die Journalistin lehnte den als „Weiberhasser" verschrienen Schriftsteller zunächst ab. In seinen Texten verhöhnte Strindberg Frauen, insbesondere jene, die Schriftstellerinnen werden wollten. Die Verachtung ging so weit, dass er Geburtsschmerzen als Ausdruck eines Lustgefühls interpretierte, eine verrückte These, die er bei seiner eigenen Frau bestätigt sehen wollte.

Gleichzeitig entwickelt Frida Mitleid mit dem Autor, der von einer Krise in die nächste stürzte. Buchmayr spricht von einem regelrechten Helfersyndrom, das Frida zeit ihres Lebens begleiten wird. Sie riss sich erfolglose Genies auf und überschüttete sie zunächst mit Zuwendung. Jede Zurückweisung stachelte sie zu maßlosen Liebesbezeugungen an, heute würde man von Stalking sprechen. Ein Grund für diese Obsession kann in der Geschichte ihrer von Verlust und Einsamkeit geprägten Kindheit gesehen werden. Die Ehe der Eltern scheiterte und die Tochter wurde in Klosterschulen abgeschoben.

Auch mit Strindberg gab es nur Hitze oder Eis. „I love him not, but I care for him", schrieb sie einer Freundin. Kurz darauf schrieb sie ihm: „Ich liebe dich mit ganzer Seele." In einem Brief an die Braut offenbarte er seine Sicht der Dinge: „Liebe ist Liebe plus Hass!" Als August Strindberg 1893 bei seinem Schwiegervater um die Hand seiner Tochter anhielt, wusste jeder: Das kann nicht gutgehen. Von vier Ehejahren lebten die beiden nur wenig mehr als ein Jahr zusammen.

Die zeittypische Misogynie hinterlässt Spuren in der Biografie von Madame Strindberg. Ihr Gatte steht für einen Männertypus, der sich von selbstbewussten Frauen bedroht fühlt. Seine maßlose Eifersucht galt nicht nur einer Autorin, die auf dem literarischen Markt reüssieren wollte. Er fürchtete auch deren potenzielle Liebhaber, die ihn von einer Geldquelle verdrängen könnten. Hier wird jenes brüchige Verhältnis zwischen Kunst und Kapital sichtbar, das den Status von Künstlern bis heute kennzeichnet: Im Prestige hochstehend, gelingt es ihnen nicht immer, die symbolische Währung in ein solides Einkommen zu verwandeln. Strindberg stilisierte sich zum hehren Genie, das den Markt verachtet. So einer wollte nicht daran erinnert werden, dass eine Liebesbeziehung mit profanen Motiven verknüpft war.

Der Journalist **Friedrich Uhl** (1825–1906) war über die Ehe seiner Tochter nur mäßig erfreut

DER IRRE AM MONDSEE

Das Geld des Schwiegervaters, ja sogar eine von der Gattin übernommene Restaurantrechnung lösten schwere narzisstische Kränkungen aus. Im Jahr der Hochzeit 1893 erschien unter dem Titel „Das Plädoyer eines Irren" eine hemmungslose Schmähschrift gegen seine erste Ehefrau. Die darin enthaltenen Intimitäten machten Strindberg zum gemiedenen Skandalautor. Frida ließ sich nicht von ihrem Engagement für den aufstrebenden Künstler abbringen. Sogar in London versuchte die Autorin, die Werke ihres Mannes bekannt zu machen.

Verbittert über die öffentliche Ächtung, zog sich Strindberg aus dem Kulturbetrieb zurück. Die finanzielle Notlage brachte den Schriftsteller im August 1893 auf den Gedanken, zu seinen Schwiegereltern an den Mondsee zu reisen, wo die Familie Uhl eine Sommervilla besaß. Strindberg hielt den Konflikt zwischen Abhängigkeit und Selbstachtung nicht lange aus. Als Frida zehn Tage später nachkam, war ihr Gatte bereits wieder abgetaucht. Am 11. August verschwand er ohne Gepäck und ohne Abschied aus Mondsee. Als am Ufer der Hut und der Mantel des Schwiegersohns gefunden wurde, fürchteten die Gastgeber das Schlimmste. Das kam erst noch.

Zurück in Berlin, stellte Frida im September 1893 fest, dass sie schwanger war. Ihr Mann war mit alchimistischen Schriften beschäftigt und versuchte eine Art Alternativchemie zu entwickeln, die die Erzeugung von Gold im Reagenzglas ermöglichen sollte. Obwohl er von seinen Ideen vollkommen überzeugt war, zeigte sich kein Verleger an einer Publikation interessiert. Der Schuldenberg wuchs. Im Herbst 1893 überlegten sich die Strindbergs, nach Österreich zurückzukehren. Die Villa am Mondsee war nur im Sommer bewohnbar. Also kam das Landgut des Großvaters in Dornach bei Saxen infrage, in dem die Mutter Marie Uhl einen Großteil des Jahres verbrachte.

Das Strindberg-Museum in Saxen zeigt Dokumente dieser Zeit: Fotografien Strindbergs, Briefe von und an die Familie, ein Klavier, auf dem der Autor gespielt haben soll. Allerdings merkt man auch, dass die letzte Erneuerung bereits einige Jahre zurückliegt. Wie bei vielen lokalen Museen hängt der Erfolg vom Einsatz der Betreiber und Lokalpolitiker ab. Die rührige Obfrau des Museumsvereins möchte sich nach zwanzig Jahren zurückziehen, und es ist schwer, ehrenamtliche Mitarbeiter zu finden. Und wer sucht schon in Saxen nach Strindberg?

„Ich bin noch nie so glücklich gewesen", notierte der Schwede nach der Weihnachtsfeier 1893. Doch bald gab es erste Risse. Eine Anzeige bei Gericht wegen des schon genannten Skandalromans „Das Plädoyer eines Irren" holte Strindberg ein. Als der Notar und seine Frau von den finanziellen Ansprüchen der Kinder aus erster Ehe erfuhren, fürchteten sie um ihr Erbe. Die schwangere Enkelin und ihr Mann mussten in ein Nebengebäude, einen ehemaligen Eselstall, übersiedeln.

Hier führte Strindberg seine chemischen Experimente fort und begann zu malen und zu fotografieren. Herausgerissen aus dem hektischen Leben der Bohème, bemerkte Strindberg die Vorzüge der touristisch kaum erschlossenen Gegend. Er machte das Beste aus seiner Reise in die Provinz. So entstanden Bilder im Stil symbolistischer Malerei: die Landschaft als Blick in die Seele. Die mit der Spachtel aufgetragenen Farbkaskaden halten sich an keine Vorzeichnung, sondern lassen den Zufall walten. Die Kunstgeschichte schätzt die in Dornach entstandenen Gemälde als frühe Beispiele expressionistischer Kunst.

In einem ehemaligen Eselstall in Dornach verbrachten die Strindbergs ihre schönsten Stunden

KLOSTER UND HAKENKREUZ

Biograf Buchmayr hält die Tage in Dornach für die glücklichste Zeit des Paares. „Der Garten wurde umgegraben und besät. Und um die großen weißen Wände im Inneren zu füllen, malte er Bilder", lässt Strindberg im „Kloster" den Ich-Erzähler berichten. Doch bei seiner jungen Gattin wuchs die Unzufriedenheit. Während August sich verwirklichte, musste Frida kochen und das Wasser von der Donau heraufschleppen: das Klischee einer Künstlerehe, in der sie für ihn verzichtet. „Wenn er mich bei der häuslichen Arbeit sieht, kommt Ruhe über ihn. Ich glaube wirklich, er hält dann eine Gesundung der Welt wieder für möglich. […] ihn quält, wie eine Besessenheit, die Furcht vor der drohenden Entartung des Männlichen durch eine falsche Evolution, die Frauenemanzipation", notiert Frida Uhl. Am 26. Mai kam die Tochter Kerstin auf die Welt und die Mutter machte sich Sorgen um die Ernährung. Mit der Familie begann ein Streit über die Taufe. Als August ein Angebot aus Paris erhielt, reagierte er wie gewohnt: Er packte und verschwand.

Nun zeigte sich auch der Geschlechterkampf in all seiner Härte. Während August nach Paris abreiste, um seine literarische Laufbahn fortzusetzen,

Urlaub bei Verwandten

Oben: Burg Clam am Ende der Klamschlucht

Links oben: Frida Uhl, 1892, kurz bevor sie August Strindberg in Berlin kennenlernte

Ganz links: Auf Schloss Dornach wohnten die Großeltern Fridas

Links: Die gemeinsame Tochter Kerstin kam 1894 zur Welt

sollte Frida ihre Träume aufgeben. Die Familie riet ihr, als Erntehelferin bei Bauern zu arbeiten. In Paris fand dann auch ein letztes Wiedersehen statt. Briefe überliefern den Ton des Scheidungsdramas. „Du bist das schmutzigste menschliche Vieh, das ich je kennengelernt habe!", schrieb Strindberg im Dezember 1894. 1897 wird die Ehe getrennt.

In die Dornach-Zeit fällt auch Strindbergs Beschäftigung mit der Idee einer Klostergemeinschaft. Frisch verheiratet und kurz vor der Geburt eines Kindes träumte er von der Auflösung familiärer Bindungen. In dem autobiografischen Roman „Kloster" entwirft er den Rückzug als männliches Gegenmodell zur verführerischen „weiblichen" Bohème. In dem interdisziplinären Refugium sollten Wissenschaften und Künste zusammenfinden. Das Notquartier im „Häusel" erinnert ihn an ein Klostergebäude, die weißgetünchten Zimmer an Mönchszellen. Hier erlebt man die moderne Bewegung in ihrer Ambivalenz. Die Forderung nach der Beschränkung auf das Wesentliche zielt nicht auf ein Vorwärts, sondern fordert ein Zurück. Die Sehnsucht gilt einer vom Fortschritt – und vom Feminismus – unbelasteten Vergangenheit.

Die Zeit um 1900 besinnt sich auf mittelalterliche Orden als einer utopischen Möglichkeit. In Paris gründeten Schriftsteller Orden oder traten, wie der von Strindberg geschätzte Joris-Karl Huysmans, überhaupt in ein Kloster ein. Strindberg las „Wie man Magier wird" von Joséphin (Joseph) Péladan, einem französischen Schriftsteller, der 1890 einen Rosenkreuzerorden gründete. Auf der Suche nach exzentrischen Lebensformen näherten sich die zwischen Kirchenhass und Geisterliebe schwankenden Dichter auch der katholischen Tradition.

In Dornach entwickelte Strindberg die Idee einer antifeministischen Kommune, in der nicht die Bibel, sondern Friedrich Nietzsche gelesen wird. Er will in die Ardennen gehen und ein Haus mieten. „Regeln: Volle Freiheit, aber keine Frauen. Ziel: Das Individuum soll sich durch Herabsetzung der Lebenskosten auf ein Minimum von den Nahrungssorgen emanzipieren." Im realen Leben umgeben von Gattin, Schwiegermutter und deren Schwester, Großmutter und Schwägerin, träumte August von männlicher Unabhängigkeit. Während Frida Strindberg den Haushalt schupfte, fantasierte er über Klosterzellen, die jeder Mönch selber sauberhält, um ja nicht mit „unreinen" Frauen in Berührung zu kommen. Als Tracht skizzierte Strindberg schwarze Mönchskutten mit Kapuze.

Nicht weit von Schloss Dornach entfernt sollte wenige Jahre darauf eine militante Männerfantasie Wirklichkeit werden. Jörg Lanz von Liebenfels (Adolf Joseph Lanz), ein ehemaliger Mönch, gründete 1900 den Neutemplerorden ONT (Ordo Novi Templi) und kaufte 1907 die wenige Kilometer von Dornach entfernte Burg Werfenstein. Die Burgruine wurde zum Priorat des Ordens. Der ONT verschrieb sich der Erhaltung der „arischen" Rasse. Mitglieder durften nur „Blondblaue" werden, die mit „Gleichrassigen" Kinder zeugten. In einer kruden Interpretation von Darwins Abstammungslehre wies der „Ariosoph" den „Ariern" germanisch-göttliche Vorfahren zu, während die „Minderrassigen" von Affen abstammen sollten. Die Statuten des Ordens riefen zur „planmäßigen Zucht der Menschen arischer Rasse auf".

Wie wirkmächtig der brutale, antisemitisch gefärbte Rassismus in dieser Zeit war, veranschaulicht die Historikerin Michaela Lindinger am Beispiel von Gustav Klimts „Beethovenfries" in der Wiener Secession. Hier kämpft ein güldener Ritter, es könnte auch der heilige Georg sein, gegen ein furchterregendes Affenmonster, um eine Jungfrau zu retten. Man kann darin die Schlacht zwischen dem germanischen Übermenschen gegen das („jüdische") Äfflingsgezücht sehen. Der Maler Hubert Lanzinger greift das Rittermotiv übrigens ebenfalls auf; es wird die Vorlage für sein berühmtes Hitler-Porträt (siehe Seite 160). Lanz taufte die Feste seines Ordens auf Burg Werfenstein in „Gralsfeiern" um und ließ die an Zisterzienser erinnernden Mönche in Kutten antreten.

Mit dem Rassisten und Hakenkreuzmönch **Jörg Lanz von Liebenfels** (1874–1954) verband Strindberg eine Brieffreundschaft

Zwischen Strindberg und Lanz entstand ein von gegenseitiger Hochachtung getragener Briefwechsel. Strindberg ist ein begeisterter Leser von Lanz' 1904 erschienenen „Theozoologie oder Die Kunde von den Sodoms-Äfflingen und dem Götter-Elektron", einer wüsten Rassentheorie. In Strindbergs Stockholmer Bibliothek fanden sich auch zahlreiche Ausgaben der von Lanz herausgegeben Zeitschrift *Ostara*.

Ob sich die beiden tatsächlich wie kolportiert in dem nahen Grein trafen, lässt sich nicht belegen. Der Autor hatte bereits 1889, lange vor Lanz, in dem Roman „Tschandala" über den Kampf zwischen „Aria" und der durch einen Zigeuner verkörperten niederen Rasse („Tschandala") geschrieben. Lanz bezeichnete den Neoalchimisten als „Magier des Nordens" und gab ihm den Ordensnamen Fra August ad Werfenstein.

Als Adolf Joseph Lanz, der sich – in frei erfundener Titelgebung – Dr. Jörg Lanz von Liebenfels nannte, 1907 die Burg Werfenstein erwarb, wollte er hier ein „Museum für Rasseschönheit" gründen. Im Burghof wehte eine Fahne mit blauen Lilien und einem roten Hakenkreuz (Symbol der Edelrasse), eine der ersten Verwendungen des späteren NS-Symbols im öffentlichen Raum. Ein weiteres Ordensmitglied, der Schriftsteller Fritz von Herzmanovsky-Orlando, bekannt auch als Bruder Archibald, wird sich der Untermenschensprache noch Jahre später bedienen: „Die uns umwohnenden Affenvölker wollen getreten und angespuckt werden", schrieb er im Kriegsjahr 1914.

DAS TOR ZUR HÖLLE

Noch einmal wird Strindberg nach Oberösterreich kommen. Im August 1896 lädt ihn Frida nach Dornach ein, um die inzwischen zweijährige Kerstin zu besuchen. Da die Großeltern keine Lust mehr auf den windigen Noch-Ehemann haben, wohnt er bei seiner Schwiegermutter. Von August bis Ende November hält sich Strindberg in den nahe Dornach gelegenen Ortschaften Saxen und Klam auf. Er verbringt Zeit mit der Tochter, arbeitet weiter an seinen Experimenten zur Herstellung von Gold und beginnt eine literarisch überaus produktive Höllenfahrt.

Hier würde man gerne Märchen spielen. Gigantische Felsblöcke türmen sich in die Höhe, als hätte sie ein Riese übereinandergestapelt. Zwischen den Felsen schlängelt sich der Bach die Klamschlucht entlang, ganz hinten ragt ein mittelalterlicher Schlossturm aus dem Wald hervor.

Schilder verweisen auf einen „Friedwald", wie Friedhöfe in freier Natur heißen, und auf August Strindberg, nach dem der Weg durch die Klamm benannt wurde. Die Vögel zwitschern aus Freude über die vielen Regenwürmer. Wir lassen unsere Räder stehen und gelangen über eine Holzbrücke in die Schlucht, in der sich die Überreste einer Schmiede befinden. Von hier führt der Weg hinauf zur Burg Klam, vor der im Sommer Open-Air-Konzerte stattfinden. Strindberg machte aus der Klamschlucht eine Landschaft der Weltliteratur.

Unter dem Eindruck esoterischer Schriften begann Strindberg übersinnliche Phänomene auf die Gegend zu projizieren. Die Felsen, die Schmiede, der von zwei Hunden bewachte Eingang in die Klam: Strindberg fühlte sich an die Unterwelt erinnert. Der durch die Lektüre religiöser Visionen befeuerte Verfolgungswahn, gepaart mit den Folgen von Alkoholmissbrauch, ergab einen unheilvollen Gemütszustand. „Ich bin in der Hölle, und die Verdammnis lastet auf mir", sagt der Ich-Erzähler im Roman „Inferno". Die Natur dient als Echokammer für die seelische Zerknirschung. „Der durch eingestürzte Felsen wahrhaft mächtig aufgetürmte Eingang zieht mich sonderbar an. Der Berg, dessen Gipfel die verlassene Burg krönt, bildet, senkrecht zur Tiefe stürzend, das Tor der Schlucht, in welcher der Bach eine Mühle betreibt."

Unterhalb der Burg Klam befindet sich heute ein Platz für Open-Air-Konzerte. 2018 trat der australische Rockmusiker Nick Cave hier auf. In seinen

Texten bearbeitet Cave Themen wie Verdammnis und Erlösung. Fotos zeigen ihn auf der Bühne in koboldhafter Verrenkung, einen musikalischen Prediger zwischen Licht und Finsternis. Für Fans stellte er unlängst eine Liste der ihn prägenden Bücher zusammen. Ganz vorne stehen zwei Werke Strindbergs, die in der Umgebung der Konzertbühne von Burg Klam entstanden: „Inferno" und das „Okkulte Tagebuch". Wer in die Unterwelt reist, vertraut dem Zufall.

REISEZIEL
Strindberg-Museum: Saxen 7, Kontakt/Besuch: www.strindbergmuseum.at

ANREISE
Saxen ist einfach von Linz und Wien aus erreichbar.
Das Museum liegt 300 Meter vom Bahnhof entfernt.

RADTOUR
Eine gemütliche Radtour führt von Grein nach Dornach und Saxen. Nach Besichtigung der Schlucht und des Schlosses Clam geht es im Landesinneren zurück nach Grein. Die Rundfahrt dauert knapp zwei Stunden. Die Strecke ist 23,2 Kilometer lang, der Höhenunterschied beträgt 342 Meter.

SPAZIERGANG
Der Strindbergweg führt durch die romantische Klamschlucht hinauf zur Burg Clam und zum Kulturzentrum Sturmmühle. Hier kann man parken, essen und übernachten. Info: www.sturmmuehle.at

ESSEN
Gasthof zur Traube (Greinburgstraße 6, Grein).
Info: www.zurtraube-grein.at

LITERATUR
Friedrich Buchmayr: Madame Strindberg oder Die Faszination der Boheme (Residenz Verlag, Salzburg 2011), *Michaela Lindinger: Sonderlinge, Außenseiter, Femmes fatales. Das „andere" Wien um 1900* (Amalthea Verlag, Wien 2015).

6 VARESE

6 VARESE

AVANTGARDE UND ANDACHT

In der norditalienischen Stadt Varese baute Giuseppe Panza eine der größten zeitgenössischen Kunstsammlungen auf. Besuch in einem Tempel des Lichts und der Farben

Die Decke reißt auf und gleißend helles Licht sticht die Netzhaut. Nach einer Schrecksekunde gewöhnt sich das Auge an den Schock. Ein tiefblaues Himmelsquadrat hebt sich von den grellweißen Mauern ab, heiße Sommerluft strömt herein. James Turrells Rauminstallation „Skyspace 1" (1976) setzt die Sinne unter Strom, ein Beispiel für die Wucht von Licht, Raum und Farbe. „Skyspace 1" ist Teil eines einzigartigen Museums, das in einer Villa im alten Teil der oberitalienischen Stadt Varese entstand.

Der Sammler Giuseppe Panza (1923–2010) erbte die Villa Menafoglio Litta Panza von seinem Vater, einem reichen Weinproduzenten, der vom italienischen König geadelt wurde. Das U-förmig angelegte Anwesen war 1829 in ein klassizistisches Lustschloss verwandelt worden, der Garten in einen englischen Landschaftspark. Ernesto Panza di Biumo ließ die Villa 1935 modernisieren, einer seiner vier Söhne, Giuseppe, begann dann, sich mit zeitgenössischer Kunst zu beschäftigen.

Giuseppe Panza studierte Jus und verdiente sein Geld in Mailand mit Immobilien. 1954 veränderte eine Amerikareise sein Leben. Panza kam in Kontakt mit der New Yorker Kunstszene und begann die damals aufstrebenden Abstrakten Expressionisten zu sammeln. Panza gehörte damals zu den wenigen Sammlern, die sich überhaupt für zeitgenössische Kunst interessierten. Die New Yorker Galeristen

Avantgarde und Andacht

staunten über den stillen Herrn, der seine Bestellungen oft anhand fotografischer Abbildungen aufgab. „Wenn die schon auf dem Foto gut aussehen, müssen sie in Wirklichkeit noch viel besser sein", sagte Panza in einem Interview. Gemeinsam mit seiner Frau Giovanna verbrachte er jährlich einen Monat in der Metropole. Mit sicherem Gespür kaufte er alles, was kurz darauf im Museum landen sollte: Mark Rothko, Franz Kline, Robert Ryman, Bruce Naumann.

Der Gast aus Italien verpasste keine wichtige Strömung, er kaufte auf den ersten Ausstellungen Werke der Minimalisten und freundete sich mit Konzeptkünstlern an, die damals noch als Spinner galten. Zu seinen Lieblingen gehörte etwa Lawrence Weiner, jener Künstler, der Fassaden mit riesigen Schriftskulpturen überzieht. So kam es, dass Protagonisten der Avantgarde nach Varese kamen, um für den Grafen eigene Räume einzurichten. Rechter Hand befindet sich ein an die Villa anschließendes, langgestrecktes Wirtschaftsgebäude, das sich für In-situ-Arbeiten, so nennt man für einen bestimmten Ort geschaffene Werke, besonders gut eignet.

Der für seine Neonlicht-Installationen bekannte Dan Flavin gestaltete gleich mehrere Gänge und Säle in den ehemaligen Pferdeställen. Die Lichtröhren zaubern Farbwolken in die Finsternis, sodass sich eine Sphäre zwischen Wirklichkeit und Imagination bildet. Für viele Museumsleute war Panzas Villa ein Best-Practice-Beispiel, das zur Nachahmung anregte.

Mit Leidenschaft fürs Detail verwandelte der Hausherr das Interieur und den Garten in ein Ambiente, in dem die reduzierte Ästhetik der Gegenwart mit den historischen Formen zusammenwächst. Zahllose Museen kopierten, bewusst oder unbewusst, Panzas eher zufällig entstandenes Konzept. Sammler und Sammlerinnen verzichten häufig auf neue, allzu clean wirkende Architektur, sondern kaufen alte Gebäude mit Aura. Kuratoren kommen davon ab, Werke nach enzyklopädischen Kriterien auszuwählen. Sie legen Wert auf stimmungsvolle Inszenierungen. Man besucht Ausstellungen weniger, um etwas zu lernen, sondern um in eine Atmosphäre einzutauchen. Die Museen reißen sich um James Turrells Lichträume, die er in Varese in den Siebzigerjahren zum ersten Mal außerhalb seines Ateliers in Los Angeles verwirklichte.

FESTLICHER ALLTAG

Giuseppe Panza machte seine Villa zu einem Zentrum neuer Kunstformen

An kaum einem anderen Ort lässt sich die Intention der Künstler der Neo-Avantgarde so gut verstehen: mit Materialien aus dem Baumarkt Erlebniszonen zu schaffen, die nicht nur auf das Auge, sondern auf den ganzen Körper einwirken. Was in der Villa ein Experiment war, sollte die Museumswelt verändern. Heute ist es selbstverständlich, dass Künstler nicht nur Bilder an die Wand hängen, sondern ganze Räume gestalten, Inszenierungen, in die der Betrachter mit allen Sinnen eintaucht. In Varese fanden sie zum ersten Mal einen Auftraggeber, der diese Ideen mit den Theorien der Renaissance verglich.

Der Rundgang beginnt in der Beletage, die zu Lebzeiten Panzas als Wohnraum genutzt wurde. Monochrome Bilder von David Simpson harmonieren im Festsaal mit den Pastelltönen der klassizistischen Dekoration. Panza ergänzte das Arrangement durch Beispiele außereuropäischer Skulptur. Die Gemälde von Mark Rothko, die früher einmal im Wohnzimmer hingen, sind längst verkauft, aber die Einrichtung vermittelt immer noch einen Eindruck davon, wie der Hausherr Wohnen mit Ausstellen verband. An der Kunst habe ihn immer interessiert, wie die Kunst auf den Alltag einwirke, sagte Panza einmal, einen noblen, sorgenfreien Alltag, müsste man ergänzen. Panza kombinierte die Farben der Bilder mit den Böden, schuf mit Spiegeln überraschende Reflexionen und prüfte die Wirkung des Tageslichts.

Er häufte tausende Werke an, bis die Depots voll waren. Im Jahr 1980 begann der Conte

Die Villa Menafoglio Litta Panza stammt aus dem 18. Jahrhundert

Lichte Räume: Dan Flavins „Varese-Gang"

seinen Schatz in den großen Museen zu zeigen und sich nach einem zusätzlichen Standort umzusehen. Die Gespräche mit deutschen Museen verliefen im Sand, die Zusammenarbeit mit Mäzenen war damals in Europa noch eine Seltenheit. Panza wollte einige Rauminstallationen der Kunstsammlung Nordrhein-Westfalen als Dauerleihgabe zu Verfügung stellen. Zu sperrig, zu trocken: Die konzeptuelle und minimalistische Kunst stieß damals auf Vorbehalte und ließ die Museumsdirektoren zögern.

Noch schwieriger gestalteten sich die Gespräche mit italienischen Kulturpolitikern. Panza wollte sein Lebenswerk dem Land erhalten und bot es dem Staat als Schenkung an. Vergeblich. Die unklare Gesetzeslage und die überbordende Bürokratie machten Schenkungen von Sammlern an öffentliche Museen fast unmöglich. Auch das Turiner Museum Castello di Rivoli sollte 1980 beschenkt werden, lehnte das Angebot aber ab. Neue Steuergesetze setzten Panza unter Druck. So kam es, dass die einzigartige Sammlung in Stücke gerissen und in die USA verkauft wurde.

Als 1979 Los Angeles ein neues Museum für zeitgenössische Kunst, das Moca, bekam, mussten die Gründer wichtige Positionen nachkaufen. Das Moca erwarb im Jahr 1984 von Panza um elf Millionen Dollar achtzig Werke des Abstrakten Expressionismus und der Pop-Art. Die Qualität war so hoch, dass das neue Museum auf einen Schlag bekannt wurde. Angesichts der Preise, die Bilder von Mark Rothko oder Roy Lichtenstein bereits damals erzielten, kam der Verkauf einer Schenkung gleich.

VERGEBLICHE GABEN

Wenige Jahre darauf stieg das New Yorker Guggenheim Museum ein und erstand ein Dreißig-Millionen-Euro-Paket. Dem berühmten Kunsttempel fehlte die neueste Kunst, und es schloss mit den Werken aus Varese seine Lücken. Die Ankäufe

Kunst und Natur: Meg Websters „Cone of Water", 2015

Das Billardzimmer mit Bildern von Phil Sims

sorgten in der Öffentlichkeit für großes Aufsehen, der damalige Guggenheim-Direktor Thomas Krens versteigerte ein abstraktes Meisterwerk von Wassily Kandinsky, um den Deal zu finanzieren. Wieder zeigte sich Panza großzügig und legte ein Konvolut an Werken als Schenkung drauf. Panza blieb nicht sein ganzes Leben lang einer Stilrichtung treu, sondern sah sich nach neuen Tendenzen um: zuerst die Abstrakten Expressionisten, dann Pop-Art, gefolgt von Conceptual und Minimal Art, zuletzt interessierte er sich für Ökokunst. Einige Beispiele naturnaher Werke sind im Park der Villa zu sehen.

Die Panza Collection markiert den Siegeszug der zeitgenössischen Kunst, die von der Liebhaberei zum Spekulationsobjekt aufstieg. Ein einziges Bild von Andy Warhol würde heute mehr bringen als Panzas alle damaligen Verkäufe zusammen. Noch zu Lebzeiten stiftete das Ehepaar Panza das Anwesen einer Umweltschutzorganisation, die heute für den Museumsbetrieb zuständig ist. Zu der Schenkung gehört auch ein Teil der Bestände. Gespräche mit der lokalen Politik über eine Übernahme durch die öffentliche Hand scheiterten.

REISEZIEL
Die **Villa Menafoglio Litta Panza** liegt auf einem Hügel über Varese (Piazza Litta 1). Das Museum verfügt über einen kleinen, kostenpflichtigen Parkplatz. Die Villa Panza hat keine Website, sondern wird im Internet von der Umweltschutzorganisation Fondo Ambiente vertreten.
Info: www.fondoambiente.it

ANREISE
Vom Bahnhof Varese führt die Autobuslinie A bis zur Villa Panza (Endstation).

EXTRATOUR 1
An einem Steilhang des Lago di Varese liegt der heilige Berg **Sacro Monte di Varese,** ein spektakuläres Beispiel barocken Religionstheaters. Info: http://sacromontedivarese.it

Casa Terragni
in Como

EXTRATOUR 2

Varese ist nur dreißig Kilometer von Como entfernt (ein Zug verbindet die beiden Orte). Hier befindet sich eines der Hauptwerke moderner Architektur, die ehemalige Casa del Fascio von Giuseppe Terragni (1904–1943), auch **Casa Terragni** genannt. Der aus Como stammende und hier auch tätige Terragni war ein Hauptvertreter des Rationalismus, der italienischen Variante des Funktionalismus. Wie die Baukünstler des Internationalen Stils lehnte Terragni jede Form von Historismus ab, berief sich in seinen Entwürfen jedoch auf antike Traditionen, deren geometrische Reduktion er schätzte. Die Casa del Fascio wird heute, man will es kaum glauben, als Sitz der Finanzpolizei genutzt. Der Rhythmus der Fassade und das Wechselspiel zwischen Fläche und Tiefe, Geschlossenheit und Öffnung erzeugen eine anmutige Leichtigkeit, eine Wirkung, die sich auf das gläserne Atrium überträgt. Der 1936 fertiggestellte Sitz der faschistischen Partei diente ursprünglich einem propagandistischen Zweck. Der rechte Fassadenteil war für faschistische Propaganda, der Vorplatz für Aufmärsche vorgesehen. Theoretiker der Postmoderne wie Peter Eisenman, Architekt des Berliner Mahnmals für die ermordeten Juden Europas, interpretierten das abstrakte Meisterwerk neu. Terragnis Verteidiger können nicht leugnen, dass die Casa del Fascio die Forderung eines totalitären Regimes nach totaler Transparenz verwirklicht. Doch sein Palazzo unterwandert auch das autoritäre Weltbild, indem es formale Symmetrien und Hierarchien vermeidet. Adresse: Piazza del Popolo 4 (zehn Minuten vom Bahnhof Como San Giovanni entfernt)

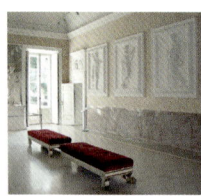

Villa Carlotta
am Lago di Como

EXTRATOUR 3

Am Comer See gibt es ein weiteres lohnendes Ausflugsziel. Die **Villa Carlotta** (Via Regina 2, Tremezzina) lädt zum Besuch in einen botanischen Garten und ein Museum ein. Es handelt sich um eine Sommerresidenz aus der Barockzeit, die in der napoleonischen Zeit vom Sammler Gian Battista Sommariva gekauft wurde. Sommariva sammelte Werke klassizistischer Künstler, etwa solche Antonio Canovas und Berte Thorvaldsens. Das Museum ist tägl. von 10 bis 17 Uhr (Sa, So ab 10.30 Uhr) geöffnet. Wintersperre ab 8. Nov.

Anreise: Von Como führt der Bus C10 (Autolinee) über Menaggio zur Villa Carlotta. Von Varenna (Ostufer) oder Como gibt es auch eine direkte Schiffverbindung. Info: www.villacarlotta.it.

7 SEMMERING

7
SEMMERING

DIE STADT IM GEBIRGE

Grandhotels, ein Golfplatz und Skipisten: Der Ausflug auf den Semmering führt in ein Laboratorium der Freizeitmoderne, in dessen Ruinen neues Leben entsteht

Der Abend im Kurhaus Semmering begann mit einer Absage. Ich hatte mit den Veranstaltern ausgemacht, mit Claus Peymann, dem ehemaligen Direktor des Wiener Burgtheaters, ein Interview zu führen. Peymann sollte aus einem Roman von Thomas Bernhard lesen, dem Autor, der ihn sein Leben lang begleitete. Bernhard schrieb für ihn, Peymann inszenierte. Doch der Regisseur, Jahrgang 1937, überlegte es sich anders. Kollegen hatten Inszenierungen verrissen, und die Folgen davon bekam ich nun zu spüren. „Nehmen Sie es nicht persönlich."

Gar nicht. Denn allein der Ort der Lesung war die Reise wert. Der Semmering ist der erste Berg nach der Ebene, ein Denkmal der Freizeitindustrie und eine Stadt zwischen dunklen Wäldern und schroffen Felsen.

Als die Eisenbahnstrecke 1854 für den Verkehr freigegeben wurde, bezeichnete „Semmering" lediglich eine tausend Meter hoch gelegene Passhöhe, auf der Wölfe heulten und ein paar Bauernfamilien lebten. Noch 1880 war der Bahnhof ein Zwischenstopp der Linie Wien–Triest, wo kaum ein Gast ausstieg. Erst die private Südbahngesellschaft erkannte die Vorzüge der Lage und errichtete ein Palasthotel, das Südbahnhotel, das luxuriösen Komfort in die Bergwildnis brachte.

Der Standort des 1881/82 verwirklichten Südbahnhotels liegt nicht unmittelbar neben dem Bahnhof, sondern ein paar Kilometer nördlich, am Wolfsbergkogel, wo sich die aus dem Tal aufsteigenden Nebel auflösen und sich ein prächtiges Panorama mit Rax

Die Stadt im Gebirge

Die wildromantische Bahntrasse auf einer Postkarte, um 1880

Das Kurhaus Semmering in den 1950er-Jahren (Postkarte)

und Schneeberg auftut. Das Angebot kam bei der lufthungrigen Gesellschaft an, in rascher Folge entstanden weitere Hotels und Villenkolonien, so auch das Kurhaus Semmering, in dem Peymann seine Lesung hielt.

Das von den Architekten Franz von Krauß und Josef Tölk geplante und 1909 fertiggestellte Kurhaus ist ein früher, mit viel Holzfolklore verkleideter Stahlbetonbau. Auch wenn die Räume von der Patina des Verfalls überzogen sind, verströmt die Architektur die helle Leichtigkeit des frühen Funktionalismus. Der Blick vom ehemaligen Lesezimmer auf den Sonnwendstein zeigt, wie raffiniert die Gestalter das Naturspektakel in den Innenraum holten. Die Architektur ist von der überladenen Schwere des Historismus befreit, lediglich zarte Blumenmuster schmücken die Wände, die Lampen hängen wie Tropfen von der Decke.

Der Theatermacher Claus Peymann kam zu Lesungen auf den Semmering

Als die Lesung von Claus Peymann im Kurhaus Semmering begann, senkte sich die Dämmerung über die Landschaft. Der Blick wanderte durch die Panoramafenster hinaus in die Natur. Ein grünes Leuchten erfasste die Wälder und im Süden strahlte der Himmel über der dunklen Silhouette der Berge. Peymann las ein Stück aus Thomas Bernhards „Alte Meister", einer Erzählung über die kunstsinnige Wiener Gesellschaft und einen Schauspieler, der den Popanz der Bildungsbürger hasste. Peymann war der Text seines Freundes in Fleisch und Blut übergegangen. Der gequälte Selbstzweifel schwoll von einem Flüstern zu einer gebellten Schimpftirade an. Die Worte hallten in dem ehemaligen Speisesaal wider und ließen an jene Zeit denken, als hier tatsächlich Schriftsteller, Industrielle und Opernstars ein und aus gingen.

Das Projekt Semmering ist vom Geist der Gründerzeit durchdrungen. In der Hochzeit der Industrialisierung suchte man in den Alpen ein Mittel, das die Wunden des Fortschritts heilte. Romantisches Naturspektakel verband sich mit neuester Technik. Die Bauwerke lehnten sich an das Vorbild von

Schweizer Bauernhäusern an, wurden aber teilweise in industrieller Fertigteilbauweise errichtet.

Die Grandhotels waren Wohnmaschinen, die den Bombast aristokratischer Repräsentation in ein Standardformat übersetzten – das Schloss für viele. Die Höhenlage markierte auch den sozialen Status der Aufsteiger im Industriellen- und Bankenmilieu. Die adeligen Gäste wiederum luden die Umgebung mit sozialem Prestige auf. Um ihnen die Berührung mit den Bürgerlichen schmackhaft zu machen, gewährten die Hotels großzügige Rabatte.

Mit dem Kapital beherzter Unternehmer als Treibstoff und einem Programm der Körperbefreiung als Überbau avancierte der Semmering um 1900 zum Laboratorium der Freizeitmoderne. Die Wintersaison als touristisches Angebot wurde nicht in Kitzbühel, sondern im Südbahnhotel eingeführt. Hier und nicht in Tirol fanden die ersten Ski- und Bobrennen statt. Die Wettbewerbe auf der 1912 am Hirschenkogel errichteten Sprungschanze zogen zehntausende Besucher an.

GRANDHOTEL UNTERGANG

Zum Südbahnhotel gehörte ein 350.000 Quadratmeter großer Erlebnispark, in dem künstliche Alpenhütten ein rustikales Erlebnis suggerierten. Eine eben verlaufende Promenade führte zu Tennis- und Kinderspielplätzen und zum heute noch in Betrieb befindlichen Golfplatz, dem ersten in Österreich überhaupt. Die Werbeplakate der 1930er-Jahre vermitteln das mondäne Flair der Anlage, einer Art Manhattan mit Skilift und Strandbad. Doch das Paradies leidet längst unter Mottenbefall.

Die Gemeinde Semmering zählt nur noch 600 Einwohner, 1200 Personen haben hier ihren Zweitwohnsitz angemeldet, dazu kommen die 700 Schüler der Tourismusschule. Da es kaum Jobs gibt, ziehen die jungen Leute weg, die Volksschule musste mangels Nachwuchs schließen.

Der Niedergang begann mit der NS-Zeit, als die vielen jüdischen Eigentümer vertrieben und enteignet wurden. Nach dem Zweiten Weltkrieg ging der Abwärtstrend weiter. In die Tiroler Berge kamen deutsche Touristen, während in den Semmeringer Hotels sowjetische Truppen einquartiert waren. Und während St. Moritz, das noch in den 1920er-Jahren mit dem Semmering um den ersten Platz im Wintersport kämpfte, zum Bankenzentrum aufstieg, suchte der ehemalige Treffpunkt der mitteleuropäischen High Society nach einer neuen Bestimmung.

In den 1970er-Jahren erfasste eine neue Mode den Ort. Die Mittelschicht der Kreisky-Ära fuhr im Sommer an die Adria – und am Wochenende in die Ferienwohnung. Die Hotels auf dem Semmering verkauften einen Teil ihrer Bettentrakte, in jedem einstigen Luxuszimmer hatte eine kleine Wohnung Platz. Heute erweist sich die Aufsplittung als Hindernis. So verlor das Südbahnhotel den gesamten Wohntrakt, was eine Nutzung schwierig macht. Mit Speisesaal und Schwimmbad allein lässt sich kein Hotel führen.

Der Gemeindeverwaltung fehlt das Geld, um die Straßen zu erneuern. Die Wochenendler, wie die Gäste aus der Stadt genannt werden, zahlen keine Abgaben, nutzen aber die Infrastruktur, die Parkbänke und Spazierwege, die im Winter vom Schnee geräumt werden müssen. Das Kochen in der eigenen Küche geht auf Kosten der Restaurants, dem Großbürgertum folgten die sparsamen Selbstversorger.

Eine ukrainisch-schweizerische Gesellschaft kaufte in den vergangenen Jahren ein Hotel nach dem anderen auf, darunter das einzige noch in Betrieb befindliche Grandhotel Panhans. Auch die Liftanlagen gehören inzwischen dazu. Ein Großteil der Besucher des Semmeringer Funparks, der sich die Marke „Zauberberg" gegeben hat, kommt aus Ungarn, Tschechien und der Slowakei. Sie suchen eine synthetische Unterhaltungswelt, die keinen Bezug zur realen Umgebung braucht.

Das **Südbahnhotel** (hier ein Prospekt aus den 1930er-Jahren) gehörte zu den bekanntesten Herbergen Europas

Oben: Das Südbahnhotel (li.) und das Kurhaus Semmering (re.)

Rechts: Blick auf die Bahnstrecke um 1900

Rechts oben, rechts Mitte und ganz rechts: Innenansichten des Kurhauses Semmering

Um grösste Reinlichkeit
wird ersucht

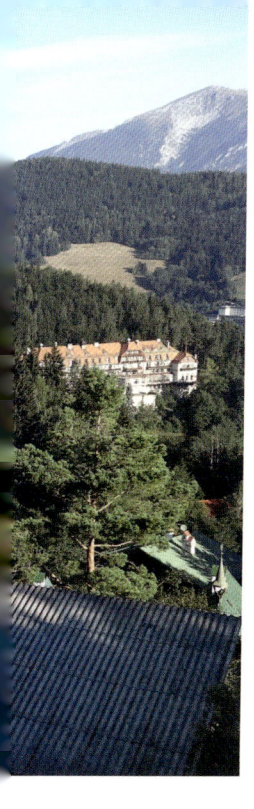

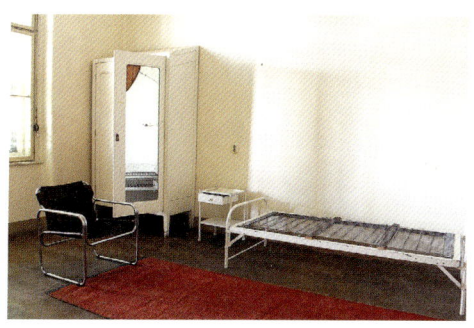

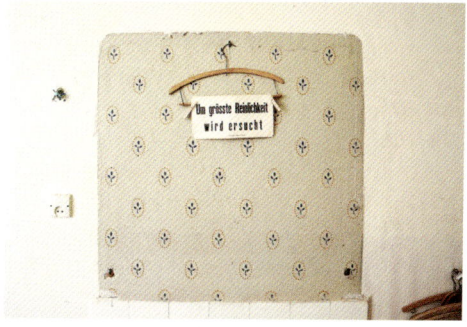

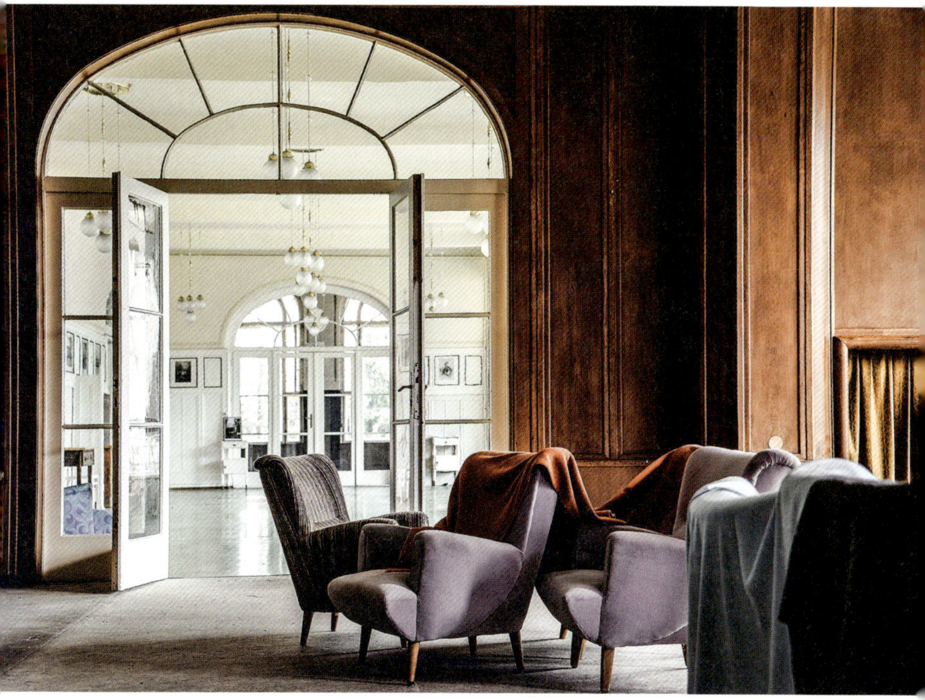

Die aus Tourismuszentren wie dem Tiroler Ischgl vertraute Hardcore-Bespaßung ist das Gegenteil von Rückzug. Maschinelle Beschleunigung statt meditatives Rasten.

Der Bildungsbürger rümpft die Nase über so viel Hightech und träumt sich in eine erhabene Vergangenheit hinein, als die Kunst die Nähe von Reichtum und Eleganz suchte. Er vergisst dabei die Gewalt, mit der Investoren bereits damals eine bis dahin unberührte Landschaft nach ihren renditegetriebenen Vorstellungen formten.

So planten die Hotelgesellschaften bereits in der Zwischenkriegszeit einen Flughafen und eine Pferderennbahn. Das krumme Gelände sollte begradigt werden. Dubai, die künstliche Stadt in der Wüste, hat in Orten wie dem Semmering einen Vorläufer. Die Orte in der Kälte und in der Hitze verbindet die Absicht, sich die Natur untertan zu machen.

Der halbverfallene Zustand der alten Gebäude ist gerade richtig, um jenen süßlichen, an den Horrorfilm „Shining" (1980) erinnernden Schauer zu erzeugen, der den Zeugnissen einer vergangenen Gegenwart eigen ist. Die Assoziation mit dem verschwundenen Großbürgertum und einer Kunst von Weltgeltung lässt in den leeren Sälen der Grandhotels eine morbide Atmosphäre entstehen, die nur als Nostalgie funktioniert.

REFUGIUM FÜR REVOLUZZER

Die Lesung Peymanns ging zu Ende und er verneigte sich vor dem applaudierenden Publikum. Meine erste Frage wäre gewesen: Was machen Sie denn auf dem Semmering? Als Peymann 1986 die Leitung des Burgtheaters übernahm, eilte ihm der Ruf des Bürgerschrecks voraus. 1966 hatte er die Uraufführung von Peter Handkes „Publikumsbeschimpfung" inszeniert, in seiner Stuttgarter Zeit (1974–79) spendete er Geld für eine inhaftierte Terroristin. In Wien setzte er zeitgenössische Autoren wie Elfriede Jelinek oder Thomas Bernhard auf den Spielplan, ein Modernisierungsschub, der trotz polemischer Ansagen auch eine Verbeugung vor der Institution war.

Peymann brachte seine eigenen Schauspieler aus Deutschland mit. Die gemobbten Altstars, zu denen etwa Franz Morak oder Fritz Muliar gehörten, zettelten einen Aufstand gegen das „deutsche Theatergenie" (wie Peymann in „Holzfällen" genannt wird) an und zogen sich aus dem Spielbetrieb des Burgtheaters zurück. Für die verletzten Diven wurden im Sommer die nicht weit vom Semmering entfernten Festspiele Reichenau zum Exil.

Thomas Bernhard erzählt in „Holzfällen" über das „deutsche Theatergenie" Peymann

Hier gab es keine ästhetischen Experimente, keine bösen Kritiken und, zumindest vorerst, keinen Thomas Bernhard. In der konservativen Gegenwelt ließen sich die Bühnenlieblinge feiern, als hätte es keinen Peymann gegeben. 40.000 Besucher jährlich strömen in den beschaulichen Ausflugsort. Inzwischen kommt auch Peymann gerne in die Hochburg seiner einstigen Gegner. Wie gesagt: Interview nein, zu müde. Morgen müsse er nach Wien, um im Burgtheater den Ohrensessel abzugeben, den er als Requisite verwendete. Dann signierte der Theatermacher seine Autobiografie. Das überwiegend grauhaarige Publikum sieht im einstigen Feindbild längst einen der ihren, ein Bollwerk gegen das von Performance und Postdramatik bedrohte Sprechtheater.

Guten Morgen, Herr Peymann. Um acht Uhr steht der Künstler im Hotel Wagner am Frühstücksbuffet. Er erzählt von seinem Wanderurlaub in Südtirol, den er für den Auftritt hier oben unterbrechen musste. Es folgt ein Monolog, nachdenklich, heiter, mit spitzen Anekdoten und sentimentalen Flashbacks. An Wien schätze er den außergewöhnlichen Rang des Theaters in den Medien, auch wenn sich einige schwarze Schafe unter den Journalisten befanden. Ein Kritiker etwa ergaunerte Interviews mit verstecktem Mikrofon.

Florian Weitzer versucht auf dem Semmering einen Neustart

Und ja, nach Reichenau seien nach und nach alle gegangen, Martin Schwab etwa, einer seiner Lieblingsschauspieler, oder sein Co-Direktor Hermann Beil. Die Abendgage von tausend Euro ist auch für Ensemblemitglieder verlockend. Eine Regiearbeit in Reichenau käme für ihn allerdings nicht infrage. Ganz sicher nicht. Statt eines Interviews improvisierte Peymann einen glänzenden Frühstücksbuffetmonolog. Zufrieden kehre ich in die Stadt zurück.

EIN MANN FÜR ALTE FÄLLE

Zwei Jahre später beschäftige ich mich wieder mit dem Semmering. Diesmal geht es nicht um eine Aufführung, sondern etwas Größeres, um die Rettung der verfallenen Utopie.

Sonne. Wenn der Hotelier Florian Weitzer über seine Projekte spricht, kommt dieses Wort mehrmals vor. Weitzer sitzt im Wiener Restaurant Meissl & Schadn und deutet auf das gegenüberliegende Hotel Imperial, eine der für Wien typischen gepolsterten Herbergen aus der Sisi-Zeit. „Das liegt im Schatten", sagt Weitzer. „Und wir hier haben Licht." Vor fünf Jahren hatte der Unternehmer ein ehemaliges Bürogebäude in das Grand Ferdinand, ein Hotel mit Restaurant, dem Meissl & Schadn, verwandelt. Ein unscheinbarer Block aus den 1950er-Jahren nahm Kontur an.

Nach mehreren Hotels in Graz und Wien setzt der Unternehmer zu seiner bisher gewagtesten Investition an. Weitzer kaufte das Kurhaus Semmering, das riesige, baufällige Gebäude, in dem im Sommer 2017 die Peymann-Lesung stattfand. Weitzer könnte gelingen, was der visionäre Intendant im Burgtheater vollbrachte, eine verblasste historische Marke mit neuen Ideen aufzufrischen.

Als Florian Weitzer 2003 das Ruder übernahm, kannte er die Branche lediglich aus dem familiären Alltag. Bereits sein Vater war mehr aus Pflichtgefühl denn aus Neigung eingestiegen. Der Chemiker wollte lieber ins Labor als in die Lobby. „Man muss weit genug entfernt sein, um die Freiheit zu haben, mit Gewohnheiten zu brechen", meint Weitzer rückblickend.

Der Hotelier trägt die Mode des lockeren Städters: Jeans, Vollbart und Hemd ohne Krawatte. Es ist Mittagszeit und das Lokal ist gut besetzt. Immer wieder winkt Weitzer, um Stammgäste zu begrüßen. Hier sitzt nicht der Manager einer Hotelkette, sondern der Inhaber eines Familienbetriebs. Die Übergabe vom Vater an den Sohn passierte rasch und unsentimental. Als sich Hans Weitzer zurückzog, gab er dem Nachfolger eine Einsicht mit: „Du wirst Fehler machen, aber das lässt sich nicht verhindern."

Weitzer fand ein Angebot für das individualisierte Reisen, bei dem es nicht um Prunk und Sterne, sondern um das Bedürfnis geht, sich auch beim Wohnen überraschen zu lassen. Der kritische Reisende will alles auf einmal, Lokales und Globales, das Zeitgenössische im historischen Gewand, Steak und Vegetarisches. Manchmal hat er Lust darauf, zuhause Tourist zu sein. Daher reaktiviert Weitzer den Mythos Grandhotel, der fröhliche Urbanität ebenso impliziert wie luxuriösen Rückzug.

> Tiefer als jetzt kann man nicht sinken. Der Semmering hätte etwas Besseres verdient
>
> FLORIAN WEITZER, HOTELIER

Mit dreißig Jahren hatte Weitzer bereits viel erreicht und stellte sich die Frage, die sich manche in diesem Alter stellen: „War's das jetzt?" Beinahe wäre es das gewesen. In einer Oktobernacht des Jahres 2005 krachte der Hotelier auf einer Straßenkreuzung in ein anderes Fahrzeug. Der Sicherheitsgurt schnürte die Aorta zu und löste so einen Schlaganfall aus. Weitzer war halbseitig gelähmt und musste das Gehen und Sprechen wieder lernen. „Es gibt zwei Möglichkeiten, damit umzugehen: Man wird ängstlicher oder mutiger."

Das Kurhaus Semmering, die neueste Erwerbung, gehört zu jenen Immobilien, vor denen Investoren gewöhnlich zurückschrecken. 1909 als Sanatorium für ruhebedürftige Städter gebaut, war es zuletzt in den 1980er-Jahren in Betrieb, als Erho-

Der **Semmering** war ein frühes Zentrum des Wintersports

lungsheim für Beamte. Ein Besitzerwechsel folgte auf den nächsten, zuletzt kaufte sich ein kasachischer Oligarch ein, der vor Ort nie gesehen wurde.

Wie die ukrainischen Investoren im Hotel Panhans, einem weiteren Grandhotel der Jahrhundertwende, hatte der Besitzer viel versprochen, aber wenig gehalten. Das geplante Rehazentrum existierte lediglich auf dem Papier. „Der Ort hätte etwas Besseres verdient", empört sich Weitzer, der den Semmering seit seiner Kindheit kennt. „Tiefer als jetzt kann man nicht sinken."

Wie viel Weitzer für das Anwesen, zu dem zehn Hektar Grund gehören, bezahlt hat, will er nicht sagen. Der ehemalige Eigentümer soll zwischen einer und zwei Millionen Euro gezahlt haben, die Sanierung wird ein Vielfaches kosten. Das Geschäft selbst war ebenso skurril wie die Geschichte über den Kasachen, der angeblich deshalb auf das Hotel kam, weil sein Vater als Soldat der Roten Armee hier behandelt wurde: Weitzer bekam den mysteriösen Geschäftsmann nie zu Gesicht. Sicher ist nur, dass der Grazer seit November 2019 im Grundbuch steht.

HABSBURG-HIPSTER

Weitzer zeichnet die Bahnstrecke Graz–Wien in die Luft, in deren Mitte der Semmering liegt. Das Kurhaus hat eine eigene, wenige Gehminuten entfernte Bahnstation, Wolfsbergkogel. Weitzer spricht von der Hochzeit der Eisenbahn im 19. Jahrhundert, die vom Auto und dem Flugzeug beendet wurde. Die Klimakrise macht das alte Transportmittel wieder begehrt, sodass auch die Erholungsgebiete von gestern wieder interessant werden. In einer Stunde Fahrzeit erreichen die Wienerinnen und Wiener eine Sommerfrische und im Winter ein Skigebiet, einmalig für eine Metropole.

Zu den gefühlten Qualitäten des Ortes gehört das Mikroklima. Die Semmeringer sprechen von einem zweiten Meran, um die Lage zu beschreiben. Die Südtiroler Kurstadt hat besonders milde Winter und wenig Regentage, und auch der Wolfsbergkogel, wo das Kurhaus steht, weist ähnliche Bedingungen auf. Das Gebäude hat eine südliche Ausrichtung, sodass die Sonne lange hereinscheint. Das Kurhaus ist windgeschützt und die Temperaturen liegen über den im Ortszentrum gemessenen Graden. Im Winter windet sich eine Nebelschlange vom Mürztal in die Höhe und hält inne, bevor sie den Kogel erreicht.

Das **Waldhaus in Sils Maria** führt die Tradition der Grandhotels im Hochgebirge weiter

Mit dem Waldhaus Sils im Schweizer Sils Maria gibt es ein Vorbild für ein Kulturerbe-Grandhotel, das im Gebirge funktioniert. Dorthin zieht es Leute, die froh sind über WLAN-Pausen und im Herbst in goldenen Lärchenwäldern verschwinden. Die Gäste fahren nicht nur mit dem Auto, sondern auch mit dem Zug nach Sils Maria und passen sich dem Rhythmus der Natur an. Touristiker sprechen dann gerne von Entschleunigung. Außerdem veränderte das Internet die Wahrnehmung von Orten. Fotos auf Instagram retten Reiseziele an der Peripherie vor dem Vergessen, für deren Bewerbung früher ein großer Aufwand nötig war. Zielgenaue Botschaften in den Social Media ermöglichen es Betrieben, die richtige Kundschaft anzusprechen.

Das Magazin *Monocle* prägte den Begriff des Habsburg-Hipsters und meinte damit Konsumbürger, denen eine historisch imprägnierte Atmosphäre „mit Seele" wichtiger ist als ein Jacuzzi. Auf der Terrasse des Grand Semmering könnten sie in das Grün der Wälder eintauchen und an Arthur Schnitzler denken, der hier vor hundert Jahren Zigarre rauchte. Wenn Weitzer über das Kurhaus Semmering sinniert, spricht ein Habsburg-Hipster aus ihm. „Ich glaube, wir sind alle schon zu viele Jahre nach Sharm el Sheikh geflogen."

REISEZIEL
Bahnhof Semmering. Liegt an der Bahnstrecke Wien–Mürzzuschlag. Regelmäßige Verbindungen. Ein Spaziergang führt durch den Ort, in dem sich mehrere Grandhotels aus der Zeit um 1900 befinden.

ÜBERNACHTEN
Claus Peymann übernachtete im **Biohotel Wagner**, einer der wenigen ambitionierten Pensionen.
Info: www.panoramahotel-wagner.at

ESSEN
Beim **Löffler** gibt es die besten Kuchen am Semmering und eine anständige Speisekarte. Info: www.derloeffler.at

WANDERN
Die Dolomiten der Wiener sind zwar Rax und Schneeberg, aber auch am Semmering kann der Städter schöne Wanderungen machen. Der Klassiker ist der Bahnwanderweg, der am Bahnhof beginnt. Er führt die Eisenbahntrasse entlang und eröffnet schöne Ausblicke auf Brücken und Galerien dieses von Carl Ritter von Ghega geplanten technischen Gesamtkunstwerks. Man muss nicht die ganzen 23 Kilometer nach Gloggnitz zurücklegen, sondern kann auch am Bahnhof Breitenstein (9 km) oder Klamm (15 km) einsteigen.

EXTRATOUR
Das gastronomische Imperium von Florian Weitzer führt nach Wien und Graz. Zum Übernachten bieten sich die beiden in Bahnhofsnähe gelegenen Hotels **Daniel** an. In Graz kann ein Besuch des Restaurants **Der Steirer** empfohlen werden, in Wien das Hotelrestaurant **Meissl & Schadn**. https://hotel daniel.com, www.der-steirer.at, https://meisslundschadn.at

LITERATUR
Der Wiener Historiker *Wolfgang Kos,* ehemaliger Direktor des Wien Museums, kuratierte 1992 auf Schloss Gloggnitz die Ausstellung „*Die Eroberung der Landschaft*", die die Neubewertung des Semmerings einleitete. Kos fasst seine Recherchen in einem neuen Buch zusammen: *Der Semmering. Eine exzentrische Landschaft* (Residenz Verlag, Salzburg 2021). Die Kunsthistorikerin *Desiree Vasko-Juhesz* beschäftigte sich mit der Hotelarchitektur des Semmerings: *Die Südbahn – Ihre Kurorte und Hotels.* (Böhlau Verlag).

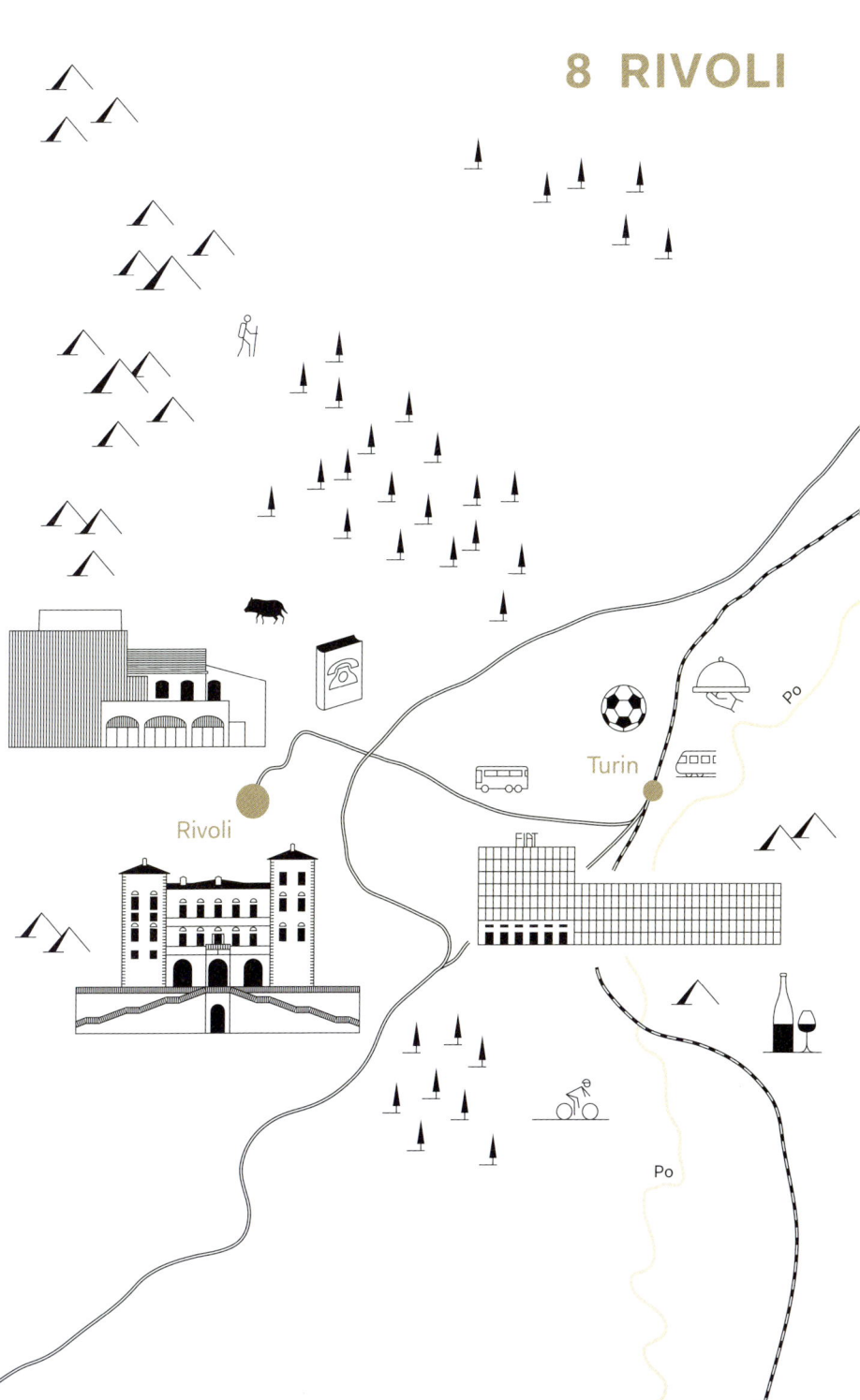

8
RIVOLI

DER GOLDENE KÄFIG

In einer Kleinstadt bei Turin hortete der Fabrikant Francesco F. Cerruti einen Kunstschatz. Ein Ausflug zum Zeugnis eines ungelebten Lebens

Der Turiner Industrielle Francesco Federico Cerruti, auch FF genannt, hatte einen einzigen Freund, seinen Anwalt. Cerruti führte das Leben eines Einsiedlers und hinterließ einen Schatz von königlicher Pracht. In einer Villa in Rivoli, zwanzig Kilometer von Turin entfernt, häufte Cerruti hunderte Kunstwerke an, von Renaissancemalerei über Rokokomöbeln bis hin zu Meisterwerken der Moderne. Vor seinem Tod im Jahre 2015 verfügte der Mäzen, dass die Sammlung öffentlich zugänglich gemacht wird. Im Mai 2019 wurde das Museum der Collezione Cerruti eröffnet.

Wir steigen im Zentrum Turins in den Bus Nr. 36, um Rivoli, eine Kleinstadt im Nordwesten, zu erreichen. Man muss schon einen Tag einkalkulieren, denn allein die Anfahrt dauert mindestens eine halbe Stunde und führt durch die Vororte der Fiat-Stadt. Man sieht Industriebauten aus der Zeit um 1900 und lange Alleen, die von Kondominien aus der zweiten Boomphase in den Fünfzigerjahren gesäumt werden.

VON DER FABRIK ZUM MUSEUM

Nach dem Zweiten Weltkrieg erlebte Turin ein Wirtschaftswunder, zehntausende Arbeiter strömten aus dem Süden nach Norden. Hier fanden in den Siebzigerjahren die großen Kämpfe der Linksradikalen statt. Täglich berichteten die Zeitungen über spontane Streiks und Sabotagen. Wer die Nase zu

hoch trug, musste damit rechnen, dass sein Auto in Flammen aufging.

Heute gilt Turin als Metropole, die den Sprung von der Industrie zur Dienstleistung und zum Konsum geschafft hat. Das legendäre, 1916 errichtete Automobilwerk im Stadtteil Lingotto, auf dessen Dach die Fahrzeuge getestet wurden, schloss im Jahr 1982. Statt es abzureißen, erstellte die Eigentümerfamilie Agnelli Pläne für eine alternative Nutzung. Heute befinden sich in dem Gebäude ein Hotel, ein Kino und ein Messezentrum. Ein Museum beherbergt die Sammlungen von Giovanni und Marella Agnelli. Die Olympischen Spiele im Jahr 2006 gaben der Stadt einen weiteren Schub. So entstanden im Stadtteil Lingotto eine neue Sporthalle und ein olympisches Dorf für die Athleten.

Auch Rivoli, ein kleiner Ort bei Turin mit Blick auf die schneebedeckten Alpengipfel, besitzt ein Symbol des Strukturwandels. In dem auf einem Hügel platzierten Barockschloss der Savoyer entstand 1984 Italiens erstes Museum für zeitgenössische Kunst, das Castello di Rivoli. Der bauliche Bestand geht auf das 18. Jahrhundert zurück, als hier eine monumentale Residenz für die Herzöge von Savoyen entstehen sollte. Die Struktur wurde nie fertig und verfiel zusehends, bevor in den Siebzigerjahren die Idee für eine museale Nutzung geboren wurde.

EIN SCHLOSS FÜR DIE ARTE POVERA

Der Gründungsdirektor Rudi Fuchs war eng mit den Künstlern der Arte Povera, einer wichtigen Strömung der Sechzigerjahre, befreundet, die in Turin eines ihrer Zentren hatten. Die Künstler der Arte Povera, etwa Michelangelo Pistoletto oder Jannis Kounellis, arbeiteten mit bewusst einfachen Materialien und verwandelten Räume in atmosphärisch dichte Installationen.

Francesco Federico Cerruti auf der Baustelle zu seiner Villa in den späten 1960er-Jahren

Sie platzierten ihre Werke in den Sälen des Castello di Rivoli, dessen prunkvolle Ornamente nur teilweise restauriert wurden. Holz, Erde oder Kohle, typische Materialien der Konzeptkünstler, bilden einen reizvollen Kontrast zur prunkvollen Monumentalität der Umgebung. Das Spiel mit ästhetischen Brüchen zieht sich durch die ganze Anlage.

Barocke Architektur baut auf die Überwältigung durch Symmetrie und Dekor auf, doch das Schloss besteht nur aus einem Flügel. Kein Putz verkleidet die Ziegelmauern, sodass die hohen Torbögen wie römische Ruinen wirken. Der Architekt Andrea Bruno setzte mächtige Eisenstrukturen in den Bestand, sodass sich die Aufzüge und Gänge ästhetisch von den Schlossmauern abheben. Zahlreiche neue Museen werden die Idee aufgreifen und das Neue auf das Alte treffen lassen. Statt cleaner weißer Wände bildet altes Mauerwerk den Hintergrund für Kunstwerke, eine Möglichkeit, die Gegenwart mit historischer Aura aufzuladen. Seit 2019 verfügt das Castello di Rivoli über eine eigentümliche Außenstelle, die das eigentliche Ziel unserer Reise ist.

Das **Castello di Rivoli** gehört zu den wichtigsten Museen für Gegenwartskunst in Italien

Die Direktorin des Castello di Rivoli, Carolyn Christov-Bakargiev, rieb sich die Augen, als sie von dem Testament Cerrutis hörte, das ihr Museum als Erbe vorsieht. „Es gibt noch Wunder", kommentierte die Kuratorin die Nachricht. In der Kunstwelt ist Carolyn Christov-Bakargiev als Leiterin der Documenta 13 in Kassel bekannt, einer Großausstellung mit einem ökologischen und esoterischen Schwerpunkt. Das Wunderbare an der Hinterlassenschaft besteht darin, dass sie sich keinen Kilometer von ihrem Arbeitsplatz entfernt befindet.

Zwar wusste die Direktorin von dem verschrobenen Sammler, zu einer persönlichen Begegnung ist es aber nie gekommen, obwohl Cerruti 2005 ein Bild von Francis Bacon an das Museum verlieh und nach der von Christov-Bakargiev kuratierten Schau über den US-Maler Franz Kline ein Werk des Künstlers kaufte.

Heute gehört die Sammlung einer Stiftung, die das Gebäude für museale Zwecke umbaute. Ein Aufzug wurde eingerichtet, im Vorraum geben Informationstafeln Auskunft über die Unternehmungen Cerrutis. Die Räume besitzen ein Klima, das musealen Standards entspricht, und jedes Objekt ist gegen Diebstahl gesichert. Nach zweijähriger Bauzeit wurde das Hausmuseum im Mai 2019 eröffnet. Das Castello di Rivoli organisiert die Besuche der Villa, die nur in Gruppen von maximal zwölf Personen möglich sind.

Der **Blaue Salon** mit Gemälden von Giorgio de Chirico

DER KÖNIG DER BUCHBINDER

Die Führerin erklärt uns die Herkunft von Cerrutis Vermögen. Von einer Amerikareise brachte Cerruti, Sohn eines Turiner Buchbinders, in den 1950er-Jahren eine neue Technik mit, die es ermöglichte, Druckwerke maschinell zu heften. Bis zur Digitalisierung in den Neunzigerjahren kam jedes italienische Telefonbuch aus der Legatoria Industriale Torinese und sicherte dem Unternehmer satte Gewinne. Kinder- und beziehungslos steckte FF das Geld in seine geheime Leidenschaft. Zuerst bei Antiquaren, dann auf Auktionen erstand er wertvolle Bücher, Alte Meister und seit den Achtzigerjahren auch moderne und zeitgenössische Kunst. Ein weiterer Schwerpunkt ist die Goldgrundmalerei, sakrale Kunst aus dem 14. Jahrhundert.

Je moderner die Künstler, umso klingender die Namen. Im Blauen Salon hängen mehrere Bilder von Giorgio de Chirico. Amedeo Modigliani und Francis Bacon sind mit jeweils einem hochwertigen Beispiel vertreten. Cerrutis letzte Erwerbung kurz vor seinem Tod war ein Porträt des Impressionisten Pierre-Auguste Renoir. Insgesamt wird die Sammlung auf fünfhundert Millionen Euro geschätzt.

Zuerst mussten wir durch eine Sicherheitsschleuse, dann Plastiksackerln über die Schuhe streifen, damit die Teppiche nicht kaputtgehen; ein Wach-

Oben: Ein von Attavante degli Attavanti für Ippolita Maria Sforza illustriertes Stundenbuch

Links: Die Villa Cerruti nach der Renovierung, 2019

Links unten: Das als Sterbezimmer konzipierte Turmzimmer

Unten: Der rechteckige Salon

mann begleitete die Tour. Zuerst sträubte ich mich innerlich gegen die Schikane, doch dann begriff ich: Es ist die Vorbereitung für den Tauchgang in eine seelische Unterwelt. Schönheit geht im Museum Cerruti nicht aus Sinnlichkeit, sondern aus Verzicht hervor.

DIE KLAUSE DES MILLIONÄRS

Der Rundgang beginnt in einer kleinen Bibliothek, einem finsteren Raum, der auf den ersten Blick an neureiche Stilmöbelhöllen der 1970er-Jahre erinnert. Es würde einen nicht wundern, wenn die protzigen Sessel mit Schutzbezügen abgedeckt wären. Wäre da nicht das Porträt von Renoir, das der Sammler mitten im Bücherregal platzierte. „Jeune fille aux roses" war der letzte Kauf Cerrutis. Als er 2014 das Bild in London um 1,4 Millionen Dollar ersteigerte, stand sein Entschluss bereits fest, das Gebäude öffentlich zugänglich zu machen. Ein von Büchern umgebener Monet: Da wird klar, dass hier ein Sammler einen eigenen Weg durch die Kunstgeschichte suchte.

Der Industrielle baute die Villa in den Sechzigerjahren im damals modischen, aber für die Gegend untypischen provenzalischen Stil. Die Eltern sollten hier ihren Lebensabend verbringen, weigerten sich aber, aufs Land zu ziehen. Vielleicht erschien ihnen der extravagante Geschmack des Sohnes zu ungemütlich. Die Innenräume dekorierte FF mit Ornamenten im Rokokostil. Es gibt zwar mehrere Schlafzimmer, in denen jedoch nie jemand übernachtete. Der in Turin wohnende FF soll ein einziges Mal sein Bett benutzt haben, zwei Mal im Jahr, an fixen Tagen, lud er Gäste ein.

Das Musikzimmer blieb still, der Billardtisch dient als Ablage für antiquarische Bücher. Nur ein Kenner weiß die Bände einzuordnen. Da lagert etwa der elfbändige Atlas des niederländischen Kupferstechers Joan Blaeu (1596–1673), eines der aufwendigsten

Druckwerke des 17. Jahrhunderts. Der gläubige Katholik legte einen Weinkeller an, in dem ausgewählte Flaschen reifen. Da er selbst keinen Tropfen trank, blieben die Vorräte unangetastet. In der Einrichtung ist alles vorhanden, was es für einen repräsentativen Ort braucht, etwa ein Musikzimmer. Auch diese Vergnügungsmöglichkeit blieb ungenutzt.

Statt der mit Reichtum verbundenen Freiheit spürt man die Angst vor Kontrollverlust. Cerruti hinterließ das Zeugnis eines ungelebten Lebens, eine ästhetische Gegenwelt, die an die berühmte Villa Imperiale des Dichters Gabriele d'Annunzio (1863–1938) am Gardasee erinnert. D'Annunzio stopfte das Gebäude mit Kunst, alten Büchern und Reliquien voll und ließ im Park ein Mausoleum für sich selbst errichten.

Cerruti verfiel ebenfalls dem ästhetischen Größenwahn. Anders als Mussolinis Lieblingsdichter suchte er jedoch nicht den Applaus, sondern die Abgeschiedenheit. Die bizarre Mischung aus Barock und Modern, Katholizismus und Fetischismus gibt dem Museum eine unverwechselbare Handschrift, die sie von den Best-of-Kollektionen anderer Magnaten unterscheidet.

Da mischte sich Umberto ein. Er war mir bereits aufgefallen, als wir auf den Bus warteten. Der Mann in mittleren Jahren begleitete eine alte Dame, die offensichtlich weder Mutter noch Freundin ist. Trotz der Hitze trug sie Strümpfe und einen langen Rock, die Haare steckten in einer kurzen, festen Dauerwelle. Während der Führung flüsterte er ihr ins Ohr und entschuldigte sich bei den anderen für die Störung.

Umberto, wie er sich vorstellte, ist Kunsthändler, er weilte bereits öfter in der Villa, weil er mit dem Hausherrn geschäftlich zu tun hatte. Umberto wollte Signora Carla den Ort zeigen, der in der Branche ein Mythos war. Er ließ ihr den Vortritt und erkundigte sich nach ihrem Wohlbefinden. Ob es ihr nicht zu heiß sei, und dann, als drinnen die Klima-

Die von Architekt Rem Koolhaas renovierte **Fondazione Prada** in Mailand

anlage lief, ob es jetzt nicht zu kühl sei. Trotz der Vertraulichkeit blieben sie beim „Sie". Vielleicht ist sie eine pensionierte Lehrerin, der der ehemalige Schüler einen Ausflug schenkte, oder eine Nachbarin, zu der er ein liebevolles Verhältnis aufbaute.

Während die Führerin die offizielle Version der Cerruti-Geschichte erzählte, kannte Umberto die unbekannten Anekdoten. „Cerruti hat immer das Feinste vom Feinsten gekauft", erinnerte er sich. Der Händler erzählte von einer Bietergemeinschaft, die in London einen mit Elfenbein verzierten Kabinettschrank kaufen wollte, ein kunsthistorisch einmaliges Stück des piemontesischen Kunsttischlers Pietro Piffetti (1701–1777). Ein unbekannter Interessent bekam schließlich den Zuschlag, es war Cerruti, wie sich später herausstellen sollte.

DIE PALÄSTE DER OLIGARCHEN

Die Eröffnung der Cerruti-Collection folgt einem Trend, der die Museumswelt veränderte. Öffentliche Institutionen verloren ihre Vormachtstellung gegenüber privaten Akteuren. Die Haushalte der Länder sparen, sodass in europäischen Museen keine Neuerwerbungen im großen Stil mehr möglich sind. Mächtige Sammler gingen dazu über, mit einer Tradition zu brechen. Sie überließen ihre Schätze nicht mehr staatlichen Museen, die sich um eine wissenschaftliche und konservatorische Betreuung kümmerten, sondern gründeten eigene Institutionen.

Spektakuläre Beispiele dafür sind die Museen der französischen Unternehmer François Pinault und Bernard Arnault, die in Paris eigene Museen eröffneten. Anders als bei öffentlichen Häusern haben private Sammlungen ein Ablaufdatum. Gerät ein Mäzen in finanzielle Bedrängnis, gehört der Kunstbesitz nicht selten zur Konkursmasse. So baute der österreichische Unternehmer Karlheinz Essl eine der wichtigsten Sammlungen zeitgenössischer Kunst in

Europa auf. Als die von ihm gegründete Baumarktkette Baumax in den Ruin schlitterte, musste er sein Museum in Klosterneuburg bei Wien schließen und die wichtigsten Werke verkaufen.

Auch in Italien geht ohne private Investitionen gar nichts. Die Regierung streicht die Gelder für die Kultur zusammen, daher gehen Sammler eigene Wege. In Mailand eröffnete die Modeunternehmerin Miuccia Prada 2015 in einer ehemaligen Gin-Brennerei ein Quartier für zeitgenössische Kunst. Ähnlich wie seinerzeit in Rivoli kombiniert die Architektur alten Bestand mit modernen Ergänzungen. Doch so cool die Fondazione Prada mit ihrem industriellen Chic daherkommt, an die radikale Subjektivität der Collezione Cerruti reicht sie nicht heran.

HERRSCHER OHNE HOF

Cerruti imitierte die barocke Idee einer totalen Repräsentation, allerdings ohne ein höfisches Publikum, das sich vor dem Ruhm des Herrschers verneigt hätte. Der Glanz strahlte nicht nach außen, sondern nach innen. Cerruti richtete sich in einer surrealen Form der Alltäglichkeit ein, in der feudaler Prunk auf kleinbürgerliche Spießigkeit trifft. Man assoziiert die Villa nicht nur mit Schloss Versailles, sondern auch mit Pantoffeln. Was müssen das für einsame Mittagessen gewesen sein, die Cerruti in dem Salon zu sich nahm? Der Sammler gestaltete den Salon als Spiegelkabinett, in dem die Bilder Giorgio de Chiricos hängen. Der Maler entwarf Plätze, deren Leere eine metaphysische Unbehaustheit vermitteln, vielleicht ein Ausdruck von Cerrutis eigener innerer Verfassung.

Der Rundgang endet oben im Turm, wo der Hausherr sein Sterbezimmer eingerichtet hat. Das antike Holzbett ist umgeben von Heiligenbildern, an der Wand gegenüber hängt eine Darstellung des heiligen Sebastian. Cerrutis Himmelfahrt geschah letztlich nicht im Angesicht des von Pfeilen durchbohrten Heiligen, sondern im Krankenhaus. Das Fegefeuer Welt hatte er nun hinter sich.

REISEZIEL
Das **Castello di Rivoli – Museo D'Arte Contemporanea** ist von Donnerstag bis Sonntag geöffnet (Piazza Mafalda di Savoia, Rivoli, TO). Tickets für die Villa Cerruti im Castello di Rivoli: samstags und sonntags, 10.15, 11.45, 13.15, 14.45, 16.15, 17.45 Uhr.
Info und Reservierung: www.castellodirivoli.org

ANREISE
Die Autobuslinie 36 verbindet das Zentrum von Turin mit dem Castello di Rivoli (Endstation). Einstieg: U-Bahn-Station Paradiso). Die Fahrt dauert rund 30 Minuten.
Info: www.gtt.to.it/cms/

ESSEN
Ein Restaurant mit guter lokaler Küche, etwa hausgemachter Pasta und Wildschweinragout: **La Locanda del lupo** (Piazza Bollani 14 B, Rivoli). Info: www.locandadellupo.eu

LITERATUR
Maike Albath schrieb eine packende Einführung in die Turineser Kultur- und Literaturgeschichte: *Der Geist von Turin* (Berenberg Verlag, Berlin 2012).

9 BRIOL

9
BRIOL

VOM BAUHAUS ZUM AUHAUS

Die Pension Briol in Südtirol gilt als Ikone modernen Bauens in den Alpen. Eine Kletterpartie über ideologische Abgründe

Aus dem Dorf wehen Fetzen von Marschmusik herauf, die Musikkapelle geht von Hof zu Hof und sammelt vor Neujahr Spenden für den Verein. Umgestürzte Bäume verstellen den Weg von Barbian hinauf nach Briol. Schneereste bleiben in diesen Weihnachtstagen 2019 vom frühen Wintereinbruch übrig. Fußspuren zeigen an, dass wir nicht die einzigen Wanderer sind, die zur Pension Briol wollen, obwohl der Gasthof in der kalten Jahreszeit geschlossen ist.

BERÜHMTER GEHEIMTIPP

In Wien, New York oder Moskau kann es passieren, dass Menschen leuchtende Augen bekommen, wenn sie den Namen Briol hören. Besucher lassen sich von März bis Oktober mit einem Taxijeep auf 1300 Meter bringen, andere kommen zu Fuß aus dem Dorf Barbian. Es führt keine asphaltierte Straße hinauf. Obwohl das Hotel nur dreizehn Zimmer hat, kennt man es weltweit. Der schlichte, aus Holz gesägte Schriftzug „BRIOL" prangt über dem Eingang. Er markiert einen Ort, der zum Inbegriff für eine radikal einfache Gastronomie aufstieg.

Ich kenne das Briol seit den frühen Neunzigerjahren, als es das war, was man in Vor-Google-Zeiten Geheimtipp nannte. Befreundete Architekten und Architektinnen erzählten die Geschichte von

Tageslicht fällt durch ein Glasdach in das Stiegenhaus der Pension

einem Bauwerk im funktionalistischen Stil der Moderne. Schon damals reisten Wiener, Züricher und Münchner Bildungsbürger an, um hier einige Tage zu verbringen. Der Architekt Peter Zumthor, Meister des sinnlichen Minimalismus, erklärte das „Berghaus" zu seinem Wohnideal.

Das Gebäude liegt auf einem Hang mit Blick auf die Dolomiten, deren Gipfel nahe rücken, ohne durch Monumentalität zu überwältigen. Das Tal trennt den Betrachter von den Bergen, wodurch eine Bühnensituation entsteht. Vom Gegenlicht während des Sonnenaufgangs bis zur blauen Dämmerung wirken die Erhebungen wie Akteure eines Schauspiels. Dreikirchen, so der Name der Fraktion, gehört geografisch zum Ritten, jenem Bergrücken, der auf der südlichen Seite steil zur Stadt Bozen abfällt.

Auf dem Ritten liegen die touristischen Hauptorte, während die östliche, zum Eisacktal gerichtete Flanke weniger besiedelt ist. In der Frühzeit des Tourismus war der Wallfahrtsort Dreikirchen für Bergsteiger eine Station auf dem Weg zwischen Tal und Rittnerhorn, einem 2260 Meter hohen Aussichtsberg. Die Ende des 19. Jahrhunderts eröffnete Pension Briol profitierte vom Bau der Brennereisenbahn. Reklamen der Zeit zeigen die Möglichkeit an, mit dem Fernzug bis zum Bahnhof Waidbruck zu fahren. Mit der Kutsche ging es dann nach Barbian und weiter zu Fuß oder mit dem Pferd hinauf zu dem einfachen Gasthof.

Die Eigentümerin Johanna Fink hatte den Betrieb Mitte der Achtzigerjahre von Tanten übernommen und einen mutigen Schritt gewagt. Südtirol befand sich damals am Übergang vom Massentourismus der Sechziger- und Siebzigerjahre zum Qualitätstourismus. Überall im Land entstanden Betriebe im hochpreisigen Segment. Die Schwimmbäder und Saunalandschaften wuchsen ebenso wie die Extravaganzen der Küche. Die Gäste fuhren in immer größeren Karossen vor und profitierten von der großzügigen Förderung des Straßenbaus durch die Landesregierung. Jeder Bauernhof sollte eine Autostraße bekommen, damit die Abwanderung aus den Bergregionen verhindert wird.

KALTES, KLARES WASSER

In dieser Phase wirkte Briol fast wie eine Provokation und schlug gleichzeitig ein neues Kapitel auf. Der Luxus steigert die Nachfrage nach Askese, sodass Hoteliers heute um ein Vermögen anbieten, was auf Briol um vergleichsweise wenig Geld zu haben ist: einfache Kost aus lokalen Produkten, die reinen Elemente Wasser, Luft und Sonne. Ein ovaler, von Quellwasser gespeister Pool oberhalb des Gebäudes dient an heißen Sommertagen der Abkühlung. Der Sternetourismus steht inzwischen auch für Ressourcenvergeudung. Die Reinigung der Wäsche, der Transport der Güter in oft entlegene Lagen und die Wellnessanlagen verbrauchen viel Wasser und Energie. Auf Briol kommt die Wärme aus dem Brennholz und einer kleinen Solaranlage.

Auch in anderer Hinsicht lag Briol richtig. Das Hotel bot eine gelungene Story an. Sie handelt von der Bozner Kaufmannsfamilie Settari, die die Gegend für sich entdeckte. Erst kauften die Settaris 1871 den Gasthof Bad Dreikirchen, dann bauten sie 1898 die Pension Briol, die wir heute im Zustand von 1928 kennen. Johanna Settari, die Urgroßmutter der heutigen Wirtin, hatte einen besonderen Wunsch an ihren Gatten. Jedes Kind sollte ein Sommerfrischhaus in der Nähe bekommen. So sollte es möglich sein, dass die Familie die Sommer zusammen verbrachte.

Da Johanna Settari viele Kinder bekam, entstand auf Waldlichtungen im Ortsteil Briol eine außergewöhnliche Siedlung. Die Pension bildet den Mittelpunkt, und einige der Sommerfrischhäuser werden inzwischen ebenfalls an Gäste vermietet. PR-Berater empfehlen Tourismusbetrieben, sich eine Erzählung für ihre Destination zu überlegen. Das Sto-

Vom Wiener Jugendstil übernahm **Hubert Lanzinger** die geometrischen Ornamente

rytelling von Briol klingt wie ein Märchen: Das Unternehmerehepaar und seine fünfzehn Kinder.

Warum das Wagnis Briol zu einem Erfolg wurde, hat mit einer weiteren Entwicklung zu tun, der Aufwertung moderner Architektur. Als ich zum ersten Mal die einfache Schachtel sah, hatte ich noch wenig Ahnung von der Architekturavantgarde. In den Achtzigerjahren begannen die Historiker, das Neue Bauen in den Alpen zu erforschen. Erste Reisende fuhren nach Sexten, um das 1929 von Clemens Holzmeister gestaltete Hotel Drei Zinnen zu besichtigen.

Unter Insidern sprach sich auch die Geschichte des Albergo Sportivo Valmartello al Paradiso del Cevedale, kurz Hotel Paradiso, herum, das der italienische Architekt und Designer Gio Ponti in den 1930er-Jahren unter die Bergriesen des Martelltales gesetzt hatte. An einem Standort fernab der Zivilisation schritten die Gäste über einen roten Teppich in ein Gebäude auf höchstem Stand der Technik. Ponti entwickelte einen eigenen Farbplan, um die Wände der Zimmer abwechslungsreich zu gestalten. Der Modernetourismus entwickelte sich inzwischen zur Marktnische für eine zahlungskräftige Klientel. Unterstützt von stilbildenden Magazinen wie *Monocle* reisen Westler nach Indien, um die Bauten Le Corbusiers zu besuchen, oder nach Brasilien auf den Spuren Oscar Niemeyers – oder nach Briol.

LICHT, LUFT, SONNE

Zum Vermächtnis der Gründerin Johanna Settari gehört, dass die Gebäude ohne Zaun bleiben sollen. Gewöhnlich halten Umfriedungen neugierige Gäste von privaten Grundstücken ab. Daher sind architektonische Meisterwerke oft von Mauern und Hecken umgeben und somit für neugierige Besucher unsichtbar. Die wenige hundert Meter voneinander entfernten Briol-Villen stehen dagegen offen in der

Landschaft, und auch bei der Pension Briol gibt es kein versperrtes Gartentor.

Der Baukörper steht wie eine Skulptur an der Hangkante, „wie zum Absprung bereit", formulierte es ein Architekturhistoriker. Die Witterung dunkelte die Bretter aus rohem Lärchenholz nach und verlieh den grünen Fensterläden einen Pastellton. Bei geschlossenen Tür- und Fensteröffnungen tritt die Geometrie der Fassade hervor: das Zickzackband der Balkone; die schwarzgraue, über das Pultdach hinaus ragende Holzverblendung, die im Kontrast zu den breiteren, weiß getünchten Wänden steht.

Auch im Inneren vermittelt die helle Wandfarbe ein Gefühl von Leichtigkeit, lässt das durch eine Dachöffnung strömende Licht eine meditative Atmosphäre entstehen. Die einfachen Möbel und das schlichte Geschirr wirken wie Stillleben. Wer hierherkommt, weiß, auf was er sich einlässt: Dusche am Gang, kein Fernseher und Zimmerschlüssel gibt es auch nicht. Keine Bilder an den Wänden lenken den Blick durchs Fenster ab. Jetzt im Winter herrscht Ruhe, nur einige Vögel sausen auf der Suche nach Nahrung von Ast zu Ast, vielleicht in Erinnerung an die Brotkrümel, die im Sommer übrigbleiben. Auf der Terrasse sind Möbel übereinandergestapelt, Tische und Stühle aus dickem Holz, archaisch und modern zugleich.

Für Briol entwickelte Lanzinger einen eigenen Stuhltyp

Ich bin heraufgekommen, um einen Mythos zu hinterfragen. In der öffentlichen Wahrnehmung gilt Briol als Meisterwerk moderner Architektur. Formal gesehen geht die Rechnung auf. Das markante Gestaltungselement sind vier große Säulen, die die Balkone talseitig stützen und der Fassade einen räumlichen Rhythmus geben. Die kubische Fassadenform und die einfache Geometrie entsprechen dem funktionalistischen Zeitgeist. Anders als die Grandhotels der Jahrhundertwende beschränkt sich der Bau auf das Wesentliche, er bietet keine prunkvollen Salons oder komfortablen Badezimmer: Zurück zur Natur ist der Fortschritt.

Oben: Das westseitige Tagescafé

Rechts, ganz oben: Schriftzug über dem Eingang

Rechts oben: Reklame Lanzingers

Rechts: Sonnenhüte aus der Frühzeit und Zimmer mit Aussicht

Ganz rechts: Das Speisezimmer mit den Initialen Johanna Settaris

BRIOL

PENSION
BRIOL
DOLOMITEN-
GEBIET
1310 M HÖHE
PROV. BOLZANO
ITALIA
VON DER EILZUGSTATION
PONTE ALL'ISARCO
ERREICHBAR
MÜNCHEN
ZÜRICH
INNSBRUCK
WIEN
BRENNERO
S. CANDIDO
CHIUSA
TRECHIESE
BRIOL
PONTE ALL'ISARCO
MERANO
BOLZANO
DOLOMITI
MILANO
VERONA
VENEZIA

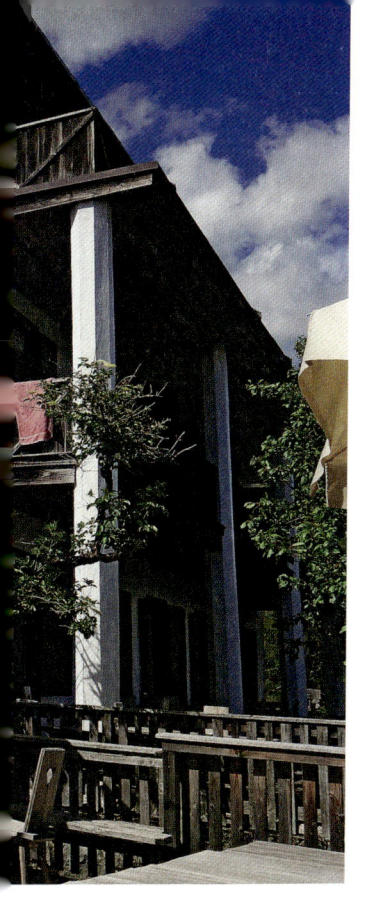

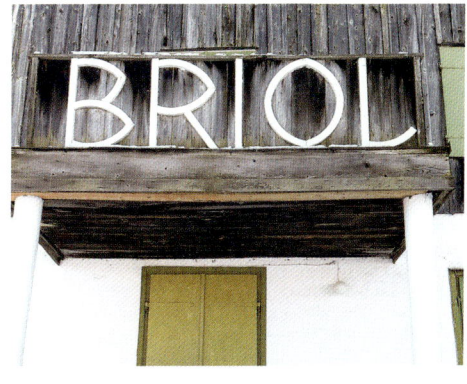

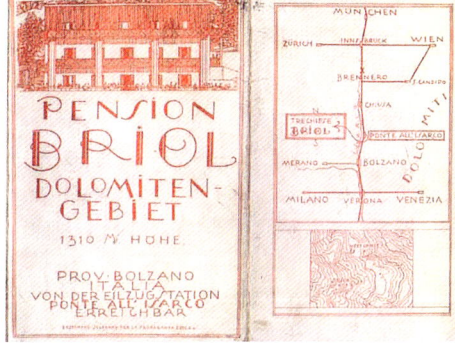

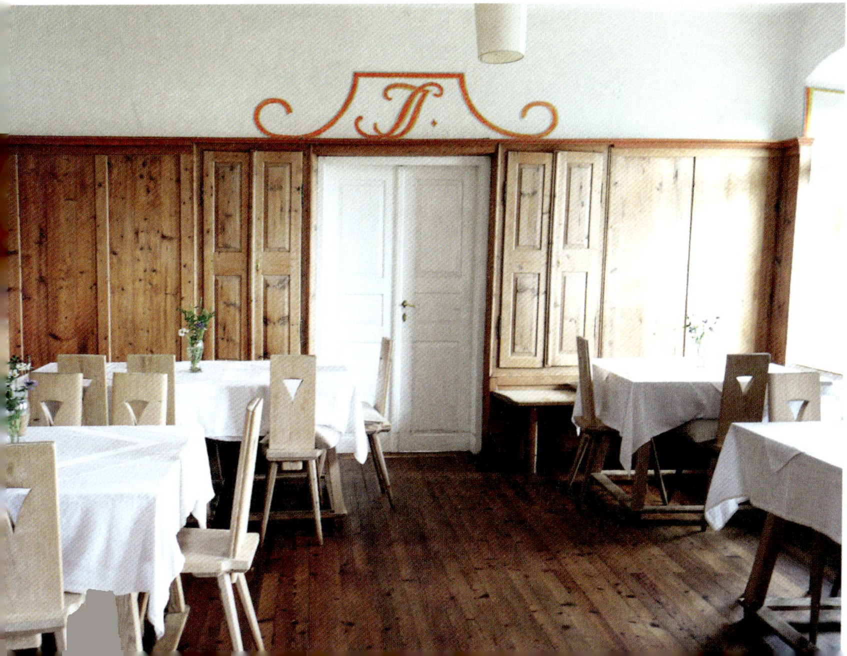

Hubert Lanzingers „Bannerträger" stieg zu einem der populärsten Motive der NS-Propaganda auf (hier eine Postkarte)

Kein Wunder, dass die Pension Briol unter dem Label Bauhausarchitektur vermarktet wird. Die Marke wirkt, weil man mit ihr eine Utopie mit Patina verbindet, eine radikale Ästhetik, die inzwischen cool wirkt. Der Begriff ist meist nicht mehr als ein Köder. Das Bauhaus in Weimar, dann in Dessau, war eine Kunstschule, die in den wenigen Jahren ihres Bestehens – von 1919 bis 1933 – erst spät eine Architekturausbildung anbot. Auch ging es den Künstlern der Zeit um alles andere als einen Stil.

Die Formen sollten sich aus den Bedürfnissen der Benutzer heraus entwickeln. Man dachte über die Eigenart der Materialien nach und über die Möglichkeiten industrieller Fertigung, aber nicht über ein einheitliches Erscheinungsbild.

Doch nicht das PR-Wort Bauhaus lässt mich zweifeln, sondern der Name des Architekten: Hubert Lanzinger (1880–1950), ein bekannter Propagandamaler der NS-Zeit. Wie kam es dazu, dass ein überzeugter Nationalsozialist ein Bauhaus-Haus entwarf, gehörte die Avantgarde doch zu den Feindbildern der NS-Propaganda. Bauhaus hatte den Ruf, ein Zentrum linker Kulturpolitik zu sein, obwohl sich der Gründer Walter Gropius politisch bedeckt hielt. Auch wenn einige Absolventen in der Diktatur Karriere machten und etwa auch am Bau von Konzentrationslagern beteiligt waren, kann man sagen: Bauhaus und Nazi, das passt nur über drei Ecken zusammen. Wer war also dieser merkwürdige Architekt?

ANTIMODERNE MODERNE

Hubert Lanzinger wurde 1880 in Innsbruck geboren und studierte an der Wiener Akademie. Er lernte in der Klasse des Bozner Malers Alois Delug (1859–1930), von dem eine Legende erzählt, er habe wenige Jahre später Adolf Hitler bei der Aufnahmeprüfung durchfallen lassen. Die Karriere begann vielversprechend, der wichtige Sammler Franz Hauer kaufte einige Werke Lanzingers an. Anders als sein Studienkollege Egon Schiele brach Lanzinger nicht aus, sondern folgte. Er malte Akte und Stillleben nach den Regeln der akademischen Kunst.

Lanzinger gehört zu jener Generation von Künstlern, die der Architekturkritiker Jan Tabor einmal so beschrieb: Sie landeten im Ersten Weltkrieg bei der Armee und überlebten den Fronteinsatz als Kriegsmaler des k. u. k. Kriegspressequartiers. Ein Gutteil der akademischen Maler blieb in Österreich der Tradition verhaftet und beobachtete den Erfolg der experimentellen Kunst, des Expressionismus oder Dadaismus, mit innerer Ablehnung. Als die Nationalsozialisten die Macht übernahmen, bekamen diese älteren, konservativen Jahrgänge eine zweite Chance. Sie dienten sich dem Regime an und wurden mit Aufträgen belohnt.

Lanzinger dürfte nicht nur aus Opportunismus, sondern auch aus innerer Überzeugung gehandelt haben. Bereits im Jahr der Machtübernahme schuf er im Stil der deutschen Renaissance oder auch der Nazarener ein Bild, das mit zwei Titeln überliefert ist. Das in starken Rot- und Schwarztönen gehaltene Tafelbild „Der Schirmherr deutscher Kunst" oder „Der Bannerträger" zeigt Hitler als Ritter in Rüstung und mit einer Hakenkreuzfahne. Der Künstler bot es Hitler als Geschenk an, „als Ausdruck der Verehrung, nicht aus Reklameabsichten", wie der Kunsthistoriker Carl Kraus schreibt. „Der Bannerträger" wurde im Münchner Haus der Kunst ausgestellt und hing später über dem Schreibtisch des Architekten und Rüstungsministers Albert Speer. Er sollte zu einem der am häufigsten reproduzierten Propagandasujets werden und ging auch deshalb in die Geschichte ein, weil ein US-Soldat 1945 sein Bajonett in die Holzplatte stieß.

Heute befindet sich „Der Bannerträger" im Center of Military History in Washington, D.C. als Beispiel für die Kunst der Diktatur und ihr jähes Ende. Der Standort lässt sich dadurch erklären, dass die alliierten Truppen den Auftrag hatten, die Kunst des Dritten Reiches zu beschlagnahmen. In der Nachkriegszeit wurden die meisten an die Bundesrepublik Deutschland retourniert, nur einige „eklatant propagandistische" Werke blieben in Amerika, darunter Lanzingers Bild mit dem dämonischen Cut unter dem linken Auge des Führers.

Wie aber kam der Maler in den 1920er-Jahren zu dem Auftrag, ein Haus zu planen? Nach dem Ersten Weltkrieg konnte Lanzinger in Wien nicht mehr Fuß fassen und zog nach Bozen, wo er bereits 1916 die vierzehn Jahre jüngere Pia Settari geheiratet hatte. In der kinderreichen Familie war inzwischen einiges passiert. Das Badwirtshaus in Dreikirchen war in den letzten Jahrzehnten des 19. Jahrhunderts gut gelaufen, daher plante man eine Erweiterung. Zweihundert Meter oberhalb von Dreikirchen entstand in den 1890er-Jahren eine Dependance im Stil eines Schweizer Landhauses, die Pension Briol.

WELZENBACHERS SPIELWIESE

Als Lanzingers Schwiegermutter 1898 einen Schafstall zu einer Pension umbauen ließ, berichteten deutsche und englische Reisezeitungen über das Vorhaben. „Die Besitzerin von Dreikirchen hat sich zur Erbauung des Etablissements einen der schönsten und aussichtsreichsten Punkte des Rittnerberges ausgewählt: Briol", schrieb die *Bozner Zeitung*.

Als Lanzinger in die Familie kam, wollte Johanna Settari zunächst mit der Planung der Sommerfrischhäuser für die Kinder beginnen. Über die Tochter Mimi knüpfte die Familie Kontakt zu dem jungen Münchner Architekten Lois Welzenbacher (1889–1955), der einer der wichtigsten Vertreter des Neuen Bauens werden sollte. Angeblich war sogar eine Heirat der beiden im Gespräch, zu der es aber nie kam. In Dreikirchen verwirklichte Welzenbacher in den frühen Zwanzigerjahren zwei seiner ersten Projekte überhaupt, die Häuser „Mimi Settari" und

„Lina Baldauf". Als die jüngere Tochter Pia Settari an der Reihe war, lieferte Welzenbacher einen weiteren Entwurf.

Dann stieg Lanzinger ein und zeichnete die Pläne in seinem Sinne um. So entstand ein schlichtes Berghaus mit zwei Schlafräumen und einem kleinen Atelier. Fotos zeigen die Lanzingers bei der Arbeit im kleinen, von einem Holzzaun umgebenen Bauerngarten. Lanzinger galt als strenger Eigenbrötler. Beim Entwerfen der Stühle für Briol musste seine Frau Probesitzen, um die Formen dem Körper anzupassen. Sie setzte sich nicht einmal, sondern hunderte Male, bis sie in Tränen ausbrach.

Für seine Frau und sich baute Lanzinger dieses schlichte Bauernhaus

Als Johanna Settari schließlich den Plan hegte, die Pension Briol zu modernisieren, fragte sie nicht Welzenbacher, sondern ihren Schwiegersohn. Lanzinger hatte nicht freie Hand, sondern musste auf den Grundmauern des Bestandes aufbauen. Er trug das Satteldach ab und setzte die Balkone auf Säulen. Zu seinem Auftrag gehörte auch die Gestaltung des Innenraums, von den Möbeln bis zum Porzellan.

Leider blieb meine Recherche über Lanzingers Ideenwelt zunächst erfolglos. In den Architekturbüchern werden Grundrisse publiziert, aber keine ideologischen Analysen gemacht. Die Reiseseiten der Zeitungen erwähnen zwar den Namen des Malers, spalten aber das Haus von seinem übrigen Werk ab, ganz so, als sei es ein positiver Ausrutscher. Den Kolleginnen und Kollegen geht es wie mir: Sie bekommen Flachdach und Hitler im Kopf nicht zusammen. Ein Kunsthistoriker versucht den Bruch zu erklären, indem er auf die Psychologie zurückgreift. Lanzinger sei als Mensch schwer zu fassen, schreibt Günther Oberhollenzer. So wie sein Werk.

Auch die Lektüre der Briol-Monografie von Mathias Michel ist etwas enttäuschend. Er tappt ebenfalls in die Bauhaus-Falle und stellt eine persönliche Bekanntschaft Lanzingers mit Adolf Loos in den Raum, eine Spekulation. Lanzingers NS-Karriere ist dem Autor gerade ein paar Zeilen wert. Er sei durch

Albin Egger-Lienz: „Mann und Weib" (1910)

ein einziges Werk gebrandmarkt, schreibt Michel in Bezug auf den „Bannerträger", kein Wort über die vielen Porträts nationalsozialistischer Funktionäre oder Lanzingers Entwurf für ein Hitler-Mosaik in der Aula der Universität Innsbruck. Auch diese Publikation bleibt eine Antwort auf die Frage schuldig, aus welchem Geist heraus dieses vermeintliche Denkmal moderner Gestaltung geplant wurde.

Fragen wir bei Johanna Fink nach, der Nachfahrin der Gründer und engagierten Briol-Chefin: „Er war vor allem ein genialer Künstler." Natürlich sei Lanzinger ein Thema bei den Tanten gewesen, der dritten Generation der Briol-Bewohner. Er sei kein fanatischer Nazi gewesen, wird überliefert. Der Auftrag für das Führer-Bild sei für ihn in einer wirtschaftlich schwierigen Zeit gekommen. „Es war für ihn unmöglich, das abzulehnen", sagt Fink.

Könnte es aber nicht sein, dass Lanzinger 1928, als er Briol baute, bereits der war, der 1933 Hitler als Schirmherrn deutscher Kunst begrüßte und Mitte der 1930er-Jahre illegales Mitglied der in Österreich verbotenen NSDAP, Nummer 6.199.557, war? Aufgrund fehlender historischer Quellen bleibt das Bauwerk eine Projektionsfläche. Versuchen wir es mit einer anderen historischen Fantasie, die Lanzinger möglicherweise näherkommt als das Bauhaus.

Lanzingers einfache, als Esszimmer genutzte Stube und die klobigen Möbel erinnern mich an die bäuerlichen Interieurs von Albin Egger-Lienz (1868–1926). Egger-Lienz förderte den jungen Lanzinger und empfahl ihn dem bereits erwähnten Sammler Hauer. Als sich Egger-Lienz 1913 in Bozen niederließ, riss der Kontakt nicht ab, die beiden wohnten nach dem Ersten Weltkrieg ein paar Ortschaften voneinander entfernt. Egger-Lienz porträtierte das Leben der Bergbauern als „Kampf um die Scholle", so ein von ihm verwendeter Ausdruck. Zur Fantasie von Ursprünglichkeit gehören die weißen Leinenhemden, unter denen sich muskulöse Körper abzeichnen, die klobigen Hände der Frauen. Die ausdruckslosen Gesichter verraten die Härte der Arbeit und das Ideal eines gepanzerten Körpers.

Ich stelle mir Lanzingers Räume wie eine Staffage für ein Bild von Egger-Lienz vor. Während Lanzinger in seinen eigenen Bildern ein braver Akademiker blieb, schloss er in dem Bauwerk an die durchaus brüchige Ästhetik von Egger-Lienz an. Egger-Lienz erzeugt durch den Wechsel zwischen Hell und Dunkel eine räumliche Wirkung, die auch die Interieurs von Briol auszeichnet. Das Tageslicht streift die Mauern und betont den pastosen Auftrag der Wandfarbe.

ABSTRAKTION UND EINFÜHLUNG

Die Sache hat zwei Seiten. Egger-Lienz entsprach einerseits den Vorstellungen der Heimatkunstbewegung, die den Bauernstand zum gesunden Widerpart zur kranken, „verjudeten" Großstadt stilisierte. Andererseits vermittelten seine alpinen Szenen auch das Bild einer gefährdeten Idylle, in der die Menschen auf dem Land – alles andere als heil – wie seelenlose Automaten wirkten. Vielleicht lässt sich die Ambivalenz von Briol mit diesem Vergleich einfangen, als Vereinigung kühler Sachlichkeit und organischer Natürlichkeit. Was bei Egger-Lienz schwer und tragisch wirkt, hebt sich hier in die Leichtigkeit einer Freizeitarchitektur auf.

Lichtschalter und Kabel: Bei den Details achtete Lanzinger auf dekorative Sachlichkeit

Blättert man in den maßgeblichen kunsttheoretischen Abhandlungen der Zeit, erweisen sich Gewissheiten als Klischees. Der Kunsthistoriker Wilhelm Worringer (1881–1965) stellte in seinem 1908 veröffentlichten Buch „Abstraktion und Einfühlung" die These auf, dass die geometrisch-abstrakte Kunst nicht die neueste, sondern die älteste Kunst sei. Worringer entdeckte die Neigung zur Abstraktion in der nordischen Kunst und verklärte die Gotik als genuin deutsche Kunst. Diese ungemein erfolgreiche These prägte die Vorstellung von moderner Kunst, al-

Der berühmte Architekt Lois Welzenbacher entwarf das Haus „Mimi Settari", das heute als Ferienhaus gemietet werden kann

lerdings nicht in der überlieferten fortschrittlichen Form. Modern sein heißt aus der Zeit fallen.

Mit diesen Ideen im Hinterkopf lässt sich besser verstehen, warum Lanzinger – oder auch sein Kollege Welzenbacher – in alpinen Bauweisen nicht die Vergangenheit, sondern die Zukunft sahen. Gotische Elemente wie Spitzbögen finden sich etwa in Welzenbachers Briol-Villen. Die vermeintliche Bauhaus-Ästhetik lässt sich als Versuch entschlüsseln, möglichst archaisch und germanisch zu sein. Wie mir Arno Ritter, der Leiter des Innsbrucker Architekturzentrums Aut, bestätigte, habe sich Welzenbacher den politischen Verhältnissen angepasst. Bereits 1933 besaß er einen Ausweis der Reichskammer der bildenden Künste. In einer von der katholischen Kirche beherrschten Öffentlichkeit galten die Nazis auch als Jugendbewegung, die den lähmenden Traditionalismus der Tiroler Eliten aufbrach.

Eine andere Spur führt nach Kitzbühel, wo der Architekt und Maler Alfons Walde 1928/29 ein Berghaus am Hahnenkamm errichtete. Walde ist auch heute noch durch seine stark von Egger-Lienz beeinflussten Schneebilder bekannt. Er entwarf in dem Tourismusort in unmittelbarer Nähe der berühmten Skipiste des Hahnenkamms einen flachen Baukubus mit weißem Mauersockel und Holzaufbau. Anders als bei Lanzinger diente das Flachdach hier als Sonnenterrasse. Auf zeitgenössischen Fotografien sind Vorhänge zu sehen, die Walde zuziehen konnte, um sich vor neugierigen Blicken zu schützen.

Walde war auch Fotograf und lieferte einen Blick hinter die Kulissen. Von den frühen Dreißiger- bis in die frühen Vierzigerjahre entstanden im Berghaus Aktaufnahmen. Auf den Farbfotos sieht man die Ehefrau des Künstlers, Bauernmädchen und Touristinnen. Die weißen Stoffbahnen der Vorhänge heben sich vom blauen Hintergrund des Himmels ab. Auch in den Innenräumen wurde fotografiert. Die Wände und Holzvertäfelungen ähneln dem schlichten, bäuerlichen Interieur Briols und dienten als Kulisse für pornografische Inszenierungen. Man sieht nach Anweisungen Waldes kopulierende Paare, die muskulösen Männerkörper symbolisieren das Ideal des gesunden Naturburschen. Der Künstler verwendete die Fotos als Vorlagen für seine Malerei. Eine Gruppensexszene betitelte er etwa mit „Ziehharmonika".

Das Haus auf dem Hahnenkamm und die Pension Briol stehen für eine Kultur der Zwanzigerjahre, in denen rustikale Regression auf sexuelle Befreiung trifft. Die Bauernsoldaten von Egger-Lienz wurden phallisch aufgeladen oder dienten als Projektionsfläche für völkische Ideale. Im Gebirge mischt sich der Traum vom einfachen Leben mit touristischem Eskapismus. Das Leitbild Blut und Boden geht eine lockere Verbindung mit libidinös ergiebigen Züchtungsfantasien ein. Hitlers Berghof am Obersalzberg wird diese Kreuzung architektonisch etablieren.

Berghaus Walde, Hahnenkamm bei Kitzbühel (aus: Die Bau- und Werkkunst, Bd. 7, 1930)

VERKAPPTE RELIGION

Der Verstand sagt mir, dass noch etwas anderes in Lanzingers Entwurf stecken könnte. Das lässt der Begriff „Sonnentempel" für Briol ahnen, der sich in der Überlieferung bis heute erhalten hat. Er stammt aus jenem esoterischen Jargon, der in der Zeit nach dem Ersten Weltkrieg in völkischen Kreisen sehr verbreitet war. In München, Wien oder Leipzig formierten sich Gruppen, die christliche Mystik mit indischen und nordischen Mythen verknüpften und auf Berggipfeln und Lichtungen den Sitz heidnischer Gottheiten verorteten. Was diese „verkappten Religionen", so ein Ausdruck des Autors Carl Christian Bry, gemeinsam hatten, war der Hass auf die „mindere Rasse" der Juden.

Der Begriff Sonnentempel greift die in deutschreligiösen Gruppen weit verbreitete Lichtmetaphorik auf, in der die unheilvolle Gegenwart als Finsternis und dessen Heilung als Aufstieg ins Helle

Vom Bauhaus zum Auhaus **167**

Die Jugendbewegung machte Fidus' **„Lichtgebet"** (hier eine Grafik von 1913) zu ihrer Ikone

gedeutet wurde. Ein Bild des Lebensreformers Hugo Höppener (1886–1948) – der als Fidus bekannte Maler gehörte übrigens auch zu den Gästen der Kommune auf dem Monte Verità – zeigt einen nackten, blonden Jüngling auf einem Berggipfel, der mit weit geöffneten Armen die Sonne anbetet. Das vielfach reproduzierte „Lichtgebet" (1908) war eine Ikone der Jugendbewegung und wurde von rechten Esoterikern als Lichtfigur mit heidnischen Wurzeln gedeutet. Die Körperformation entsprach einer altnordischen Rune. Asketische Körperübungen dienten der Gesundung des eigenen Körpers und – allgemein – des vom Judentum bedrohten Volkskörpers.

So ließe sich Briol auch als ariosophische Kultstätte, als völkische Kolonie begreifen. Der Begriff Ariosophie geht auf den esoterischen Rassetheoretiker Jörg Lanz von Liebenfels, eigentlich Adolf Joseph Lanz (1874–1954), zurück, einer der zentralen Figuren brauner Mystik.

Als Lanzinger das Haus plante, war die NSDAP noch eine von vielen rechtsextremen Gruppen. Die religiöse Verehrung von Blut und Rasse war aber bereits damals weit verbreitet. Vielleicht dachte Lanzinger bei seinem Konzept an das nahegelegene Heilbad Dreikirchen, das als alte heidnische Kultstätte überliefert ist. Das Schwimmbecken hat die Form einer Ellipse und legt eine symbolische Deutung nahe. Man kann darin einen Bezug zur Umlaufbahn der Planeten entdecken, ein weiteres Indiz für ein naturmagisches Programm. Es heißt „Auge Gottes".

Ich muss an das Denkmal des toten Soldaten denken, das der mit Lanzinger bekannte Bildhauer Wilhelm Frass (1886–1968) im Heldentor, einer Gedenkstätte im Zentrum Wiens, 1935 schuf. Frass hatte den Auftrag vom autoritären Ständestaat bekommen, einem Gegner des nationalsozialistischen Deutschland. Obwohl die NSDAP seit 1933 verboten war, trat der Akademieprofessor Frass der Partei bei.

Als der liegende Soldat 2012 geöffnet wurde, fand man einen Brief, in dem Frass sich zu seiner Gesinnung bekannte: „Möge der Herrgott, nach all dem Furchtbaren, nach aller Demütigung, den unsagbar traurigen Bruderzwist beenden und unser herrliches Volk einig, im Zeichen des Sonnenrades (gemeint ist das Hakenkreuz, Anm.), dem Höchsten zuführen!" Vielleicht findet sich in Briol einmal, unter einer Schindel versteckt, ein Zettel, der Lanzingers wahre Absicht preisgibt.

HEIMKEHREN

Nun ist es soweit. Nach mehreren Versuchen gelingt mir eine Buchung. Ortskundige müssen nicht unbedingt zu Fuß den ganzen Weg vom Dorf Barbian hinaufgehen, sondern können ein gutes Stück auf einer Asphaltstraße hinauffahren. Der Weg vom Parkplatz zur Pension führt zwanzig Minuten durch einen Nadelwald. Der starke Regen der vergangenen Tage hat den Steig in einen Bach verwandelt, die Schuhe versinken im Matsch. Auf der letzten Kehre vor dem Ziel dann eine Überraschung: Neben der Pension ragt ein Baukran in die Höhe, Arbeiter sind dabei, ein Fundament auszuheben. Verliert das Denkmal seine Einzigartigkeit?

Briol spielt an diesem Junitag 2020 alle Stückerln. Über den Dolomiten zieht sich ein Gewitter zusammen, die Sonne schickt gleißend-helle Lichtstrahlen durch die Wolkenlöcher. Johanna Fink gibt uns das schönste Zimmer im zweiten Stock, ostseitig, mit Blick auf die blühenden Wiesen und die in diesem Moment von Blitzen durchzuckten Berge. Alles, was ich bisher las, tritt in den Hintergrund. Das graue Licht des Unwetters verwandelt sich drinnen in ein freundliches Weiß, die Wände strahlen. Die geflochtenen Kabel ziehen Linien über die Fläche, ein farbiger Rahmen konturiert die Fensteröffnungen.

Das Wetter bringt kalte Luft, die Daunendecke ersetzt die Heizung. Tageslicht fällt durch das Sheddach und erhellt die Stiege, die die Etagen ver-

Der Schweizer Architekt **Peter Zumthor** erklärt die Pension Briol zu seinem Traumhaus

bindet. Auch hier ein Wechselspiel von Offenheit und Schutz, nie hat man das für Hotelgänge typische Gefühl der Enge. Auch die Gemeinschaftsräume überwältigen mich mit ihrer Mischung aus Einfachheit und Wohnlichkeit. Der diffuse Begriff Atmosphäre wird hier greifbar, denn man spürt das stimmige Verhältnis zwischen Körper und Raum. Regen und Sturmböen treiben die Gäste ins Haus, die rohen Bretterböden knarzen, die Kastenschlösser klicken, das Feuer im Kachelofen knistert, die Regentropfen prasseln.

Johanna Fink erklärt mir die Baustelle. Hier will die Betreiberin der Pension ein Wohnhaus errichten, das es ihr ermöglicht, auch im Winter auf dem Berg zu wohnen. Fünfzehn Jahre lang hatte sich Peter Zumthor mit dem Projekt beschäftigt, „Baumhäuser" sollten es werden, benannt nach den gewachsenen Vertikalen, die den Hang beherrschen. Der berühmte Schweizer Architekt, bekannt etwa für sein Kunsthaus in Bregenz, entwarf mehrere Häuschen, die einem Paar oder einer Familie als Rückzugsort dienen sollten. Die Zeit verging, die Kosten stiegen, und schließlich fürchtete die Bauherrin auch einen Bedeutungsverlust des Haupthauses. Die Touristen wären in erster Linie gekommen, um Zumthor zu besichtigen. Man trennte sich im Frieden und Johanna Fink erteilte dem Bozner Architekten Theodor Gallmetzer den Auftrag.

An dem Standort befand sich ursprünglich ein Bauernhaus, das von Hubert Lanzinger für Wohnzwecke adaptiert wurde. 1982 brannte das „Einäugl", wie die Außenstelle der Pension genannt wurde, bis auf die Grundmauern ab. Das neue Gebäude wird eine ovale Form bekommen, in Anlehnung an den alten Hofnamen und an das Schwimmbad, in dem sich nächtens die Sterne spiegeln.

Ich blättere in den Fotoalben, die im Aufenthaltsraum aufliegen. Hier sind Fotos von Stammgästen zu finden, etwa des Filmregisseurs Jürgen Syberberg, bekannt für seine filmischen Auseinandersetzungen mit dem Nationalsozialismus, oder auch die Pianistin Elly Ney (1882–1968), die vom Führer in die Gottbegnadetenliste unersetzlicher Künstler aufgenommen wurde. Syberberg und Ney in Lanzingers Lichttempel – ein Kammerspiel wie von Thomas Bernhard erfunden.

Auch Erich Kofler, ein Südtiroler Dichter, der in jungen Jahren den Führer als Erlöser besang, kam häufig den Berg herauf. Er kannte Lanzinger persönlich und schrieb in der Südtiroler Tageszeitung *Dolomiten* über dessen Werk. Lanzinger und Kofler stehen auch für jenes lange Schweigen, das in Südtirol die Erinnerung an die NS-Zeit erschwerte. Die Blut-und-Boden-Lyrik ging in der Heimatromantik der Nachkriegszeit auf. Die Wehrmachtssoldaten kamen als zahlende Gäste wieder.

Nach mehreren Tagen an diesem außergewöhnlichen Ort habe ich meinen Frieden mit Lanzinger geschlossen. Ein ideologisch verrannter Künstler schuf einen Ort, der die Menschen besänftigt.

Die Pianistin **Elly Ney** gehörte zu den prominenten Gästen der Pension Briol

REISEZIEL
Pension Briol in Barbian, Südtirol. Die Unterkunft ist vom 6. April bis 2. November geöffnet. Neben dem Haupthaus gibt es die Möglichkeit, Ferienwohnungen zu mieten, darunter die berühmte Welzenbacher-Villa.
Im Preis für die Übernachtung (Hauptsaison: 115 Euro) sind Frühstück und Abendessen inkludiert. Die Kost ist gut, aber deftig. Info: www.briol.it

ANFAHRT
Bahnhof Brixen/Bressanone; umsteigen in die Lokalbahn bis Klausen oder Waidbruck; von dort mit dem Taxi direkt weiter bis zur Pension Briol. Kontakt Taxi Torggler, Tel. +39 335 80 31 621. Ab Barbian zu Fuß in einer guten Stunde erreichbar. Circa 480 Höhenmeter.

WANDERUNG
Gut markierte Wege führen von Briol auf das Rittnerhorn, einem Aussichtsberg mit 360-Grad-Blick und Gasthaus. Besonders schön ist auch der Weg auf die Villanderer Alm,

Der **Gasthof Bad Dreikirchen** mit den drei Turmspitzen

wo man auf der Rinderplatzhütte gut essen kann. Beides sind Tagestouren für gute Geher. Eine kleine Runde führt nach Dreikirchen, das ehemalige Heilbad mit den drei aneinandergereihten Kapellen. Vom Ambiente her kann der Gasthof mit Briol mithalten, die Küche ist ebenfalls anspruchsvoll.

LITERATUR

Eine der ersten architekturgeschichtlichen Publikationen über Briol ist: *Christoph Mayr-Fingerle, Karin Krummlauf, Joachim Moroder (Hg.): Hotelarchitektur in den Alpen 1920–1940* (Sexten 1989). Ein Standardwerk über Kultur im Nationalsozialismus: *Jan Tabor (Hg.): Kunst und Diktatur. Architektur, Bildhauerei und Malerei in Österreich, Deutschland, Italien und der Sowjetunion 1922–1956* (Grasl Verlag, Baden 1994). *Carl Kraus* schrieb eine Monografie über *Hubert Lanzinger* (= Monographie Südtiroler Künstler, Band 27, Bozen 2000). *Günther Oberhollenzer* beschäftigte sich im *Katalog zur Ausstellung über Franz Hauer* (hg. von Christian Bauer, Landesgalerie Niederösterreich Krems, 2019) mit Lanzinger. Die Briol-Monografie stammt von *Mathias Michel: Briol – Sommerfrische am Berg* (Tappeiner Verlag, 2011). Eine wichtige Ausstellung zum Thema NS-Zeit in Tirol fand 2019 im Innsbrucker Landesmuseum Ferdinandeum statt: *Zwischen Ideologie, Anpassung und Verfolgung. Kunst und Nationalsozialismus in Tirol*. Zu Alfons Walde: *Gert Amann: Alfons Walde 1891–1958* (Tyrolia, 6. Aufl., 2012). Zu Waldes Fotografie erschien: *Peter Coeln (Hg.): Schaulust. Die erotische Fotografie von Alfons Walde* (Hamon Verlag, Innsbruck 2015).

Als Standardwerk zur Esoterik der Moderne greife ich auf das von *Kai Buchholz et al.* herausgegebene *Die Lebensreform. Entwürfe zur Neugestaltung von Leben und Kunst um 1900* (zwei Bände, Häusser Verlag, Darmstadt 2001) zurück.

10 ZLÍN

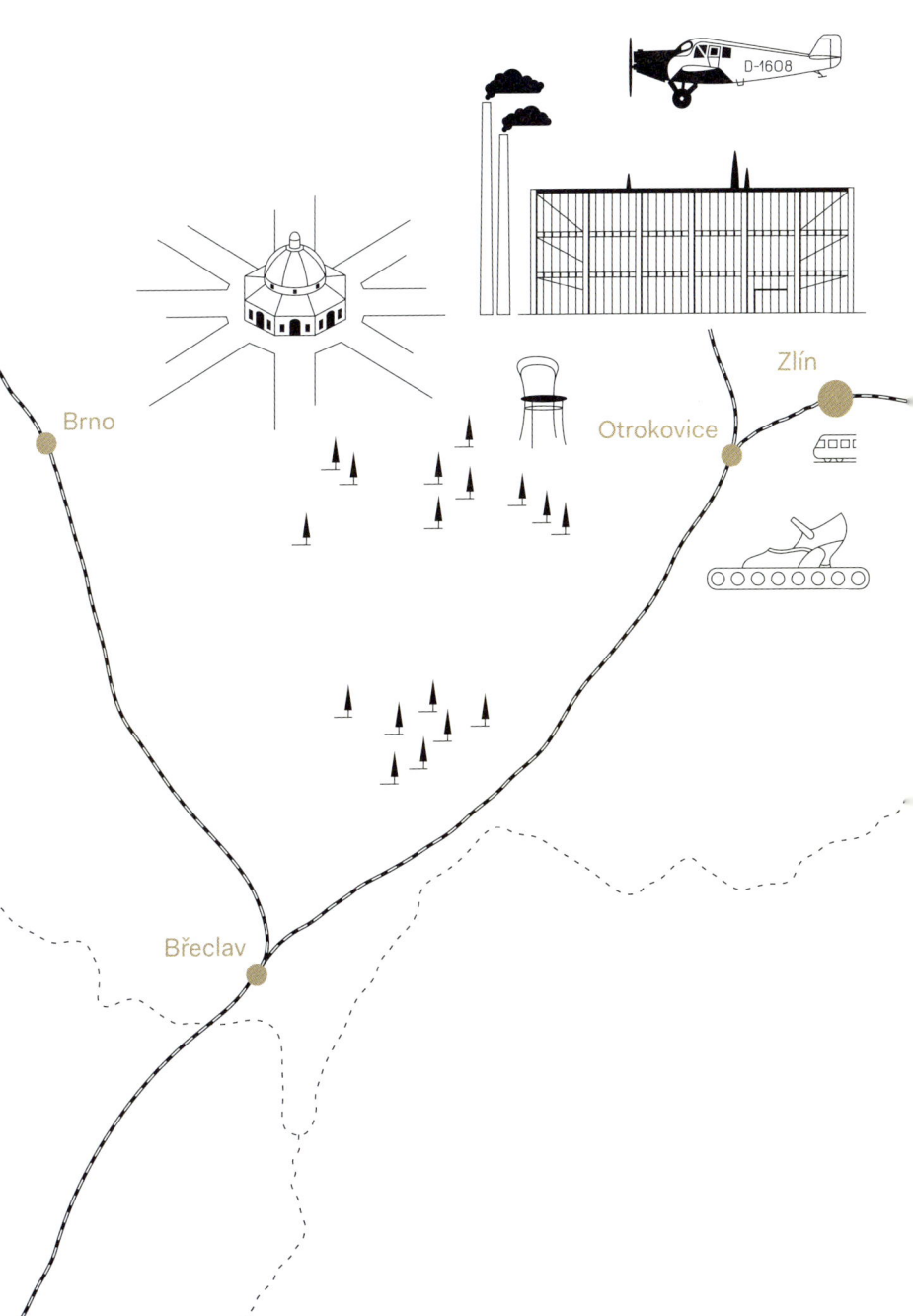

10
ZLÍN

DER PLAN B

> Das Bauhaus gilt als Inbegriff zweckmäßiger Ästhetik. Wer reinen Funktionalismus erleben will, kann auch ins tschechische Zlín fahren. Hier verwirklichte ein Schuhfabrikant ein unheimlichperfektes Gesamtkunstwerk der Moderne

Leider sei die Stadt derzeit voller Verrückter, entschuldigt sich die Frau an der Hotelrezeption. Auf dem Vorplatz des Hotel Moskva sitzen, leicht an ihren mit Markenlogo bedruckten T-Shirts zu erkennen, die Teams der Autorallye von Zlín. Einige Fans des Motorsports halten sich mit trübem Blick an ihrem Bierglas fest.

Mit dem Gemälde, das über der Rezeptionistin hängt, hat das Szenario wenig zu tun. Es zeigt das Hotel Moskva, 1933 als Haus der Gemeinschaft eröffnet, im Glanz der frühen Jahre. Die Scheinwerfer von Limousinen schneiden Lichtschneisen in die Nacht. Pagen werden herbeieilen und die festlich gekleideten Gäste in Empfang nehmen. Die strenge Geometrie der Fassade verschmilzt mit den Konturen der Fahrzeuge. Der Maler inszenierte die Fantasie eines Aufbruchs und vereinte Sachlichkeit mit Glamour.

LUXUS FÜR ALLE

Zlín, hundert Kilometer östlich der mährischen Landeshauptstadt Brno entfernt, entwickelte sich in den 1920er-Jahren zum Experimentierfeld der Moderne. Der Unternehmer Tomáš Baťa modernisierte die Schuhproduktion nach US-amerikanischem Vorbild. Er wollte das Schuhwerk aus der teuren handwerklichen Herstellung entfernen und zu einem leistbaren Konsumgut machen. Nicht robust und fürs Leben waren die Schuhe gemacht, sondern

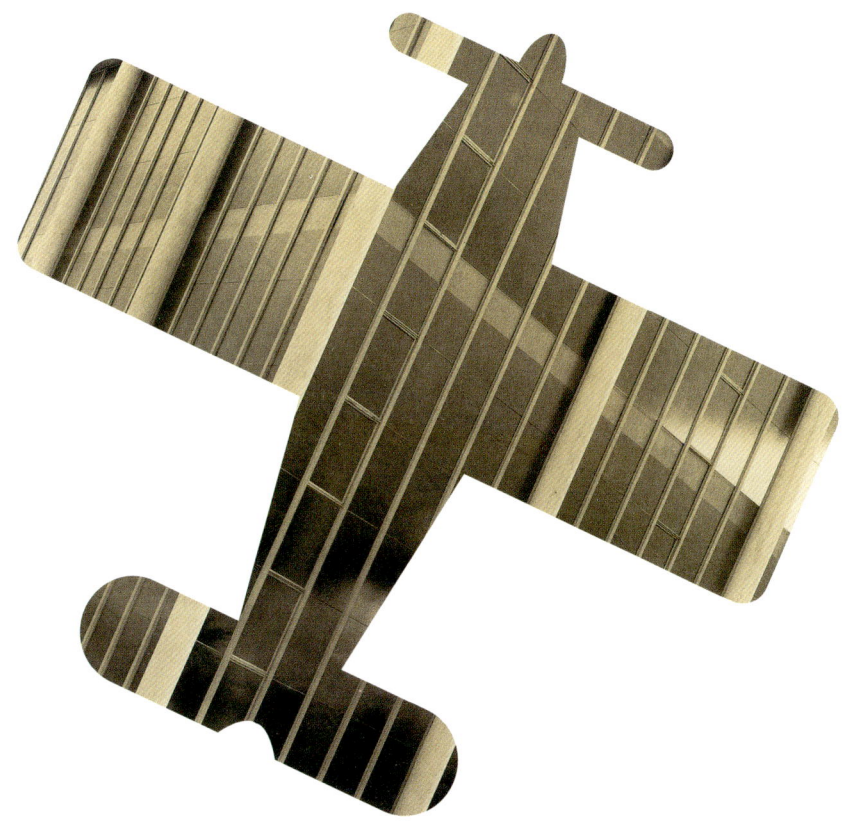

Der Unternehmer **Tomáš Baťa** machte Zlín zum Paradies der Moderne

der Mode der Saison angepasst, ein Ausdrucksmittel für die aufstrebende Klasse der Angestellten.

Einen ersten Erfolg hatte Baťa in Wien um 1900 mit einem Leinenschuh. Selbst aus einer mährischen Schusterfamilie stammend, stieß er bereits im Ersten Weltkrieg in neue Dimensionen vor. Die Hälfte aller Stiefel der k. u. k. Armee kam aus der Fabrik in Zlín. Der internationale Durchbruch erfolgte dann nach 1918 in der neu gegründeten Tschechoslowakei.

Bei Besuchen in den Fordwerken von Detroit hatte Baťa die Innovationen studiert. Rationalisierung und Standardisierung hielten nicht nur in die Industriehallen Einzug, sondern bestimmten auch den Alltag. Bildung, Wohnen und Freizeit waren nach dem Muster einer gut geölten Maschine organisiert.

Drahtseilbahnen verbanden die Fabrikshallen miteinander. Eigene Autos, Flugzeuge, Züge und Transportschiffe ermöglichten die weltweite Zirkulation der Waren. Innerhalb von zehn Jahren verzehnfachte sich die Bevölkerung von Zlín auf 45.000. Stellten 1923 1800 Arbeiter 8000 Schuhpaare her, waren es 1932 18.200 Arbeiter, die in Amerika, Asien und Europa 144.000 Paare produzierten. Anfang der Zwanzigerjahre begann Baťa ins Ausland zu exportieren, zuerst nach Jugoslawien, Holland und England, dann auch nach Deutschland und in die USA. Nationale Produktionsorte sollten folgen. Lange als Geheimtipp von Architekturfans gehandelt, erleichtern die neuen Museen von Zlín inzwischen die Reise in dieses Wunder der Moderne.

Erste Station sind die Gebäude Nr. 14/15, die Nummern prangen als Ausdruck technischer Sachlichkeit auf den Fassaden. Seit 2013 befinden sich hier das Museum von Südostmähren, die regionale Kunstgalerie und die František-Bartoš-Bibliothek. Obwohl erst nach dem Zweiten Weltkrieg an der Stelle eines zerbombten Fabriksgebäudes errichtet, folgt der Entwurf dem Baťa-Standard: eine Stahlbetonskelettkonstruktion mit 6,15 mal 6,15 Meter langen Segmenten, die Zwischenräume mit Ziegelsteinen ausgefächert.

Man erreicht das Loftgebäude durch eine Fußgängerunterführung, denn eine mehrspurige, in der kommunistischen Zeit gebaute Straße zerschneidet das Zentrum. Im Hintergrund dampft Kühlwasser aus dem riesigen Schlot eines Kohlekraftwerks. Es heißt, es sei mit umweltfreundlichen Filtern ausgestattet. In dem Museum, wo einst die Maschinen ratterten und Arbeiter und Arbeiterinnen – auf alten Fotos sind es immer Frauen – Schuhe zusammennähten, erzählt eine Ausstellung die Geschichte von Baťa.

MODERNE NOSTALGIE

Die tageslichthellen Hallen und die Epoxidböden besitzen jene urbane Großzügigkeit, die zeitgenössische Museen vermitteln wollen und die hier in der ursprünglichen Nutzung angelegt war. Typografie und Vitrinen verraten das Bemühen um eine zeitgemäße Museumspädagogik, der Rundgang führt durch die Stationen einer industriellen Vision, die Arbeitsteilung am Fließband, die Arbeitersportvereine und die Reklameabteilung, die die Marke in aller Welt bekannt machte. Das Auge bleibt an Frauenschuhen hängen, die in ihrer zierlichen Eleganz in jeden Prada-Store passen würden. Und da, die Stiefeletten für Herren, hat es die vor hundert Jahren also auch schon gegeben?

Schuhe für den Neuen Menschen: Einige Modelle der Kollektion 1927

Längst hat das heutige Tschechien den Anschluss an jene Zeit geschafft, als die Region das wirtschaftliche Herz des neuen Staates war. Die Bergbaugebiete und Industrien in Mähren und Schlesien versorgten bereits den Vielvölkerstaat der Habsburger mit Rohstoffen, Industrie- und Gebrauchsgütern. Was in den schicken Wiener Kaufhäusern in der Auslage stand, kam aus Brünn oder Ostrava. Als sich Tschechien und die Slowakei 1992, nach dem Fall

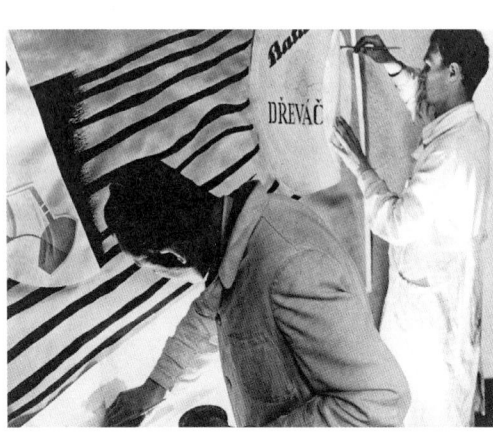

Oben: Die Jurymitglieder des internationalen Wohnungsbauwettbewerbs, Vladimír Karfík, Le Corbusier und Edo Schön (von li. nach re.), Zlín, April 1935

Ganz links oben: Arbeiterinnen in der Baťa-Fabrik

Mitte: Schüler der Werbeabteilung in den Dreißigerjahren

Ganz links unten: Firmenfeier, 1933

Links: Blick auf das Zentrum von Zlín, 2019

des Eisernen Vorhangs, entschieden, fortan getrennte Wege zu gehen, besann sich die Regierung in Prag auf die alten Qualitäten. Die Statistiken verzeichnen heute beinahe Vollbeschäftigung, auch wenn Zlín nicht zu den Vorzeigeregionen gehört. Hier liegt das Durchschnittseinkommen unter dem landesweiten Mittelwert.

Das Land hat das Image vom Billiglohnland revidiert. Gute Ausbildungsmöglichkeiten stärken die Forschung, anders als in anderen osteuropäischen Ländern sehen junge Menschen in der Heimat eine Zukunft. Mit spürbarem Stolz blickt die Nation auf eine Zeit zurück, als die Gegenwart nach mehr roch. Das Modell Baťa eignet sich ideal dafür, die Geschichte einer Stunde null zu erzählen: jene eines Unternehmers, der es vom kleinen Schuster an die Spitze eines Weltkonzerns schaffte.

Werbeprospekt für das Hotel Baťa in Zlín, 1930er-Jahre

ZURÜCK AN DEN HERD

„Wir würden die Geschichte etwas kritischer sehen", sagt Michal im Baťa Infopoint, der sich einen Steinwurf vom Hotel Moskva in einem ehemaligen Arbeiterhaus befindet. Michal gehört zu einer Gruppe junger Stadtforscher, die hier eine Ausstellung über das System Baťa einrichtete. Sie ist Teil eines mehrjährigen, vom Kulturministerium finanzierten Forschungsprojekts über die Industriestadt Zlín. Fortschritt sei nur die eine Seite, totale Kontrolle die andere, weiß der Ausstellungsguide. Das Unternehmen rekrutierte Arbeitskräfte in der Region und bot den Familien Unterkünfte. Baťa ließ hunderte Backsteinhäuser errichten, meist für zwei Familien, mit fließendem Wasser und kleinen Grünflächen. Für die Familien der ehemaligen Landarbeiter bedeutete dies eine gewaltige Verbesserung ihrer Lebensumstände.

Die Ausstellung zeigt die wissenschaftliche Präzision, mit der die Baťa-Architekten die „Wohnung für das Existenzminimum" erforschten, wie es auf dem zweiten CIAM-Kongress (dem Internationalen Kongress Moderner Architektur) von 1929 hieß. Vom Grundriss bis zum industriell gefertigten Fenster unterstanden alle Elemente den Dogmen von Hygiene und Sparsamkeit. Als Le Corbusier 1935 seinen ehemaligen Mitarbeiter Vladimir Karfik in Zlín besuchte, um mit ihm städtebauliche Maßnahmen zu besprechen, staunte er über den Fortschritt des Projekts. Was andernorts über das Entwurfsstadium oft nicht hinauskam, oder, wie in Nazideutschland, bereits der Ästhetik des Regimes entgegenstand, wuchs in der tschechoslowakischen Provinz zum funktionalistischen Gesamtkunstwerk heran. Arbeit, Wohnzeit und Freizeit waren, der CIAM-Doktrin folgend, in Zonen aufgeteilt. Doch Baťas Vision hatte eine Kehrseite.

Eigenheim für die Arbeiter: Baťa entwickelte Haustypen für eine Gartenstadt

Fotografische Aufnahmen zeigen die Gewalt, mit der sich die Bagger in die Hügel der Weißen Karpaten fraßen. Wälder wichen Wohn- und Fabrikblocks und auch das Neue war schnell wertlos. So blieb das Haus, in dem der Infopoint untergebracht ist, nur durch einen Zufall erhalten. Als im Zuge einer Stadterweiterung Platz für größere Wohnheime und Forschungsinstitute gebraucht wurde, mussten einige Arbeiterhäuser weichen. Der Fortschritt kannte keine Sentimentalitäten.

Die Fabrik dachte Baťa als Kollektiv, beim Wohnen galten die Werte des Patriarchats. Eine Gartenstadt nach englischem Vorbild sollte den Menschen einen individuellen Rückzugsort bieten. Baťa formulierte das Ideal vom hart arbeitenden Mann und der Gattin, die nach der Zeit am Fließband in die Rolle der fürsorglichen Hausfrau wechselte. „Die Welt der Männer war von jener der Frauen vielleicht sogar noch mehr getrennt als in vormodernen Zeiten", schreibt Barbara Vacková in der Begleitpublikation. Aus der Vogelperspektive betrachtet verwandelt sich die scheinbar organische Gestalt der Gartenstadt in ein Ornament. Die auf der Grünfläche verstreuten Würfel wirken wie die Formation eines Massenballetts.

Der Plan B

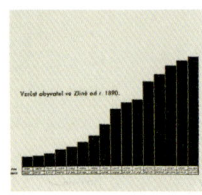

Die rasant steigende Schuhproduktion in einer statistischen Grafik der 1930er-Jahre

Als Baťa 1923 zum Bürgermeister von Zlín gewählt wurde, hatte er den Kampf gegen die Gewerkschaften bereits gewonnen. Mit harter Hand setzte er seine Idee eines sozial abgefederten Kapitalismus um. Nach dem Motto Zeit ist Geld verbot er bei Telefonaten die Begrüßungsfloskeln. „Der Tag hat 86.400 Sekunden", ließ das Management an die Fabrikswand malen. Alkohol war in Zlín ebenso verboten wie außerehelicher Sex in den Arbeiterheimen, schwangere Frauen wurden entlassen. Wer ohne Arbeitsvertrag war, verlor die sozialen Vergünstigungen. Die Polizeiakten überliefern die Zwangsuntersuchung von Frauen, die Behörden gingen dem Verdacht auf Geschlechtskrankheiten und Geheimprostitution nach.

Der Alltag der Bewohner blieb lediglich in Bruchstücken erhalten. Die Architektur verliert ebenfalls ihren ursprünglichen Charakter, auch wenn der Bestand unter Denkmalschutz steht. Bei einer Untersuchung im Jahr 2015 stellten die Forscher fest, dass sich nur mehr ein Bruchteil der Wohnhäuser in einem annähernd originalen Zustand befindet. Die Behörde achtet lediglich auf die äußere Form, was innen passiert, bleibt den Nutzern überlassen. Architektinnen wie Jitka Ressová geben Anleitungen, wie mit der historischen Bausubstanz möglichst sorgsam umzugehen wäre. Die klingenden Namen der Baukünstler helfen ihnen dabei, den Verfall aufzuhalten.

DAS FAHRBARE BÜRO

Baťas Lieblingsarchitekten František Lydie Gahura (1891–1958) und Vladimír Karfík (1901–1996) gehörten zu jener Generation von Architekten, die aus Frankreich und den USA die Prinzipien des Neuen Bauens in die Tschechoslowakei brachten. Lange Zeit von der westlichen Architekturgeschichte übersehen, erfahren ihre Leistungen allmählich die ihnen gebührende Anerkennung. Zwar gab es Anleihen bei der frühfunktionalistischen Schule Otto Wagners, doch das Netzwerk weitete sich nach dem Ersten Weltkrieg weit über Wien hinaus aus. Während die ältere Generation noch nach einer nationalen Stilistik suchte, wollten Karfík und Gahura abstrakt und international sein.

Ein Beispiel für das Ideal motorisierter Ortlosigkeit, die gewachsene Bezüge auflöst, befindet sich im zentralen Verwaltungsgebäude, dem Hochhaus 21. Hier richtete Gahura einen Aufzug ein, in dem sich das Büro des Generaldirektors befand. Es besaß einen Telefonanschluss und eine Klimaanlage, die das Arbeiten angenehm gestalten sollten. So hatte der Direktor Zugang zu allen sechzehn Etagen des Büroturms. Die elektrische Schiebetür öffnete sich und er, der Chef, war da.

Der Aufzug ging nie in Betrieb, denn seine Fertigstellung 1939 fiel in die Zeit politischer Umbrüche. Als die Nationalsozialisten die ČSR besetzten, verlor Baťa seine Eigenständigkeit. Die Erben des 1932 bei einem Flugzeugabsturz gestorbenen Firmengründers verlegten die Konzernzentrale nach Kanada. Die Kommunisten verstaatlichten nach dem Krieg die Betriebe. In die Studios der Reklameabteilung zogen Filmproduzenten ein, die die auch im deutschsprachigen Raum beliebten tschechischen Kinderfilme herstellten. Die Baťas besuchten nach 1989 zwar die Stadt, von einer Wiederaufnahme der Schuhproduktion wollte der Konzern aber nichts wissen.

Vor zwanzig Jahren glich Zlín noch einer jener osteuropäischen Städte, die den Schock der Entindustrialisierung nicht verdaut hatten. Heute hat man den Eindruck, dass der Ort den Übergang vom Fließband zu Kultur, Konsum und Bildung geschafft hat. Die Baudenkmäler verwandeln sich in dezent inszenierte Shoppingmalls und Universitäten, erste Restaurants bieten Fisch aus der Region an. Das Erbe der Zwanzigerjahre wirkt wie der selbstverständliche Teil des städtischen Lebens.

Ganz links oben: Das von František Gahura gestaltete Denkmal für Tomáš Baťa, 1933

Ganz links Mitte: Das rekonstruierte Denkmal heute

Ganz links unten: Tomáš Baťas Bruder Jan Baťa (kniend) mit einem Betriebsflugzeug, 1935

Oben: Die Arbeiterhäuser in den 1950er-Jahren

Links: Der Infopoint in einem der ehemaligen Baťa-Häuser

MODERNE MYSTIK

Vater, Sohn und Heiliger Geist. Die drei Töchter des Königs. Als František Lýdie Gahura ein Denkmal für den 1932 tödlich verunglückten Unternehmer Tomas Baťa plante, dachte er auch an die Magie, die von der Zahl drei ausging. Die Zahl zieht sich durch den gesamten Entwurf. Die Halle umfasst drei Schiffe, drei Etagen, selbst die Luftklappen bleiben im Rhythmus. Am 10. Oktober 1933 eröffnet, sollte das Gebäude in der Zeit, als Zlín – nach dem ehemaligen Staatspräsidenten – Gottwaldov hieß, in einen Konzertsaal und eine Kunstgalerie umgewidmet werden.

Nach einer mehrjährigen Restaurierung unter der Leitung des Architekten Petr Všetečka von Transat architekti ist das Memorial wieder in seiner ursprünglichen Form zugänglich. Wie bei der berühmten Villa Tugendhat von Mies van der Rohe in Brünn entschieden sich die tschechischen Denkmalpfleger für eine Rekonstruktion. Nichts erinnert an die Umnutzung in kommunistischer Zeit. Ebenso wenig wie die Baťa-Geschichte im Landesmuseum von kritischen Kommentaren begleitet wird, trübt hier der Dreck der Geschichte das Bild von der perfekten Maschine. Man will zurück in die Zwanzigerjahre und überspringt die problematischen Jahrzehnte dazwischen.

Ein antiker Tempel oder eine gotische Kathedrale mit ihrer vertikalen Erhabenheit dienten dem Architekten als Vorbild, als er ein Mausoleum für seinen Chef konzipierte. Mit Glas, Stahl und Beton modellierte Gahura eine rechteckige Schachtel, die von der Schönheit der Geometrie lebt. Eine Treppe führt in das Zwischengeschoß. Mitten im Raum stehend bildet sie ein große Z (für Zlín) – ein konstruktivistisches Kunstwerk, dessen Komposition sich je nach Standpunkt ändert. Die Zwischenebene endet nach der dritten Säule und öffnet den Blick auf das einzige Ausstellungsstück, eine Rekonstruktion der Cessna, mit der Tomas Baťa 1932 kurz nach dem Start in der

Der Stiegenaufgang im Denkmal für Tomáš Baťa ergibt ein „Z" (für Zlín)

Nähe von Zlín verunglückte. Er war auf dem Weg in die Schweiz, um eine neue Fabrik zu eröffnen.

Mit den industriellen Materialien wollte Gahura den heiteren Optimismus einer Utopie zum Ausdruck bringen. Baťa war ein begeisterter Flieger, produzierte in Zlín eigene Maschinen und träumte von der totalen Mobilität. Auch nach seinem Tod sollte nichts den Erfolg seiner Vision in Zweifel ziehen, kein abgestürztes Flugzeug, kein trauriger Schriftzug. Wie kein anderes Gebäude speichert das Denkmal den totalitären Geist dieser Kunststadt.

Man erinnert sich an die Villa Vittoriale degli italiani am Gardasee, wo der Schriftsteller und Flugpionier Gabriele d'Annunzio den Propeller einer abgestürzten Maschine ins Wohnzimmer stellte. Man denkt auch an die Beinhäuser für die Gefallenen des Ersten Weltkriegs, die von italienischen Architekten als rationalistische Tempel gestaltet wurden. Die kristalline Klarheit funktionalistischer Architektur kippt in einen totalitären Wahrheitsanspruch, futuristischer Optimismus in einen unheimlichen Todeskult. Die Glashaut bildet eine schützende Membran gegen den Alltag, die Einheit von Kunst und Leben erweist sich als autoritäre Fiktion. In der Nacht verwandeln Scheinwerfer die nüchterne Struktur in eine Kultstätte. Schwerelos schimmert das von der Decke hängende Flugzeug durch das Milchglas, wie das gekippte Kruzifix eines Märtyrers, der ein Paradies im Diesseits errichten wollte.

Konstruktivistische Raumgestaltung: Stiegen im „Z" des Denkmals

REISEZIEL

Zlín liegt rund hundert Kilometer östlich von Prag. Die Tomas-Baťa-Universität (T. G. Masaryka 5555) richtete im vierten Stock ein Informationszentrum ein. Info: www.tomasbata.org. Das Tourismusbüro bietet Führungen auch auf Deutsch an. Info: www.ic-zlin.de. Der Baťa Infopoint (Nad Ovčírnou 1295) in einem der ehemaligen Arbeiterhäuser erzählt die Geschichte des Wohnens. Öffnungszeiten: Mittwoch 10 bis 16 Uhr oder nach telefonischer Vereinbarung:

Die Regional Gallery of Fine Art in Zlín ist im Firmengebäude Nr. 14 untergebracht ...

... und vermittelt einen Überblick über die Kunst, das Design und die Architektur der Moderne

Schloss Kroměříž

+420 737 740 800, +420 605 826 655. Das Museum von Südostmähren (Vavrečkova 7040) ist von Dienstag bis Sonntag zwischen 10 und 18 Uhr geöffnet. Info: www.galeriezlin.cz.

Im selben Gebäude befindet sich die Regional Gallery of Fine Art in Zlín, die die Geschichte der tschechischen Moderne in Erinnerung ruft. Info: www.galeriezlin.cz

ANREISE
Die Eisenbahnfahrt von Wien nach Zlín dauert drei Stunden. Umsteigen in Břeclav und Otokrovice. Info: www.oebb.at

EXTRATOUR 1
Kroměříž, lange Residenz der Olmützer Bischöfe, hat ein **Schloss** mit einer berühmten Gemäldegalerie. Sehenswert auch der rekonstruierte historische Garten.

EXTRATOUR 2
In Bystřice pod Hostýnem befindet sich die **Fabrik der Möbelfirma Thonet,** deren Erbe von der Marke „Ton" gepflegt wird. Toller Schauraum. Info: www.ton.eu

LITERATUR
Über Zlín gibt es mittlerweile eine ganze Bibliothek. Den neuen Forschungsstand gibt ein von *Katrin Klingan* herausgegebener Tagungsband wieder: *A Utopia of Modernity – Zlín* (Jovis Verlag, Berlin 2009). Im Baťa Infopoint erhältlich ist ein schönes Buch über das Wohnen in Zlín: *Barbara Vacková et al.: The Baťa Home: Zlín's Vanishing Architectural Elements* (Masarykova Univerzita, Brno 2017). Ebenfalls empfehlenswert: *Tobias Ehrenbold: Baťa – Schuhe für die Welt. Geschichten aus der Schweiz* (hier + jetzt, Verlag für Kultur und Geschichte, Baden 2012). Der Autor arbeitet die Geschichte der Baťa-Niederlassung in der Schweiz auf. Als der Unternehmer 1932 zu seinem letzten Flug aufbrach, war Möhlin sein Reiseziel.

11 KAMPTAL

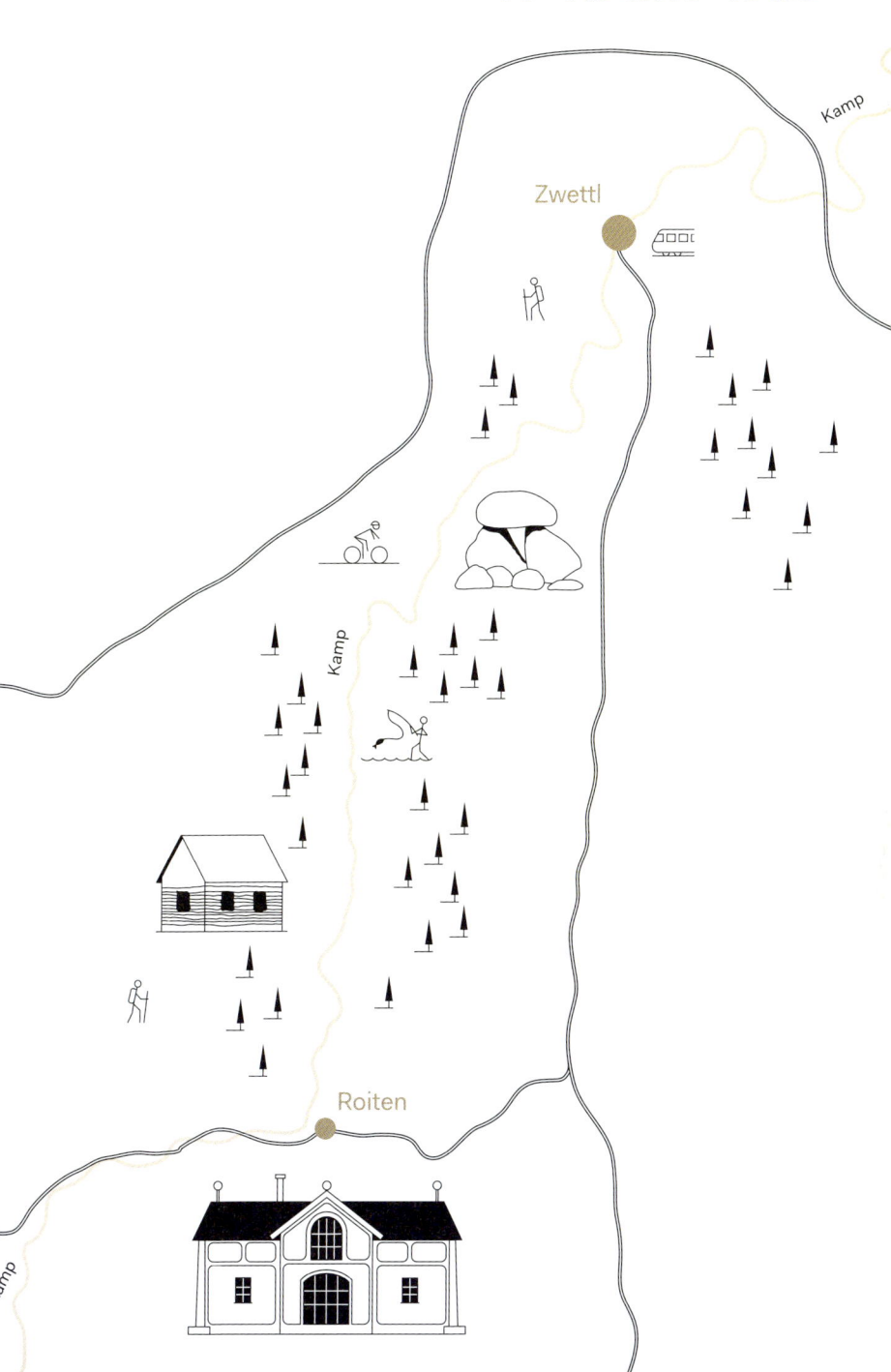

11
KAMPTAL

WENIGER IST MEHR

Das wahre Hundertwasser-Haus liegt nicht in Wien, sondern im Waldviertel. Ein Ausflug zu den Ursprüngen der Ökologiebewegung

Als Peter Kastner, Jahrgang 1941, den Maler Friedensreich Hundertwasser (1928–2000) zum ersten Mal sah, rief er die Polizei. Der Waldviertler Unternehmer beobachtete Mitte der 1960er-Jahre beim Fischen im Kamp eine Gruppe von Fremden, die einen bunt bemalten Citroën DS in eine Scheune schoben, und dachte an Diebe. Der zu Hilfe gerufene Gendarm beruhigte den Bürger. Ein Wiener habe das Anwesen, die Hahnsäge, gekauft. Ein bekannter Maler namens Hundertwasser.

Vor zwanzig Jahren starb der Künstler mit dem schlechten Ruf und dem unterschätzten Werk. Inzwischen gab es einige Versuche, Hundertwasser als Künstler zu rehabilitieren. Vielen gilt der Mann mit dem Bart und den bunten Häusern jedoch noch immer als Spinner, der den Umweltschutz zur Unterhaltung verkommen ließ.

DER WALDGÄNGER

Höchste Zeit, Hundertwasser als Jahrhundertdenker wiederzuentdecken. Als einen, der Kunst, Leben und Natur zusammenbrachte. Die Reise beginnt im Waldviertler Kamptal, wo Hundertwasser seine Idee von einer besseren Welt in die Wirklichkeit umsetzte. „Für Hundertwasser war eine einfache Lebensweise kein Gag, sondern selbstverständlich", erinnert sich Peter Kastner. Der Kaufmann verbrachte sein Arbeitsleben in einem Lebensmittelgroßhan-

Der Maler Friedensreich Hundertwasser gestaltete einen Wiener Gemeindebau

del, der seit Generationen in Familienbesitz ist. Die Kastner-Gruppe, ein Unternehmen mit 900 Mitarbeiterinnen und Mitarbeitern, beliefert die Nah&Frisch-Läden, das sind Märkte in kleinen Ortschaften. Außerdem baute der Unternehmer einen Vertrieb für Bioprodukte auf.

Kastner empfängt mich in einer ehemaligen Mühle, die er gemeinsam mit seiner Frau Mitte der Siebzigerjahre in ein Wohnhaus verwandelte. Unterhält man sich mit dem Pensionisten, lernt man einen kritischen Geist kennen, der am Segen der Globalisierung zweifelt und sich in der Anti-AKW-Bewegung engagierte. Kastner setzte sich auch dafür ein, dass das Kamptal mit seinem durch Granitfelsen mäandernden Flusslauf nicht durch weitere Kraftwerke verbaut wird. Einige Überzeugungen entstanden im Gespräch mit dem vermeintlichen Autodieb, der zum Nachbarn und Freund wurde.

Hundertwassers Refugium ist ein einfacher Holzbau, der bis in die 1950er-Jahre von der Familie Hahn bewohnt wurde. Der Künstler entdeckte die vom Wasser des Kamp angetriebene Hahnsäge in den 1960ern und kaufte sie. Für eine riesige Fichte, die neben dem Haus steht, musste er extra in die Tasche greifen. Die hätte der alte Hahn gerne gefällt und zu Brettern verarbeitet. An die Scheune mit Säge schließt ein kleines Haus an, in dem Hundertwasser immer wieder wohnte, sommers wie winters.

Nach dem Tod des Künstlers im Jahr 2000 kauften die Kastners die Immobilie, die nur einen symbolischen Wert besitzt. Handwerker entfernten den Holzschwamm, der das Gebäude angegriffen hatte. Der neue Eigentümer betrachtet die Säge als Denkmal für einen Künstler, der den Kosmos streichelte.

Im Juni 1960 macht Hundertwasser die Brennnessel zur Kunst. Friedrich Stowasser nennt sich zuerst Hundertwasser, sto heißt auf Russisch hundert; später legt er sich den Vornamen Friedensreich zu. Die Pariser Bohème kennt die hagere Gestalt, die selbstgenähten Fellpatschen, den bunten Hund aus Wien. Hundertwasser gehört zum inneren Kreis der Avantgarde und nimmt in einer Galerie am ersten Happening in Europa überhaupt teil. Bei Happenings ist der künstlerische Akt wichtiger als das Werk und das Publikum wird Teil der Aktion.

Der damals zweiunddreißigjährige Wiener zündet einen Gaskocher an und siedet in einem Waschkessel eine Brennnesselsuppe, die er an die Gäste verteilt. In einer flammenden, in den Wiederholungen an Mantras erinnernden Rede kritisiert er die Konsumgesellschaft: „Wisst ihr, wie einfach es ist, ohne Geld zu leben? Wisst ihr, wie einfach es ist, ohne Geld zu leben? Man muss nur Brennnesseln essen. Man muss nur Brennnesseln essen."

Der Künstler kurvt mit seinem Solex, einem französischen Fahrrad mit Hilfsmotor, durch die Stadt und liebt die dabei entstehenden imaginären Linien. Die krumme Linie symbolisiert für ihn die Freiheit zur Abweichung und den Protest gegen die verplante Welt. „Die gerade Linie führt zum Untergang der Menschheit", schreibt er in einem frühen Manifest. Aus der fortschrittlichen Idee einer technischen Ästhetik, die in der Kunstschule des Bauhauses vermittelt wurde, war längst industrieller Größenwahn geworden.

Der Fotograf **Werner Fröhlich** dokumentierte Friedensreich Hundertwassers (auf dem Foto) Besuche im Kamptal

BRENNNESSEL UND BAUHAUS

Während die kriegsmüden Europäer vom Wirtschaftswunder träumen, warnt Hundertwasser vor der Zerstörung der natürlichen Lebensgrundlagen. Erst 1972 wird der Club of Rome die „Grenzen des Wachstums" aufzeigen, da führt Hundertwasser bereits ein alternatives Leben. Der Autor Robert Hodonyi bezeichnet Hundertwasser als „Vordenker der ökologischen Moderne". Wenn von Schonen und Teilen die Rede ist, ging Hundertwasser mit gutem Beispiel voran.

Weniger ist mehr   **193**

Eines der Spiralbilder Hundertwassers „**460 Hommage au Tachisme**", 1961, ausgestellt im Kunsthaus Wien

Er zahlte einem französischen Bauern Pacht für ein Fleckchen Feld, auf dem ein Baum wuchs. So musste der Traktor immer einen Bogen machen, wenn er eine gerade Furche in den Boden grub. Als Hundertwasser 1950 von Wien nach Paris übersiedelte, experimentierte er mit nachhaltigen Lebensformen. Er bereitete Salate aus Löwenzahn, Bärlauch und Brennnesseln zu, aus Unkraut, das er in Mauerritzen fand. „Was würde passieren, wenn die Leute, statt immer mehr und mehr zu verlangen, immer weniger haben wollten", schrieb Hundertwasser in einem Manifest.

Der achtlose Umgang mit Kleidern gilt heute als Desaster. Marken überschwemmen den Markt mit billigen Hemden und Hosen, die in Asien von rechtlosen Arbeiterinnen und Arbeitern gefertigt werden. Man muss sich Hundertwasser vorstellen, wie er Anfang der 1950er-Jahre die Pariser provozierte. Gerade sperrten die ersten Modeketten auf, da nähte der Wiener Fellmützen und strickte Pullover, als Rebellion gegen die „Bauhausmentalität".

Auch beim Malen verhielt sich Hundertwasser korrekt. Die Farborgien des Tachismus (von frz. *tache*, Fleck), so wurde die lyrisch-abstrakte Malerei damals genannt, lehnte er ab, weil zu viel Material verschwendet wurde. Mitunter schüttete er beim Aquarellieren das Pinselwasser auf die fertige Zeichnung, um die Flüssigkeit zu verwerten .

Als Hundertwasser zum ersten Mal in die Uttissenbachmühle kam, wo seine neuen Nachbarn wohnten, ging Peter Kastner in den Keller, um eine Flasche Bordeaux zu holen. Der Künstler verkostete den teuren Tropfen und bekundete seine Begeisterung. „Sehr gut!" Doch dann spritzte er den Rotwein mit Sodawasser. „Leider zu schwer." Am Tisch der Kastners schrieb Hundertwasser Protestbriefe gegen den Bau des Atomkraftwerks Zwentendorf und baute mit Streichholzschachteln Modelle für Gebäude.

Da er kein Telefon besaß, benutzte er den Anschluss der Familie. Der vermeintliche Eremit besaß Wohnsitze in Neuseeland, Wien und Venedig und hatte Bekannte in aller Welt. Manchmal betrug die Telefonrechnung 40.000 Schilling (etwa 3000 Euro), die der Gast ohne Murren beglich. Als Hundertwasser in den 1970er-Jahren von der damals neuen Solartechnik hörte, wollte er unbedingt so ein Ding, das Sonne in Strom verwandelt. Kastner musste ausrücken, um die damals sündteure Technik zu beschaffen.

Immer wieder klopften weibliche Fans bei den Kastners an, weil die Adresse, die der Akademieprofessor ihnen gegeben hatte, äußerst vage war. Die Nachbarn drückten den Frauen eine Laterne in die Hand und schickten sie flussaufwärts zur Künstlerklause. „Lang ist keine geblieben", sagt Edeltraud Kastner, die Gattin von Peter Kastner. Ein Besuch in der Hahnsäge zeigt, warum.

HÜTTENZAUBER

Ein klobiger Holztisch und ein Herd sind das einzige Mobiliar eines etwa fünfundzwanzig Quadratmeter großen Raumes. Hier malte, kochte und schlief Hundertwasser. Das Gebäude liegt an einem von Fichten gesäumten Flusslauf. Die Witterung rundete in Millionen Jahren riesige Granitblöcke ab, die mit Moosflächen bewachsen sind. Das Kamptal wirkt in dem noch unverbauten oberen Abschnitt wie ein Märchenwald, erst flussabwärts beginnen die Stauseen und Kraftwerke.

Als Bett verwendete Hundertwasser Matten aus dem Baumarkt. Es gibt keine Stromleitung, das Wasser holte er sich von einer nahen Quelle. Der Künstler wiederholte ein Experiment, das der Schriftsteller Henry David Thoreau Mitte des 19. Jahrhunderts in seinem Klassiker „Walden oder Leben in der Wäldern" beschrieben hatte: den Bruch mit schlechten Gewohnheiten und die Besinnung auf das Wesentliche.

Das Plumpsklo in der **Hahnsäge,** für Hundertwasser das Symbol eines ökologischen Kreislaufs

Links: Peter und Edeltraud Kastner, die aktuellen Besitzer der Hahnsäge und Freunde Hundertwassers

Unten: Die Hahnsäge in den 1990er-Jahren

Ganz links: Momentaufnahmen der Aufenthalte Hundertwassers 1988–1991

Das Holzdach bedeckte Hundertwasser mit Erde und ließ Gras und Bäume darauf wachsen, das Modell für zahlreiche weitere Dachoasen. Jede Form von Abfall sollte in den ökologischen Kreislauf eingespeist werden, auch die Exkremente. „Das ist der Prototyp seines Humusklos", erklärt Kastner und deutet auf ein Plumpsklo, dessen Loch über dem Mühlbach liegt. Auf dem Dach seines Hauses in Neuseeland setzte Hundertwasser seine Idee einer Ökotoilette um, in der die „heilige Scheiße" in fruchtbare Erde verwandelt wird.

Man muss kurz innehalten und versuchen, den Ort zu spüren. Der Bach rauscht laut und das Sonnenlicht dringt durch die kleinen Fenster ein. Hundertwasser baute vor dem Haus einen Spiegel auf, um die Strahlen hineinzulenken. An der Decke kleben Spiegelscherben, die den Effekt verstärken. So entstand ein Raum für Meditation, in der die Sinnesreize mit der Imagination verschmelzen. Der Weg zur Erleuchtung führt von außen nach innen.

„Jedermann traute ihm zu, durch Lächeln heilen zu können", erinnert sich Bazon Brock, der Hundertwasser zu einer Malaktion nach Hamburg einlud. Bazon Brock ist das Maschinengewehr der Kunsttheorie, 84-jährig springt er noch immer leichtfüßig zwischen Nietzsche, der Evolutionstheorie und dem Apostel Paulus hin und her. In den Achtzigerjahren brachte er als Professor der Wiener Angewandten die New-Wave-Jugend zur Verzweiflung. Er sagt Sätze wie: „Wenn Sie sich als das erkennen, was im Strom des Vergessens angespült wird, dann haben Sie sich therapiert." Fasziniert und überfordert zugleich folgt man Brocks rhetorischem Solo.

Der Philosoph steht im Wiener Leopold Museum und erklärt einer Gruppe von Studierenden das Wesen einer Linie. Die jungen Leute arbeiten im Rahmen einer Ausstellung über Hundertwasser und Schiele an einem Werk, das der Künstler 1959 zum ersten Mal produzierte. Der Wiener Künstler hatte eine Gastdozentur an der Hamburger Hochschule für bildende Künste und veranstaltete ein Happening. Die Künstlerinnen und Künstler griffen zu Pinsel und Farbe und überzogen Fenster, Wände und Türen mit einer ungleichmäßigen Linie. Gearbeitet wurde Tag und Nacht, ein Team löst das andere ab und in den Pausen gab es Vortrag und Meditation. Als die jungen Leute auf die Straße hinaus wanderten, um den Asphalt zu bemalen, griff der Rektor ein. Die Linie brach ab.

Mit der Spirale griff Hundertwasser auf ein uraltes Symbol zurück, das sich bereits auf prähistorischen Werkzeugen findet. Der Künstler war von der Spirale besessen. Sie ermöglichte es ihm, beim Malen zu meditieren und den hypnotischen Effekt an den Betrachter weiterzugeben, dem beim Anschauen der Bilder schwindlig wird. Er dachte dabei an das Mäandern der Flüsse und die Form einer Muschel. Während seine Kollegen mit der Farbe improvisierten, wollte Hundertwasser ein Gleichgewicht.

Die Spirale garantierte ihm Bewegungsfreiheit und zwang ihn gleichzeitig zur Konzentration. Als Beispiel für den Kreislauf des Lebens erzählt die Spirale auch den Zyklus von Leben und Sterben. Man muss sich an die Vorstellung erst gewöhnen, dass Hundertwasser zu den wichtigen Künstlern des 20. Jahrhunderts gehört.

Mit seinen Polemiken gegen das Bauhaus brachte Hundertwasser die Kunstkritiker gegen sich auf, die er pauschal als „Feinde" verdammte. Er wetterte gegen „entartete Kunst", ein Begriff, mit dem die Nationalsozialisten die Avantgarde diffamierten. 1928 in Wien geboren, erlebte der Künstler die Deportation und Ermordung der Familie seiner jüdischen Mutter. Für seinen Hass auf das Zeitgenössische bekam Hundertwasser Applaus von rechts.

Hundertwasser machte es seinen Gegnern leicht. Ende der 1970er-Jahre erhielt er von der Stadt Wien den Auftrag, einen Gemeindebau nach seinen Vorstellungen zu entwerfen. Der Künstler packte sein Werkzeug aus, zeichnete schiefe Böden und Balkone,

> „ Jedermann traute ihm zu, durch Lächeln heilen zu können „

BAZON BROCK, KUNST-THEORETIKER

Weniger ist mehr

aus denen Bäume wachsen. Nach jahrelangem Streit mit der Baupolizei realisierte Hundertwasser dann gemeinsam mit einem Architekten ein Haus, das im Kern ein konventioneller Gemeindebau blieb.

DER BEHÜBSCHUNGSKÜNSTLER

Die Kostenzwänge und die strenge Bauordnung verhinderten, dass Hundertwasser sein volles Programm durchziehen konnte: ökologische Baustoffe, individuelle Gestaltung durch die Bewohner, die Wiederverwertung von Abwässern. In der Architekturdebatte blieb so das Bild eines Behübschers hängen, der pittoreske Oberflächen für mittelmäßige Gebäude lieferte.

Die Müllverbrennungsanlage in der Spittelau war der Gipfel. Als die Anlage 1987 abbrannte, holte der damalige Bürgermeister Helmut Zilk Hundertwasser als ästhetische Feuerwehr. Krumme Linien und bunte Farben sollten die Giftschleuder bekömmlich machen und den innerstädtischen Standort retten. Kastner erinnert sich an die Zweifel Hundertwassers, der das Spiel durchschaute.

Wochenlang zögerte er, ob er den Auftrag annehmen soll. Ein befreundeter Wissenschaftler klärte ihn darüber auf, dass Müllverbrennung umweltverträglich sein kann. Dafür brauche es aber modernste Filtertechnik. Hundertwasser bestand auf dem neuesten Standard und sagte zu.

Auf den Schlot wollte er eine vergoldete Zwiebel setzen, die sich verfärbt, sobald der Rauch die gesetzlich vorgeschriebenen Werte überschreitet. Dafür gab es leider keine technische Lösung. Hundertwassers feindselige Haltung gegenüber dem zeitgenössischen Diskurs verfestigte das Stereotyp eines reaktionären Kauzes. Dabei würde er heute viel zu sagen haben.

Der Do-it-yourself-Gedanke fasziniert die Vertreter einer demokratischen Stadtplanung. Architekten experimentieren mit Lehm und recyceln Regenwasser. Sie fahren in die Subsahara, um archaische Bauweisen kennenzulernen. Planer schwärmen von vertikalen Gärten, die Fassaden kühlen und mehr Sauerstoff in die Stadt bringen. Alle diese Ideen sind bei Hundertwasser angelegt, ohne dass er als Vordenker einer ökologischen Architektur ernst genommen würde.

In Österreich, Deutschland, den USA, Japan und Neuseeland entstanden Hotels, Schulen, Tankstellen und Museen nach Hundertwassers Plänen. Kritiker hassen sie, das Publikum liebt sie. Das Hundertwasserhaus im dritten Bezirk gehört zu den beliebtesten Attraktionen Wiens. Für die einen bleibt Hundertwasser ein Kitschkünstler, die anderen beginnen ihn als Universalgestalter zu schätzen, der zu kommunizieren vermochte. Anders als bei vielen hochgelobten Ökoprojekten verstand es der Maler, starke Bilder und Symbole – etwa die Spirale – zu entwickeln. Ökologie sollte nicht nach Fasten schmecken, sondern nach frischer Wiese. Während heutige Aktivisten gern im Büßergewand auftreten, pries Hundertwasser den genussvollen Ausstieg. Er machte Öko zu Pop.

Hundertwasser verzierte eine Müllverbrennungsanlage mit Ornamenten

Ökologie ist ein Modewort. Wer aber beschäftigte sich wenige Jahre nach dem Zweiten Weltkrieg mit Nachhaltigkeit und Recycling? Bazon Brock, der alte Weggefährte, der mit Hundertwasser bereits 1959 zusammenarbeitete, hat eine Erklärung für dessen schlechten Ruf: „Für viele ist Umweltschutz heute selbstverständlich. Die Leute nehmen es Hundertwasser aber übel, dass er etwas postuliert hat, das sie damals noch ablehnten." Blickt man zurück, steht Hundertwasser in der Tradition von Lebensreformern wie dem deutschen Aussteiger gustaf nagel. Innerhalb der aktuellen Bewegung gehört Greta Thunberg zu seinen Kindern im Geiste.

„Van Gogh und Schiele sind die wahren Heiligen", schrieb Hundertwasser 1949 aus Sizilien an seine Mutter. Mit dem von ihm verehrten Göttern

Weniger ist mehr **201**

Die Hahnsäge nach der Renovierung, 2019

der Kunstgeschichte pflegte der Künstler Austausch durch Nachahmung. Sie lieferten ihm auch das Rollenmuster von Einzelgängern, die einen Blick in das Übersinnliche wagten. Hundertwasser knüpft an die Tradition der Hellseher an, die um 1900 die Menschen zu einer moralischen Disruption aufriefen. Der Bruch mit der als falsch empfundenen Überlieferung sollte bereits damals das Schlimmste verhindern. Überall im Westen tauchten sogenannte Kohlrabiapostel auf, die die Hüllen der Konvention fallenließen. Sie zeigten sich am liebsten nackt, aßen rohes Gemüse und verweigerten „die dritte Haut", wie Hundertwasser die Architektur nannte. Neoasketen wie gustav nagel (1874–1952) lebten in Erdhöhlen. Ähnlich wie Hundertwasser suchte nagel nach einer eigenen Handschrift. Der Lebensreformer sah in der Großschreibung eine Deformation und schrieb alle Namen konsequent klein.

Die Wohnküche, 2019

Wie nagel suchte Hundertwasser nach Jüngern und Jüngerinnen, die bei ihm im Fach Weltrettung inskribierten. Bazon Brock legt die Spur weiter zurück bis ins Neue Testament, wo der Apostel Paulus die Heilslehre eines rebellischen Nazareners verkündete. Anders als vergleichbare Sekten im Nahen Osten versprach Paulus nicht nur den Rechtgläubigen Zinsen im Jenseits, sondern stellte auch den Ungläubigen Sonderkonditionen in Aussicht. Paulus entwickelte ein metaphysisches Aboangebot, das Heiden die Subskription des Himmels ermögliche. Man nennt es Bekehrung.

„Hundertwasser hat geglaubt, er könnte Professor und Prophet sein, indem er auf die Falschheit des Falschen verweist", erläutert Brock. Der Künstler bot anders als Jesus keinen Himmel an, sondern eine Alternative zu den falschen Wahrheiten von Ökonomie und Wissenschaft. Brock verweist auf das Dilemma aller Prediger, die ihre Botschaften auch an Ungläubige adressieren: Sie werden von der Gefolgschaft verehrt und von den zu Bekehrenden gehasst. „Kein Mensch erträgt es, dass ein anderer schlauer ist als man selber. Das ist wie bei Greta Thunberg."

Sie kommt aus dem Nichts mit einer klaren Ansage: Die Welt steht in Flammen. Wenn Greta Thunberg den Mächtigen gegenübertritt, schleudert sie ihnen Verwünschungen entgegen. Eine starke Aura umgibt das Mädchen, das 2021 18 Jahre alt wurde, als würde der kleine, zerbrechliche Körper über übersinnliche Kräfte verfügen. Eine Kriegerin aus dem hohen Norden zog aus, um die Welt zu retten. Wenn sie den Atlantik überquert, steigt sie in ein Boot wie Jesus, der Menschenfischer.

SOUVERÄNER VERZICHT

In den Achtzigerjahren war Hundertwasser eine Ikone der Ökobewegung

Wie der heilige Paulus richtet Greta ihre Botschaft nicht nur an die eigene Gemeinde Fridays for Future, die jugendliche Ökobewegung, sondern auch an die Unverbesserlichen. Nicht wenige wollen sie deshalb in die Hölle segeln sehen. Die Fackel der ökologischen Wahrheit wanderte von der nagel-Zeit zu Hundertwasser und brennt heute in der Hand von Greta Thunberg. Was kann man von Hundertwasser und seiner Kamptaler Urhütte lernen?

Ein Manager hielt Hundertwasser den Rücken frei, damit er ohne Verpflichtungen arbeiten konnte. Auch im Kamptal kümmerte sich die Nachbarin darum, dass Lebensmittel im Haus waren. Hundertwassers Umgang mit Frauen lässt vermuten, dass er bindungsunfähig war. Man könnte sagen: Ein Narzisst spielte Fantasiewelt. Hundertwasser taugt dennoch zum Vorbild. Anders als die mitunter gescheiterten kollektiven Experimente der 1960er-Jahre betonte er das individuelle Moment, jene Verbesserungen, die jeder für sich machen kann. Trotz aller Ablehnung blieb er einem Dogma der Moderne treu: Less is more!

Natürlich will niemand in einer Hütte ohne Wasser und Strom wohnen. Das Waldviertler Hundertwasserhaus erinnert jedoch daran, wie bescheiden Menschen bis in die Mitte des 20. Jahrhunderts hinein lebten – und nach dem Klimakollaps vielleicht wieder leben müssen. „Das hier ist nicht massentauglich", sagt Peter Kastner. Wir stehen wieder im Freien und schauen auf die gewellten Linien, die ein Freund, der 2020 verstorbene Künstler und Philosoph Pravin Cherkoori, auf die Fassade der Hahnsäge malte.

Nach dem Tod des Künstlers wollte er ihn damit grüßen und zitierte: „Die gerade Linie ist gottlos." Wanderer hielten die Pinselei für ein Werk Hundertwassers und montierten die Fensterläden ab, auch eine Form von Recycling. Kastner hält inne, um ein Resümee zu ziehen. „Wenn von Hundertwasser übrig bleibt, dass man sich einschränken soll, ist das schon mehr, als man verlangen kann."

Folgt man den Überlegungen der Experten, dann sollten die Maßnahmen zur Rettung des Planeten nicht nur von den Politikern kommen, sondern auch von den Einzelnen ausgehen. Ihr Motto lautet: Du musst dein Leben ändern! In Peter Schamonis Filmporträt „Regentag" (1972) schmiegt sich Hundertwasser an eine Eisscholle, um das Blubbern des Wassers zu hören. Da bekommt der Zuseher ein Gefühl für die Schönheit dieser Arte Povera. Hundertwasser vermittelte Askese nicht als Mangel, sondern als Fülle – als „souveränen Verzicht", wie Bazon Brock sagt.

Hundertwassers immer schon schwaches Herz hörte 2000 auf dem Weg von Neuseeland nach Europa zu schlagen auf. Wie es sich für einen Naturheiligen gehört, reiste er nicht mit dem Flugzeug, sondern mit dem Schiff. Die Bestattung auf seinem Grundstück in Neuseeland war testamentarisch geregelt. Er wollte nackt und ohne Sarg in die Grube. Würmer verarbeiten den Leichnam zu Humus.

REISEZIEL
Die **Hahnsäge,** auch „Hundertwassersäge" genannt, befindet sich am Oberlauf des Kamp. Man kann das Haus nur zu Fuß erreichen. Ausgangspunkt ist der Ort Roiten, in dem Hundertwasser Spuren hinterließ. Er gestaltete das Dorfmuseum mit, ein kleines Museum ist seinem Schaffen gewidmet. Info: www.dorfmuseum-roiten.at
Das Innere der Hahnsäge kann man nicht besichtigen. Sie liegt eine Dreiviertelstunde vom Ort entfernt.

WANDERUNG
Eine nette, dreistündige Wanderung führt von Roiten am Kamp entlang und an der Hahnsäge vorbei. Ein kleiner Abstecher bringt uns auf den Hohen Stein, einen Aussichtspunkt. Wieder am Bach, erreichen wir eine Brücke. Von hier geht es zurück Richtung Ausgangspunkt.

ANREISE
Der nächste Bahnhof liegt in Zwettl. Hier beginnt ein schöner Wanderweg flussaufwärts bis nach Roiten.

EXTRATOUR
Das **Kunsthaus Wien** beherbergt eine permanente Ausstellung zu Friedensreich Hundertwasser. Es liegt etwa 300 Meter vom Gemeindebau Hundertwassers entfernt und wurde ebenso von ihm gestaltet.
Info: www.kunsthauswien.com

Das Kunsthaus Wien im dritten Gemeindebezirk

LITERATUR
Der Autor *Robert Hodonyi* versammelt in *Hundertwasser for Future* Beispiele des visionären Denkens des Künstlers (Hatje Cantz Verlag, Berlin 2020). Speziell auf die Hahnsäge geht *Robert Fleck* in *KO Götz West Hundertwasser* ein (Snoeck Verlag, Köln 2017). Einen wichtigen Beitrag zur Neubewertung Hundertwassers leistete das Wiener Museum Belvedere mit der Ausstellung *Hundertwasser, Japan und die Avantgarde,* deren Katalog lieferbar ist.

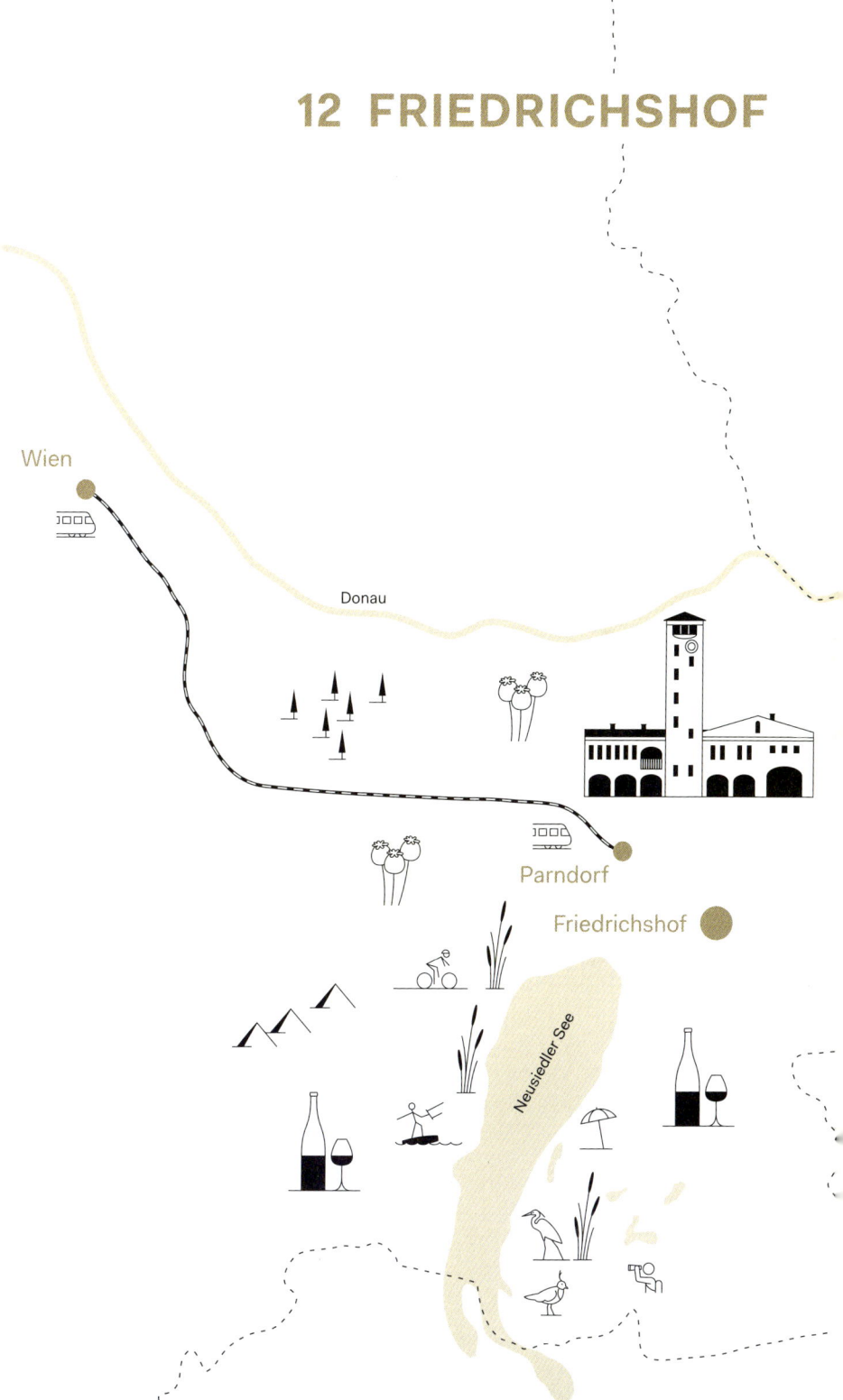

12 FRIEDRICHS-HOF

VOM BETT ZUM BEET

Der Künstler Otto Muehl gründete 1972 auf einem österreichischen Bauernhof eine Kommune. Das gesellschaftliche Experiment endete mit sexuellem Missbrauch. Der Friedrichshof steht für Befreiung und Gemeinschaftseigentum und das Scheitern einer Utopie

Als die Künstlerin Terese Schulmeister drei Jahre alt war, wusste sie: „Ich bin ein Papakind." Sie beobachtete das selbstbewusste Auftreten ihres Vaters, des bekannten Journalisten Otto Schulmeister (1916–2001), und verglich es mit dem demütigen Verhalten ihrer Mutter, die der aufbrausenden Art des Gatten nichts entgegensetzte. Terese musste Dirndl tragen und artig einen Knicks machen, wenn Gäste kamen. Irgendwann rebellierte die junge Frau gegen diese Rolle und schloss sich einem Mann an, der von sich auf andere Weise überzeugt war, dem Künstler Otto Muehl (1925–2013).

Wir sitzen im Obstgarten des Friedrichshofs, des ehemaligen Sitzes der Muehl-Kommune. Terese Schulmeister, Jahrgang 1950, ist unser Guide durch ein gescheitertes und gleichwohl faszinierendes Experiment, das in die Revolte der Sixties zurückreicht und sich nun in der Phase der Aufarbeitung befindet. Die Kommune lebte nach den Prinzipien des Gemeinschaftseigentums und der freien Liebe und strebte die künstlerische Entfaltung des Menschen an. Die Mitglieder der Aktionsanalytischen Organisation (AAO), wie sich die Kommune eine Zeit lang nannte, suchten Freiheit, manche fanden Unterdrückung. Sie wollten den Faschismus ihrer Eltern abstreifen und endeten in einem faschistischen System. Wann beginnt das Pendel einer sozialen Bewegung zurückzuschlagen? Ähnlich wie in den *company towns* Torviscosa oder Zlín, oder auch in der Pension Briol, geraten die moralischen Kategorien durcheinander.

Vom Bett zum Beet

Der 1991 wegen sexuellen Missbrauchs und Drogendelikten zu sieben Jahren Haft verurteilte Kommunegründer gilt als Beispiel eines Missionars der Gegenkultur, der sich vom Befreier in einen Tyrannen verwandelte. Schulmeister begegnete Muehl bereits 1972, als der wegen seiner sexuell expliziten Performances boulevardbekannte Künstler eine Wohngemeinschaft in der Wiener Praterstraße betrieb. Die von den familiären Einengungen frustrierte Einundzwanzigjährige wollte ein anderes Leben und fand hier ein Umfeld, das ihr neue Perspektiven bot. Muehl, damals bereits sechsundvierzig, praktizierte eine experimentelle Form von Psychoanalyse. Es wurde nicht nur geredet, sondern auch gestreichelt, gedrückt und gebrüllt, alles sollte heraus, intimste Gefühle, Ängste, Aggressionen. Dies habe ihr geholfen, ihre Potenziale zu entdecken, sagt Schulmeister. Muehls direkte und lustige Art zog sie an.

MISSION GEGENKULTUR

Auf dem 1972 gekauften Friedrichshof stieg Schulmeister dann zur „ersten Frau" auf. Hier machte sie mit den angereisten Kursteilnehmern, die das Zusammenleben erleben wollten, Aktionsanalysen und Workshops, später drehte sie mehrere Filme. Kommunarden und Leute aus der Kunstszene spielten das Leben berühmter Persönlichkeiten nach: etwa in „Vincent", „Picasso" und „Back To Fucking Cambridge" über den Maler Richard Gerstl. Zu den Laiendarstellern gehörte auch der Ausstellungsmacher Harald Szeemann, der hier seinen zweiten Monte Verità fand. In „Back To Fucking Cambridge" (1987) spielt Szeemann den Psychoanalytiker Otto Gross, einen der frühen Gäste der Tessiner Kommune. Das Großexperiment Friedrichshof stellte das Tun über das Theoretisieren und suchte einen Weg zwischen Kommunismus und Kapitalismus. Die Devise lautete: Jeder macht, was er kann, und kriegt, was er braucht.

„Ich habe die Kommune schon als Befreiung erlebt, auch wenn sie unter der Glasglocke des Oberpatriarchen gestanden hat", resümiert Schulmeister.

Die Künstlerin wohnt in Wien und hat am Friedrichshof ein Atelier. Jeden Morgen kommt sie in den ehemaligen Kommunegarten, um ihre Erdbeeren und Salatköpfe zu pflegen. Die Kommunarden landeten einst, vierzig Kilometer von Wien und acht Kilometer von der nächsten Siedlung entfernt, in ländlicher Abgeschiedenheit. Verwundert blickten die Bauern der Parndorfer Heide auf die bunten Vögel. Das Outfit – Latzhosen und kurzgeschorene Haaren – signalisierte Radikalität. Damit grenzte man sich vom Hippiestyle ab, der von der Werbung und Konsumindustrie vereinnahmt wurde.

Die Künstlerin **Terese Schulmeister** war von Anfang an dabei und stieg zur „ersten Frau" auf

Als im Sommer 1973 die ersten Pioniere auftauchten, entstand eine Szenerie, die an den Monte Verità von 1900 erinnert. Halbnackte junge Menschen richteten sich in der Ruine eines ehemaligen Musterguts ein und begannen, Bäume zu pflanzen und Felder anzulegen. Muehl war durch den Verkauf von Kunst zu Geld gekommen, andere jobbten. So kam die Summe zusammen, um das Anwesen zu kaufen. Nun mussten die Aussteiger beweisen, dass sie nicht nur diskutieren können. Die Sommer sind auf der Parndorfer Heide extrem heiß, im Winter fegen eisige Stürme über die Flächen.

Sommer 2020. Das Kollektiv hat längst einem losen Nebeneinander Platz gemacht. Ralf, der Beetnachbar von Terese, hat sich aus Brennholz einen Sonnenschutz gebaut. Er versenkte in der Erde einen Kanister, um einen natürlichen Kühlschrank zu haben. Ralf bietet uns einen selbstgemachten Holundersaft an. Nein, er habe mit der Kommune nichts zu tun gehabt, käme aber gern hierher zum Garteln: „Die Mainstreamer sind hier eher in der Minderheit."

Terese Schulmeister zieht an einer aus Kräutern gedrehten Zigarette. Manchmal blitzt der Bürgerschreck auf. Da leuchten die Augen und das Lachen klingt provokant: „Es war schon ganz gut, in der Mittagspause schnell einmal ficken zu gehen."

Um für den gemeinschaftlichen Besitz am Friedrichshof eine entsprechende Rechtsform zu finden, übernahm die Kommune 1983 eine Genossenschaft, in die das fünfundzwanzig Hektar große Areal eingebracht wurde. Als gegen Ende der Kommune einige Mitglieder die Verteilung aller Vermögenswerte verlangten, führte dies 1989 zur Gründung der Friedrichshof Wohnungsgenossenschaft. Die 330 verbliebenen Kommunarden übernahmen die Sachwerte, die Kunstsammlung und das Areal. So entwickelte sich der Friedrichshof zum alternativen Wohnort.

Der Obmann Peter Schär gehört zur zweiten Welle der Kommunarden und behauptet von sich, eher trotz als wegen Muehl aus der Schweiz ins Burgenland gekommen zu sein. Ihn faszinierte die Begeisterung, mit der hier Idealisten zusammenkamen, um nach dem endlosen Palaver der 68er-Zeit eine konkrete Veränderung zu versuchen. „Hätte Muehl immer so eine im Grunde armselige und leicht durchschaubare Rolle gespielt wie in seinen letzten Jahren, dann wäre die unglaubliche Entwicklung der AAO nicht erklärbar", sagt Schär.

Die Genossenschaft bietet Mietwohnungen und Ateliers an. Es gibt ein Tagungshotel, ein Restaurant und eine von der Sammlung Friedrichshof betriebene Kunsthalle für zeitgenössische Kunst. Die Sammlung Friedrichshof besitzt neben Werken von Otto Muehl auch eine Kollektion des Wiener Aktionismus und betreibt in Wien eine Dependance.

Auf dem weitläufigen Gelände weiden Pferde. Den Bewohnern und Hotelgästen steht ein Badeteich mit angeschlossener Sauna zur Verfügung. Einige Grundstücke wurden an Häuslbauer verkauft, um die Finanzen der Genossenschaft aufzubessern.

Betrachtet man Fotos aus der Frühzeit, sieht man den Sprung nach vorne. Am Anfang übernachteten die Kommunarden im letzten verbliebenen Gebäude des seit langem aufgegebenen Gutshofes. Das heute als Seminarraum genutzte Haus mit großen Fenstern und Giebeldächern war bereits in der K.-u.-k.-Zeit als Schulgebäude genutzt worden. Es gab weder Strom noch Wasser, sodass die Aussteiger bei null anfangen mussten. Nach und nach bauten die Kommunardinnen und Kommunarden einen Brunnen, eine biologische Kläranlage, eine große Wohnhausanlage, einen Kindergarten, eine Schule, Küche, einen Speisesaal und Ateliers. Auf dem Höhepunkt der Entwicklung zählte das Kollektiv sechshundert Mitglieder, die in fünfundzwanzig Stadtkommunen in ganz Europa wohnten. Anfangs lebte die Gemeinschaft von Umzugsfirmen und Jeansshops, später kamen dann der Handel mit Steuersparmodellen und Finanzanlagen dazu, für den in den Stadtgruppen eigene Firmen gegründet wurden. Das Zentrum blieb der Friedrichshof, wo die Mitglieder auch ihre Ferien verbrachten.

> „Die Kommune hat von dem Spirit gelebt, Projekte umzusetzen"
>
> TERESE SCHULMEISTER, KÜNSTLERIN

Die zehntausend gepflanzten Bäume machten aus den ehemaligen Feldern einen Park. Die Innenhöfe sind gepflastert und autofrei, sodass eine angenehme Campusatmosphäre herrscht. „Die Kommune hat von dem Spirit gelebt, Projekte umzusetzen", erinnert sich Schulmeister. „Wenn eine Idee aufkam, zum Beispiel ein neues Wohnhaus zu bauen oder einen Brunnen, beschlossen wir dies gemeinschaftlich und dann wurde es gemacht." In den Wiener Wohnungen hatte man zwar in Matratzenlagern gemeinsam übernachtet, aber die Zweierbeziehung noch nicht aufgegeben. Mühl, der 1973 von einer Einladung der Universität Ohio zurückgekommen und von seiner Freundin verlassen worden war, forderte das Ende von verlogener Romantik. Jeder, mit wem er will, Schluss mit Besitzverhältnissen und Abhängigkeiten. Freie Sexualität! Die Aufbruchsstimmung und das Leben in der Natur bildeten den idealen Rahmen für die libidinöse Wahlfreiheit.

Die Runde führt an der Neubausiedlung vorbei, in der gerade eine neue Zufahrtsstraße gebaut wird. Es entstehen Einfamilienhäuser von der Stan-

Ganz links: Entwurf für einen großen Friedrichshof

Links: Das ehemalige Schulhaus und der in den 80ern errichtete Wohntrakt mit Turm

Unten links: Kommunarden auf dem Feld und die Erweiterung in den Achtzigerjahren

Unten: Selbstdarstellung im Schüttkasten

ge, mit Steingarten und Garage. Normalität kehrt ein. Die ersten Bewohner des Friedrichshofs nach dem Ende der Kommune waren noch Wiener Bildungsbürger gewesen, die die Wochenenden in einer architektonisch anspruchsvollen, halburbanen Umgebung verbringen wollten. Der Architekt Adolf Krischanitz plante etwa für einen ehemaligen Chefredakteur eine Villa, die die Innenhofstruktur burgenländischer Streckhöfe aufgreift.

THERAPIE UND THEATER

Wir spazieren am sogenannten Schüttkasten vorbei, der inzwischen zum Wohnhaus umgebaut worden ist. Nichts erinnert an seine Bedeutung in der Frühzeit der Utopie. Das dreistöckige, marode Gebäude war ganz aus Beton. Am Anfang der Kommune wurde es neu gedeckt, instand gesetzt und benutzbar gemacht. Hier hatten die ersten Betriebe ihre Büros, die nach dem Zuzug von Mitgliedern aus Deutschland, Frankreich und der Schweiz eine wirtschaftliche Infrastruktur aufbauten. Kommunarden richteten eine Druckerei und eine Tischlerei ein, ein Transportunternehmen bot Entrümpelungen an.

Der Schüttkasten war nicht nur Büro, sondern auch Bühne. Hier fanden seit 1974 die Selbstdarstellungen statt, ein therapeutisches Theater, in dem Muehl die Kunst des Aktionismus mit der Psychoanalyse verband. Jeden Abend versammelten sich die Friedrichshofer im Schüttkasten. Sie setzten sich im Kreis um die Mitte, die den Performern offen stand. Hier entstanden die schockierenden Fotos, die das Image der Gruppe prägen, etwa von sich am Boden windenden Menschen, die zu Kleinkindern regredierten. Sie spielten traumatische Szenen ihrer Kindheit nach, schrien wie Babys oder attackierten den abwesenden Vater, den Inbegriff autoritärer Ordnung. Die krankmachenden Gefühle sollten in existenzieller Ekstase ausgedrückt und überwunden werden.

Zu den Selbstdarstellungen wurde musiziert. Der Rhythmus der Trommeln evozierte schamanistische Rituale. Muehl war der beste Entertainer und Schiedsrichter zugleich. Er befeuerte das Geschehen vom Klavier aus. Wenn es einem Darsteller gelang, zu Höchstform aufzulaufen, erntete er tosenden Applaus und konnte in der Hierarchie nach oben rücken. Der Schüttkasten war aber auch der Ort von Erniedrigung und Demütigung. Wie in einer Sekte durchlebten die Mitglieder ein Wechselbad von Zuwendung und Bestrafung durch den Führer. Wer nichts herausbrachte oder sich über den hohen Anspruch hinwegschwindeln wollte, riskierte schonungslose Kritik und Degradierung. Der Weltkriegssoldat dachte auch im Manöver Selbstverwirklichung in Kommandostrukturen.

Der Psychoanalytiker **Wilhelm Reich** (1897–1957) propagierte eine körperbetonte Therapie

AUSFLUG NACH PORTUGAL

Ich habe Muehl einmal persönlich getroffen. Nach der Gefängniszeit 1998 lebte er an der Algarveküste in Portugal. Als das Wiener Museum für angewandte Kunst 2004 eine Ausstellung über ihn machen wollte, dachte ich mir, den will ich treffen. Ich flog nach Faro und fuhr von dort weiter mit dem Zug ins Hinterland. Die letzten Kilometer ging ich zu Fuß über eine Landstraße. Zwischen Olivenbäumen standen einige improvisierte Wohnhäuser, und als ich mich nach Muehl erkundigte, liefen einige Mitbewohner zusammen. Dann kam Muehl. „Hoffentlich machen Sie das nicht als Sport! Oder sind Sie gar ein Romantiker?", wollte der Hausherr, damals 79, wissen, als er von meiner Wandertour erfuhr.

Der schwer von der Parkinsonkrankheit gezeichnete Künstler lebte wieder in einer kommunardischen Großfamilie. In der Art & Life Family versammelten sich zwanzig Personen, mehr als die Hälfte davon waren Kinder. „Ich bin mehr für das Künstliche", sagte Muehl, der einst ausgezogen war, um den gesellschaftlichen Panzer aufzubrechen, jene

Hemmung, die die Menschen an ihrer natürlichen Entfaltung hinderten.

Muehls Feind war die Wichtelgesellschaft der Kleinbürger mit ihren marktgesteuerten Konsumbedürfnissen: dem Wichtelurlaub, der Wichtelvorliebe für Schweinefleisch, vor allem aber dem trostlosen Wichtelsex der Zweierbeziehung. Eifersucht, verliebte Projektionen, Mutterbindungen? Alles nur Symptome des kleinbürgerlichen Wichtelidealismus! In Portugal passierte das „Ficken", wie die netten älteren Herrschaften in Muehls Umgebung es nennen, nur noch „ab und zu". Viagra? „Einmal probiert, aber ich komme auch ohne aus."

Muehl sprach leise, der große Körper war zu einem Buckel gekrümmt. Ehefrau Claudia und Violaine hievten ihn vom Rollstuhl hoch, sprangen auf, wenn er „Kaffee" sagte. Gelacht werden durfte nur, wenn er selber einen Witz machte. Und alle waren seine Schüler. Otto hin, Otto her. Beim Interview wurde mitgeschrieben und aufgezeichnet, unterbrochen, wenn eine Anekdote verfälscht zu werden drohte; Otto erzählte sie nicht zum ersten Mal.

In den künstlerischen Materialaktionen vor der Kommunezeit war Muehl keine Flüssigkeit ekelig genug, um die Perversionen der Gesellschaft bloßzustellen. Nun rann ihm der Speichel in gelben Rinnsalen aus dem Mundwinkel, wenn er die Medikamente schluckte. „Das ist die Rache der Natur", sagte er und versuchte zu lachen. Dann schimpfte er minutenlang auf das „gemütliche Österreich", das sich im Umgang mit seinen Künstlern als „ein morbides, ungustiöses Unternehmen voller Hass und Ekel" entlarvt habe.

Sektenguru, Uniferkel, Sexmonster: die Prädikate, mit denen Muehl bereits bedacht wurde, waren wenig schmeichelhaft. Und auch jetzt glaubte er zu wissen, was von ihm erwartet wird. Er nahm das Gebiss heraus und setzte es umgekehrt in den Mund, heulte wie ein Wolf. Dann nuschelte er: „Nischt umschonscht ischt Mister Hyde mein lübschter Fülm. Ausch dem Mensch wird ein Vüh! Huhuh!" Gebiss raus und wieder richtig eingesetzt: „In der Kunst bin ich auch Mister Hyde. Dadurch kann ich rücksichtslos aufräumen!" Noch als gebrechlicher Mann ließ Muehl jenes Charisma aufblitzen, das ihn zur Nummer eins des Friedrichshofs machte.

DAS LETZTE AUFGEBOT

Der Friedrichshof diente als Kultur- und Kurszentrum und Muehl empfing prominente Gäste aus der Kunstszene, etwa den deutschen Aktionskünstler Joseph Beuys. Sie alle ließen sich von der Großzügigkeit und Eloquenz des Gastgebers blenden, der nicht als dogmatischer Sektenguru, sondern als hedonistischer Salonkommunist in Erscheinung trat.

In den Achtzigerjahren veränderte sich die Struktur der Gemeinschaft. Muehl entwickelte Züge von Größenwahn, bezog ein riesiges Atelier. Jeden Tag wurden große Mengen Farbe angerührt. In Flandern wurden die besten Leinwände bestellt, in Schottland feinste Pinsel. Schreiber dokumentierten die Worte des Meisters. In dieser Zeit stieg Muehl von Marihuana auf Kokain um, der schmunzelnde Guru mutierte zum selbstherrlichen Máximo Líder, was seinen Realitätsverlust beschleunigte. Damals begann der sexuelle Missbrauch von Kindern. Muehl nutzte seine Macht, um das Vertrauen heranwachsender Mädchen zu gewinnen. In der Logik der Kommune galt es als besondere Anerkennung, die Gunst des großen Malers zu gewinnen.

Durch Sprünge in der Konversation wusste mich Muehl immer wieder zu verblüffen: „Für wen arbeiten eigentlich Sie? Wollen das österreichische Volk ein bisschen aufklären, was, berichten, dass Sie mit dem Ungeheuer Muehl gesprochen haben." Im nächsten Augenblick dann mit Kreidestimme: „Bleib doch da, was machst denn schon in Wien. Hier isses warm, und ficken kannst auch." Das klang so verführerisch wie das Essen, das am Abend auf den Tisch

„ Bleib doch da, was machst denn schon in Wien? Hier isses warm, und ficken kannst auch "

OTTO MUEHL

Otto Muehl in seinem Atelier in Portugal, 2004

kam: gekochte Kartoffeln, rote Rüben und Faschiertes, alles ungewürzt.

Nach dem Abendessen wartete die Kommune im Gemeinschaftsraum, die tägliche Selbstdarstellung. W. blies das Saxofon. Er spielte mit vier Gleichaltrigen in der Baby Jazz Band. Sie übten täglich mehrere Stunden, nahmen Unterricht bei einem Jazzmusiker in Faro und spielten Ottos Lieblingskomponisten Duke Ellington und Erroll Garner. Jazz habe er schon unter dem Hitler gehört, als diese Musikform verboten war, sagt Muehl. „Seit sie Musik machen, gibt es keinen Blödsinn mehr – weder Schachspiel noch Raufhändel."

W. feierte an diesem Tag seinen fünfzehnten Geburtstag. L., die Tochter von Otto und Claudia, hatte ihm ein Bild gemalt. Der Reihe nach tanzte Ottos letztes Aufgebot in die Mitte des Raumes. Eine Frau rief unter wilden Ausdruckstanzverrenkungen: „Ich kann heute nicht si-hingen, aber ich kann SCHREI-HEN. IIIIAAAAUUUOO!" Ottos Sohn A., der Gitarrist, trat in die Mitte und bekannte, dass er zu ehrgeizig sei und dass er versuchen werde, positiv zu denken. „Was heißt denn des, positiv denken? So a Bledsinn!", grummelte Otto. Claudia filmte die Szene, ein anderer fotografierte. Und plötzlich war er zu spüren, der Geist des Friedrichshofs, der abendlichen Selbstdarstellungen im Schüttkasten, als die Kommunarden den Mord an der bürgerlichen Gesellschaft spielten.

DIE KINDER VOM FRIEDRICHSHOF

Zurück in die Gegenwart. Otto Muehl starb 2013, doch damit war die Geschichte seiner Kommune nicht zu Ende. Die Kritik an der Kommune kommt nicht mehr nur von außen. Die inzwischen erwachsenen Söhne und Töchter klagen ihre Eltern an, sie im Stich gelassen zu haben. Paul-Julien Robert, der 1979 in der Kommune geboren wurde, rechnete in dem Film „Meine keine Familie" mit seiner Mutter ab. Er erinnert an sadistische Rituale, in denen Muehl kleine Kinder dem Gelächter der Menge aussetzte. Auch Terese Schulmeister musste auf die Vorwürfe reagieren.

„Es gab in den vergangenen Jahren ein beispielloses Bashing", sagt Schulmeister. Sie wirft den Medien vor, zu einseitig und sensationslüstern berichtet zu haben. Gerade auf das Aufwachsen der Kinder sei großer Wert gelegt worden, galten sie doch als Zukunft der Kommune. Seit 1980 gab es auf dem Friedrichshof eine Privatschule, die von den Schulbehörden anerkannt wurde. Die Lehrer verfassten eigene Bücher und versuchten, die Inhalte möglichst spielerisch und kreativ zu vermitteln. Es seien aber auch große Fehler passiert, räumt Schulmeister ein. Die Kinder wurden ständig in Spielgruppen betreut und hatten daher zu wenig eigene Freizeit und familiäre Nestwärme. „Am schlimmsten waren die Bloßstellungen und der sexuelle Missbrauch an den jungen Mädchen."

Sie habe viele Jahre gebraucht, um ihre damalige Blindheit aufzuarbeiten, auch mithilfe des Films „Ungehorsam" (2016). „Ungehorsam" erzählt die Geschichte eines Mädchens aus katholischem Hause und die Erfahrungen, die sie in der Kommune machte.

Der Name Otto Muehl löst Abwehr aus. 2019 eröffnete die Sammlung Friedrichshof eine Ausstellung über das Werk des Aktionisten. In der Kommune wurden hundert Kinder geboren, einige von ihnen organisierten sich in der Gruppe Mathilda, um zu protestieren. Bei der Finissage projizierte die Gruppe Mathilda, in Absprache mit der Genossenschaft, kritische Botschaften auf die Kunstwerke. Zu viel schöne Kunst und zu wenig hässliches Leben, befand die zweite Generation. „Die Geschichte der Kommune ist eine Geschichte der Gewalt und Tyrannei", sagt Paul-Julien Robert, ein Mitglied der Gruppe. „Es war ein Tribunal", erinnert sich Hubert Klocker, Leiter der Sammlung Friedrichshof. „Sie sagten, dass wir eine Ausstellung über einen Verbrecher am Tatort machen."

Klocker ist einer der wichtigen Forscher und Kuratoren des Wiener Aktionismus. Muehl bildete mit Hermann Nitsch, Rudolf Schwarzkogler und Günter Brus eine Künstlergruppe, die sich Anfang der Sechzigerjahre von der Malerei löste und der Performance zuwandte, deren Kennzeichen ein destruktiver Körper- und Materialeinsatz war. Ab 1965 wurde die Stoßrichtung zunehmend anarchistischer. Am 7. Juni 1968 kam es an der Universität Wien im Rahmen des Happenings „Kunst und Revolution" zu einem Skandal. Die Zeitungen berichteten darüber, dass Künstler geschissen (Brus) und gepinkelt (Muehl) hätten und dabei die Nationalhymne gesungen wurde. Einige der Beteiligten, öffentlich als „Uniferkel" diffamiert, wurden zu Gefängnisstrafen verurteilt. Muehl selbst saß zwei Monate in Untersuchungshaft.

MUEHLS ERBE

Muehls frühe Gerümpelskulpturen und Materialbilder – die meisten wurden übrigens vom Gesundheitsdienst der Stadt Wien (MA 15) auf den Müll geworfen – gelten als kräftige Reaktion auf die modischen Formeln abstrakt-expressiver Kunst. Die Fotos und Filme seiner Gruppenaktionen mit Tierblut, nackten Körpern und Lebensmitteln hängen heute in den großen internationalen Sammlungen und Museen. Mit seiner Siebdruckserie von bekannten Köpfen wie Ho Chi Minh, dem Gewerkschaftspräsidenten Anton Benya oder Prinz Charles geht Muehl als Agit-Pop-Künstler durch.

Als die Kommune 1990 aufgelöst und eine Genossenschaft gegründet wurde, gehörte die Sammlung zu den großen Vermögenswerten. In den frühen Achtzigerjahren hatte das Kommunemitglied Theo Altenberg die Idee, ein Archiv und eine Kollektion mit Aktionskunst der Sechzigerjahre aufzubauen. Obwohl der Wiener Aktionismus bereits einen hohen kunsthistorischen Stellenwert besaß, befanden sich die Preise im Keller. So konnte Altenberg mit dem Geld der Kommune die wichtigste private Aktionismus-Sammlung zusammentragen. Schließlich kam auch noch das Werk von Otto Muehl dazu, das in der Kommunezeit entstanden war und die Werke von Künstlern, die den Friedrichshof besuchten und bei den Filmen mitwirkten, darunter A. R. Penck, Nam June Paik und Dieter Roth.

Die von Adolf Krischanitz entworfene Kunsthalle auf dem Friedrichshof

In der Gemeinschaft galt das Prinzip des Gemeinschaftseigentums, sodass auch Muehls Bilder allen gehörten. Hunderte Kommunarden wollten ein neues Leben beginnen und verlangten eine Ablöse für das eingebrachte Vermögen. Die wirtschaftliche Basis des Friedrichshofs als Zentrum der Kommune brach weg und neue Bewohner mussten erst gefunden werden. Obwohl Muehl den Kunstmarkt ablehnte und auch nie ein Bild für eine Galerie malte, eröffnete sein Pinsel nun eine Geldquelle. Durch Verkäufe aus der Sammlung konnte die Genossenschaft vor dem Bankrott gerettet werden. Klocker begann zu sondieren.

Der Sammler Karlheinz Essl war Anfang der Neunzigerjahre interessiert und wollte in Bausch und Bogen kaufen, aber sein Museum in Klosterneuburg erschien Klocker nicht prominent genug. Rudolf Leopold, Gründer des gleichnamigen Museums, konnte mit der Fotografie und dem Film, wichtigen Medien des Aktionismus, nichts anfangen. Bei einem Besuch im Depot entdeckte er jedoch einige Bilder, die an der Wand lehnten. Er fragte Klocker, wer deren Urheber sei, und als er erfuhr, dass es sich um Otto Muehl handelt, reagierte Leopold begeistert. So kam es, dass der große Schiele-Sammler die nachaktionistische Malerei Muehls kaufte und 2010 eine Ausstellung im Leopold Museum zusammenstellte.

Mit den österreichischen Bundesmuseen hatte Klocker weniger Glück. Nur der ehemalige Direktor des Museums moderner Kunst Wien (Mumok), Edelbert Köb, wusste die Substanz einzuschätzen. Jahrzehntelang hatten es die Bundesmuseen verabsäumt, Österreichs Beitrag zur Nachkriegsavantgarde zu erwerben. 2003 kaufte das Mumok um eine Million Euro Teile der Sammlung Friedrichshof. Neben wichtigen Bildern, Fotos und Filmen des Wiener Aktionismus gehören dazu auch Archivalien, Flugzettel, Zeitschriften und Briefe. Der andere Teil blieb auf dem Friedrichshof und wurde zum musealen Kern des Ausstellungsprogramms, das Klocker auf dem Friedrichshof und in der Wiener Dependance entwickelte.

Als sich die finanzielle Situation der Genossenschaft um 2010 konsolidiert hatte, konnte die Sammlung Friedrichshof einen zweiten Schritt tun und den Bau eines Ausstellungsgebäudes vorantreiben. Der Wiener Architekt Adolf Krischanitz hatte in den Neunzigerjahren einen Bebauungsplan für die Errichtung von Einfamilienhäusern erstellt und verwandelte ehemalige Werkstätten in moderne Ausstellungshallen. Hier zeigte Klocker wichtige Künstler wie Paul McCarthy, Alan Kaprow und Carolee Schneemann im Dialog mit den Aktionisten.

GESAMMELTE WERKE

Zwischen dem Friedrichshof und den Erben Otto Muehls herrscht inzwischen Frieden. Am Anfang wurde noch darüber gestritten, was wem gehört. Auch Klocker bemühte sich darum, dass Werke aus der Kommunezeit wieder an den Künstler zurückgingen. „Muehl hat eine Art Selbstenteignung betrieben", sagt Klocker. 2019 gründete er den Estate Otto Muehl, um das Gesamtwerk Muehls zu vereinen. „Muehl ist einer der wichtigsten Künstler des Landes und es ist eine Schande, wie man mit ihm umgeht", sagt Klocker.

Muehls Rang ist in der Kunstwelt nicht unumstritten. Sein aktionistisches Werk steht außer Zweifel, Muehl war politischer und sexuell expliziter als seine Kollegen. Wichtige Sammler wie François

Pinault kauften auch Bilder aus den Achtzigerjahren, aber auf dem in der Kommunezeit entstandenen Werk liegt ein Schatten. Hier lebte der Antikünstler seinen künstlerischen Größenwahn aus. In rascher Folge wechselte er Stile und Sujets. Es entstanden expressive Bilder mit dick aufgetragenen Farbwülsten und satirische Paraphrasen auf Werke von Vincent van Gogh oder Picasso, Künstler, die von der bürgerlichen Gesellschaft überhöht wurden. Ein brachialer Lebensreformer gestaltete da seine eigene Propaganda, monologisierte im Rausch seiner Allmacht und produzierte über jeden Zweifel Erhabenes. Die Political Correctness mit ihren moralischen Verboten verhindere eine unbefangene Bewertung dieser Phase, argumentiert Klocker.

Buchtipp:
Robert Fleck: Die Mühl-Kommune. Freie Sexualität und Aktionismus. Geschichte eines Experiments. Verlag der Buchhandlung König, 2003

Otto Muehl wird das Image eines Finsterlings der Sechzigerjahre nicht mehr loswerden. Er hat sich das Vertrauen von Kindern erschlichen, um sie sexuell zu missbrauchen. Dennoch kann die Bedeutung der von ihm gegründeten Kommune nicht überschätzt werden. Hier kamen die Sehnsüchte und Ängste der Nachkriegsgeneration zusammen. Aus Protest gegen die Nazieltern gegründet, spiegelte der Friedrichshof am Ende selbst einen obrigkeitshörigen Zeitgeist. Der ehemalige Soldat errichtete unter dem Signum der Freiheit ein repressives Bataillon der Avantgarde.

Als typisches Start-up der Gesellschaftskritik steht die Muehl-Kommune in der Tradition des Monte Verità und des linksfaschistischen Stadtstaates D'Annunzios in Fiume. Antikapitalismus verband sich mit Marketing, der Hass auf das Establishment mit medienkompatiblem Selbstausdruck. Die Archivare der Utopie freuen sich über Besuch.

ANFAHRT

Nur sechzig Kilometer südöstlich von Wien bzw. fünfundzwanzig Kilometer von Bratislava entfernt, liegt der Friedrichshof im nördlichen Burgenland, am Rande von Zurndorf im Bezirk Neusiedl am See. Info: www.friedrichshof.at/anfahrt/

ÖFFENTLICHE VERKEHRSMITTEL

Die Bahnhöfe Parndorf Ort (beste Verbindung), Gattendorf und Zurndorf sind jeweils vier bis sechs Kilometer vom Friedrichshof entfernt, bitte buchen Sie sich vorher eine Taxiabholung. Taxi Wendi +43/676/37 44 571.
Taxi Blue Moon +43/699/10 660 500

ÜBERNACHTEN

Das **Hotel Friedrichshof** ist ein kleines, komfortables Seminarhotel mit einem ambitionierten Restaurant. Info: www.hotel-friedrichshof.com

LITERATUR

Robert Fleck schrieb mit *Die Mühl-Kommune* (Verlag der Buchhandlung Walther König, Köln 2003) die bisher beste Einordnung dieses Phänomens. Auch aufgrund der Abbildungen empfehlenswert ist *Theo Altenberg: Das Paradies Experiment: The Paradise Experiment* (Triton, Wien 2001). Altenberg war maßgeblich am Aufbau der Sammlung Friedrichshof beteiligt. (Beide Bücher sind leider vergriffen.) *Otmar Bauer*, einer der Ur-Kommunarden, verfasste eine lesenswerte Abrechnung mit Muehl: *1968: autographische notizen, wiener aktionismus, studentenrevolte, underground, kommune friedrichshof, mühl ottos sekte* (Edition Roesner, Krems an der Donau 2004). *Paul-Julien Roberts* autobiografischer Dokumentarfilm *Meine keine Familie* (2012) wird von Amazon gestreamt. *Terese Schulmeister* hat eine Website, auf der ihr autobiografischer Film *Ungehorsam* bestellt werden kann. Antiquarisch erhältlich ist *Otto Muehls* aufschlussreiche Autobiografie *Weg aus dem Sumpf* (AA Verlag, Nürnberg 1977).

Das Restaurant am Friedrichshof

13 RIJEKA UND GARDONE DEL GARDA

13
RIJEKA UND GARDONE DEL GARDA

DER SEHER VON FIUME

Von der Kommune am Mittelmeer zum Mausoleum seiner selbst am Gardasee: Eine Reise zu den Experimenten des Schriftstellers und Eroberers Gabriele D'Annunzio

Diese Reise führt nach Rijeka, wo kurz nach dem Ersten Weltkrieg eine Art Kommune entstand, in der eine neue Gesellschaft erprobt wurde. Angeführt wurde das Experiment von dem Dichter Gabriele D'Annunzio, der sich im Krieg auch als fanatischer Soldat einen Namen machte. Die Route führt von Kroatien auch an den Gardasee, wo D'Annunzio seinen Lebensabend verbrachte und seine Villa zu einem Gesamtkunstwerk ausbaute. Die Geschichte beginnt im Himmel über Wien.

Am 10. August 1918 zitierte eine Wiener Tageszeitung einen Maler, der den kuriosesten Angriff des Ersten Weltkriegs von seinem Dachatelier aus verfolgt hatte – den Flug Gabriele D'Annunzios nach Wien. Der Augenzeuge holte ein Opernglas hervor, um die Flugzeuge zu beobachten. „Plötzlich sah ich ziemlich deutlich, wie das führende Flugzeug Papierchen auswarf, die im heftigen Wind abwärts taumelten."

HÖHENFLÜGE EINES AUFSCHNEIDERS

Der damals fünfundfünfzigjährige Schriftsteller Gabriele D'Annunzio (1863–1938) war am Morgen des vorangegangenen Tages mit einem aus elf Flugzeugen bestehenden Geschwader in der Nähe von Padua gestartet. Drei Flugzeuge fielen bei dem fünfhundert Kilometer weiten Flug aus, eines musste in der Nähe von Wiener Neustadt notlanden. Um 9.10 Uhr holte D'Annunzio in einer Höhe von dreitausend Metern sein Notizbuch hervor und vermerkte, dass

Der Seher von Fiume

Gabriele D'Annunzio mit Fantasieuniform im Regierungspalais von Rijeka

die Sonne über dem Wienerwald aufgestiegen sei, zehn Minuten später erreichten die sieben Flugzeuge die Wiener Innenstadt. Über dem Graben und dem Stephansdom kippten die Piloten die Körbe und ließen die Propagandazettel rieseln.

„Wiener! Lernt die Italiener kennen!", stand auf einem der grün-weiß-roten „Flugzettel". „Wenn wir wollten, wir könnten ganze Tonnen von Bomben auf Eure Stadt hinabwerfen, aber wir senden Euch nur einen Gruß der Trikolore, der Trikolore der Freiheit."

Obwohl die Militärbehörden vor der Möglichkeit von Bombenangriffen aus der Luft gewarnt hatten, reagierten die Wiener mit einer Mischung aus Neugier und Staunen. Sie eilten auf die Dächer, um das Spektakel zu beobachten. Auf der Straße liefen die Menschen zusammen, um nach den vom Himmel fallenden Zetteln zu schnappen. Einer der Piloten fotografierte die Aktion. Das Bild zeigt die Peterskirche, die Tuchlauben, den Hohen Markt.

Einige Kommentatoren äußerten ihre Bewunderung für das Husarenstück: „Dass es feindlichen Fliegern gelingen konnte, Wien zu erreichen, ist jedenfalls eine hervorragende Leistung, der die Anerkennung nicht versagt werden kann", schrieb die *Arbeiter-Zeitung*.

Nun stehe ich vor dem Flugzeug, in dem D'Annunzio vor über hundert Jahren nach Wien geflogen war. Es ist eines der Prunkstücke des Museums Il Vittoriale degli Italiani in Gardone Riviera am südwestlichen Ufer des Gardasees. Hier verbrachte der Dichtersoldat die letzten beiden Jahrzehnte seines Lebens, umgeben von Antiquitäten, Büchern und persönlichen Erinnerungen. In Italien gilt der Vittoriale noch immer als nationaler Wallfahrtsort. Obwohl D'Annunzios Texte kaum mehr gelesen werden, verbindet man mit ihm militärisches und sexuelles Heldentum.

Ich war bereits mehrmals in der Villa und allmählich bin ich in der Lage, dieses Chaos von Literatur und Politik, Selbstinszenierung und nationaler Geschichte zumindest ansatzweise zu interpretieren. Familien kichern vor der Vitrine, in denen D'Annunzios Nachthemd ausgestellt ist. Auf Schwanzhöhe klafft ein rundes Loch, das sexuelle Bereitschaft signalisiert. Eine Kollektion von Flakons, ebenfalls vom Dichter entworfen, trägt die Namen seiner Romane: „Il piacere" oder „Notturno". Ein Rätsel wird diese Villa Größenwahn wohl immer bleiben. Wer den Ort begreifen will, muss in die Zeit davor eintauchen, als D'Annunzio noch kein Pensionist der Avantgarde war, sondern deren Speerspitze.

FASCHISTISCHES HAPPENING

Die Villa Il Vittoriale ist nämlich auch ein Museum für ein gigantisches Happening, das von September 1919 bis Dezember 1920 in Fiume, das heute nur noch Rijeka heißt, stattfand. D'Annunzio besetzte mit einer Gruppe Gleichgesinnter die istrische Küstenstadt, die seit dem 19. Jahrhundert mehrheitlich italienisch war. Warum gerade Rijeka? Nach der Einigung Italiens entstand eine nationalistische Bewegung, die sich für die Eroberung jener Gebiete einsetzte, in der mehrheitlich Italiener wohnten und die noch zu Österreich-Ungarn gehörten: der sogenannte Irridentismus (von terra irridenta, unerlöstes Gebiet). Dazu zählten neben dem Trentino und Istrien auch Dalmatien.

Politik mit dem Körper: Die **Arditi** als gewaltbereite Nahkämpfer

Als nach dem Ersten Weltkrieg die Grenzen neu gezogen wurden, schlugen die Siegermächte Rijeka dem neuen Königreich Jugoslawien zu. Für die italienischen Nationalisten wurde Fiume während der Friedensverhandlungen in Paris zum Leitmotiv ihrer Opferrhetorik. Obwohl Italien zu den Siegermächten gehörte, erlebten viele Frontsoldaten das Kriegsende als Niederlage. D'Annunzio beklagte einen „verstümmelten Sieg" und versprach die „Erlösung" von Fiume als Heilmittel gegen die verletzte Seele.

Nach dem Risorgimento, der italienischen Einigungsbewegung des 19. Jahrhunderts, und vor

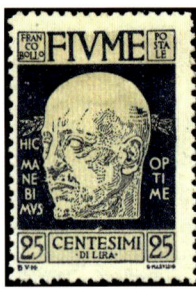

Zur Corporate Identity der Kommune gehörte auch diese von **Guido Marussig** gestaltete Briefmarke

Mussolinis Marsch auf Rom im Jahr 1922 inszenierte D'Annunzio 1919 in Fiume (Rijeka) die Wiederauferstehung einer Nation aus dem Geist der Revolte. Bereits vor Beginn der Aktion hatte der Dichter Fiume die „Stadt des Holocaust" getauft. Fiume sei „ganz Schmerz und Raserei, ganz Reinigung und Aufzehrung: ein Holocaust, der schönste Holocaust, der sich seit Jahrhunderten auf einem unerschütterlichen Altar dargeboten hat". Der Autor bezieht sich auf den – damals noch religiösen – altgriechischen Begriff des Brandopfers und schließt ihn mit heroischer Opferbereitschaft kurz. Er macht die Flamme zum Markenzeichen einer überhitzten Bewegung, die von Rausch und totaler Gegenwart lebte – eines spirituellen Großexperiments.

Der leidenschaftliche Redner übte die Verschmelzung mit der Masse, der Takt der gebellten Sätze sog den meist unverständlichen Inhalt auf. „Der Rhythmus hat immer recht", lautete eine seiner kryptischen Formulierungen. Wie in den Performances der Sixties stieg das Publikum vom passiven Betrachter zum Akteur auf. Zuhörer trugen auf dem Rücken Buchstaben, die in der Reihe Slogans ergaben. Der Schlüsselbegriff der Rebellion lautete: „Disobbedisco!" (Ich gehorche nicht!).

Die Arditi („Waghalsigen") waren im Ersten Weltkrieg Spezialeinheiten, die an der Dolomitenfront für ihre brutalen, selbstmörderischen Einsätze gefürchtet waren. Einige von ihnen folgten D'Annunzio, posierten mit dem Dolch im Mund und trugen Totenköpfe auf dem T-Shirt. Ihr Wahlspruch „Me ne frego" (Ist mir scheißegal) drückte den kalten, antimoralischen Kampfgeist der Truppe aus. Der Futurist Filippo Tommaso Marinetti reiste an, um das Experiment zu beobachten. Er äußerte sich süffisant über die hohlen Phrasen des Kommandanten. Sentimental und geschichtsvernarrt stecke D'Annunzio tief in der Kultur des 19. Jahrhunderts, lästerte Marinetti. Mit dem Kult des Krieges und der Verhöhnung von Kirche und Familie schuf D'Annunzio gleichwohl ein futuristisches Kunstwerk. Als Kampfpilot verkörperte er das von Marinetti proklamierte Ideal des Poeten, der mit der Maschine verschmilzt. Die Regeln der Rhetorik brechend, befreite er die Sprache von der Schwerkraft der Tradition.

EIA! EIA! EIA!

Es gehörten mehrere Mitstreiter Marinettis, etwa der Schriftsteller Mario Carli (1888–1935) zum inneren Kreis der Fiume-Kommune. In Marinettis halbherziger Distanzierung schwingt auch etwas Neid mit, der etwas ältere Dichterstar D'Annunzio war die unumstrittene Nummer eins und publizierte nicht in obskuren Kunstzeitschriften, sondern im wichtigen *Corriere della Sera*. Die von Marinetti geforderte Kommunikation mit den Massen gelang seinem Kollegen scheinbar mühelos. Hier verwirklichte sich eine Politik des Triebdurchbruchs, die Marinettis Truppe so pathetisch forderte.

Die Berliner Dadaisten schickten begeisterte Grüße. D'Annunzio ließ sich von mehreren Kameras filmen und machte einen an ein Lautgedicht erinnernden Schlachtruf zur Signation: „Eia! Eia! Eia! Alalà!" Mit minimalen Mitteln einen maximalen Effekt erzeugen und reale Machtlosigkeit durch Lautstärke ausgleichen: Kaum jemand beherrschte die Werbetechnik des Tabubruchs so gut wie D'Annunzio.

Die Historikerin Tea Perinčić gibt dem kroatischen Fernsehen gerade ein Interview, als ich zum Geschichtsmuseum von Rijeka komme. Sie steht vor dem im historistischen Stil des späten 19. Jahrhunderts gestalteten, von einem Park umgebenen Gebäude. Es ist einer der wenigen ebenen Stellen der in die Steilküste hineingebauten Stadt. Der ungarische Ministerpräsident Viktor Orbán hatte kurz vorher Rijeka als ungarische Stadt bezeichnet, eine nationalistische Anrufung jener Zeit, als die Hafenstadt zum k. u. k. Imperium, genauer zum ungarischen König-

Links unten: Das Bombardement im Dezember 1920

Links: Feier vor dem Regierungssitz anlässlich von D'Annunzios Namenstag

Links ganz oben und links oben: Gabriele D'Annunzio bei militärischen Ritualen in Rijeka

Oben: Ein Ardito bei einer gymnastischen Übung

reich, gehörte. Nach dem ungarisch-österreichischen Ausgleich 1867 kam Fiume zu Ungarn, das die Stadt zu dem wichtigen Importhafen ausbaute. Die Ungarn modernisierten die Infrastruktur und schlossen die Stadt an das Eisenbahnnetz an. Bis zum Ersten Weltkrieg hatte sich die Einwohnerzahl auf 50.000 verdoppelt.

Perinčićs Forschungsgebiet ist eigentlich das Verhältnis der Republik Venedig zum Osmanischen Reich, doch als Museumskuratorin muss sie nun auch zu aktuellen Ereignissen Stellung nehmen.

Perinčić eröffnete im vergangenen September eine Ausstellung über D'Annunzio in Rijeka. Der Ort ist ideal, denn das Museum ist in jenem Palast untergebracht, in dem der Comandante residierte. Bis zum Ersten Weltkrieg wohnte hier der ungarische Gouverneur, dann kam der verrückte Italiener. Wir stehen im ersten Stock, der Beletage, wo einige Objekte an diese Episode erinnern. Eine Skulptur zeigt eine junge Frau, die einen Adler mit zwei Köpfen besiegt. Dieses Symbol der Doppelmonarchie prangte auch auf einem Uhrturm der Stadt. Ein Legionär entfernte einen Kopf, sodass aus dem Wappentier der Österreicher ein italienischer Vogel wurde.

Die Kuratorin wirft einen feministischen Blick auf die Geschichte. In der Rhetorik D'Annunzios stellte die Stadt eine unschuldige gefangene Frau dar, die von den italienischen Helden „erlöst" werden sollte. Doch das Bild verändert sich, wenn man sich mit den realen Frauen beschäftigt. So gab es bereits vor der Charta von Rijeka, der von D'Annunzio in Auftrag gegebenen Verfassung, juristische Freiheiten, etwa ein liberales Scheidungs- und Wahlrecht. In der Kommune selbst gab es einige radikale Feministinnen, etwa Margherita Keller Besozzi, die unter dem Pseudonym Fiametta die freie Sexualität propagierte. Eine eigene Werbeabteilung dokumentierte die Besuche prominenter Gäste, etwa von Isadora Duncan, der Pionierin des modernen Tanzes. Perinčić schätzt die Zahl der Unterstützerinnen auf dreihundert,

D'Annunzio verlieh den Aktivistinnen den Orden Stella di Fiume. Das Tagebuch einer jungen Frau zeigt die andere Seite der Besetzung, das Schicksal der slawischen Einwohner. Sie beschrieb in ihren Notizen die Verwüstung des Schuhgeschäfts der Eltern, der Feind wohnte manchmal im Nachbarhaus.

Wir befinden uns inzwischen im weißen Salon. Hier empfing D'Annunzio Gäste und hier geht es auf den Balkon hinaus, auf dem er seine Reden hielt und von dem aus er aufs Meer hinunterblicken konnte. Mussolini wird seinem Beispiel folgen und die Balkone von Palästen als historisch bedeutsame Rednertribünen nützen. Als die italienische Armee 1920 den Spuk beendete, schlug eine Granate in den weißen Salon ein und riss ein Loch in die Fassade. Die Schäden sind längst beseitigt.

In der jugoslawischen Zeit sei das Kapitel tabu gewesen, erinnert sich Perinčić. Der Name D'Annunzio verschwand im Dunkel der Geschichte. Eine jüngere Generation von Autoren begann sich für das Ereignis zu interessieren, distanziert, mit einem Faible für ausgefallene Geschichten. Vor zehn Jahren noch hätte niemand gedacht, dass das Thema D'Annunzio die Gefühle der Bevölkerung aufwühlen könnte. Doch dann kam der 12. September 2019.

Eine Karikatur von 1919 zeigt Rijeka als eine von ausländischen Mächten misshandelte Frau

VERLETZTE GRENZEN

Am Jahrestag der Besetzung Fiumes durch D'Annunzio und seine Freischärler wollte Perinčić die Ausstellung „D'Annunzios Opfergang" eröffnen. Am Abend versammelte sich eine Gruppe italienischer Nationalisten, die im Privatjet angereist war, vor dem Palast und enthüllte eine riesige Tricolore mit dem Symbol der Monarchie. Die rechte Regierung in Rom wollte damals die Geschichte umschreiben und holte faschistische Helden aus der Versenkung. Lega-Minister Matteo Salvini fuhr nach Triest, um ein Denkmal für D'Annunzio einzuweihen. Da

Mit **Eleonora Duse** feierte D'Annunzio auf den europäischen Bühnen Erfolge

wurde den Bewohnern Rijekas bewusst, dass sie auf einem historischen Minenfeld sitzen. „Plötzlich löst der Name negative Gefühle aus", sagt Perinčić. Doch immerhin hatte die Aktion der ungebetenen Ausstellungsgäste einen positiven Nebeneffekt. Zuerst kam die Polizei, dann die Medien und schließlich auch die Kulturministerin, die sich die Sensation nicht entgehen lassen wollte.

Im Stadtbild hat die Kommune keine Spuren hinterlassen. Die vielen modernen Bauten italienischer Architekten entstanden später, als sich der faschistische Staat Rijeka einverleibte. Vor zehn Jahren, bei einer ersten Ausstellung über die italienische Regentschaft der Kvarner-Bucht, entdeckten die Forscher dann doch noch ein authentisches Zeugnis. Einer von D'Annunzios Soldaten hatte „ARDITI", die „Mutigen", so nannte sich die Strumtruppe, in die Marmortreppe des Palastes geritzt. Eine Infotafel verdeckt das Mal, sodass es den meisten Besuchern entgeht.

Bereits vor Fiume war D'Annunzio als bunter Hund der europäischen Literatur bekannt. Geboren in der mittelitalienischen Adriastadt Pescara als Sohn eines reichen Landbesitzers, machte sich D'Annunzio rasch als Lyriker, Romancier und Dramatiker einen Namen. 1883 heiratete er Maria Hardouin, mit der er drei Söhne hat. Aus einer weiteren Beziehung stammte eine Tochter. Hugo von Hofmannsthal widmete 1893 dem „originellsten Künstler, den Italien augenblicklich besitzt", einen enthusiastischen Essay. Im Jahr 1900 kam der Italiener mit seiner Geliebten, der Schauspielerin Eleonora Duse, nach Wien. Der Bühnenstar hatte im Burgtheater einen Auftritt in D'Annunzios Stück „La Gioconda".

Seine öffentlich zelebrierten Liebesaffären und skandalösen Romane, die von Inzest, Selbstmord und Liebesqualen handeln, machten ihn zum Protagonisten der Décadence, der Kunst des antibürgerlichen Weltschmerzes. In seiner Villa in Florenz umgab er sich mit einer Schar von Bediensteten; sein

Sekretär zählte sechsunddreißig Hunde und einunddreißig Pferde. Er pflegte den Nimbus des Grenzüberschreiters, der über dem Gesetz stand. Als der Poet 1909 nach einer Autofahrt wegen Geschwindigkeitsüberschreitung vor Gericht musste, verteidigte er sich. Er sei nicht D'Annunzio, wenn er nicht versucht hätte, die Geschwindigkeitsgrenze zu überschreiten.

In der Figur des Fliegers sah D'Annunzio einen nietzscheanischen Übermenschen, der sich, erregt von den „leuchtenden Stößen des Lebens", über die Niederungen der christlichen Moral erhob. In Schreiben an die italienische Heeresführung entwarf er Pläne zur Bombardierung deutscher Industrieanlagen. Was wenige Jahre später in den Giftgasangriffen italienischer Flieger auf Libyen und Äthiopien tödlicher Ernst werden sollte, hatte bei D'Annunzio noch etwas Abenteuerlich-Theatralisches. Bei einem Flug über Istrien führte er 1916 einen Korb mit vier Bomben mit sich, die er über den gegnerischen österreichischen Stellungen abwarf.

Seine Wandlung vom Weltschmerzexperten zum Soldaten geht auf das Jahr 1915 zurück, als der damals bereits zweiundfünfzigjährige Dichter in Brandreden den Eintritt Italiens in den Krieg aufseiten der Alliierten fordert. Als es schließlich dazu kommt, gewährt die Militärführung dem militanten Sonderling Narrenfreiheit. Er darf die Waffengattung wählen, wohnt im Hotel Royal-Daniel in Venedig, ein Chauffeur bringt ihn zu den Einsätzen. Der Experte für feine Stoffe und Parfums riecht nun das Motoröl von Flugzeugen und Kriegsschiffen. Im Februar 1918 nimmt er an einem Angriff auf einen Zerstörer der k. u. k. Flotte teil. Es passiert zwar nicht viel, aber der Ruhm wächst.

Das Torpedoboot wird später im Il Vittoriale ausgestellt werden. Bei einer Notlandung nach einem Fliegereinsatz schlägt D'Annunzio mit dem Gesicht auf die Armaturen, sodass er auf dem rechten Auge blind wird. Dann kommt der berühmte Flug nach Wien.

D'Annunzio gehörte zu einer Übergangsgeneration. Er war ein in seiner sprachlichen Freiheit brillanter, mitunter auch unerträglich kitschiger Stilist des Fin de Siècle und gleichzeitig ein Pionier des Kinos und des modernen Bühnenbilds – und ein Propagandist der Tat, dessen Verherrlichung von Krieg und Geschwindigkeit die Ästhetik des Faschismus vorwegnahm. Mit den Futuristen teilte er die Verachtung für das rückwärtsgewandte Habsburgerreich und die „senile Stadt" Wien, die aus der Luft von der überlegenen italienischen Rasse bezwungen werden sollte. Seine rassistische Rhetorik trug dazu bei, dass die slawischen Bewohner des Balkans im kollektiven Bewusstsein der Italiener als minderwertig galten.

Wie viele Intellektuelle und Künstler in ganz Europa begrüßte D'Annunzio den Krieg als Therapie jener verweichlichten Dekadenz, deren literarischer Vertreter nicht zuletzt er selbst war. Hofmannsthal konstatierte als Grundzug seiner Novellen „eine unheimliche Willenlosigkeit", die sich als Grundzug des in der gegenwärtigen Literatur gespiegelten Lebens herausstelle. Diesem Dämmerschlaf folgte wenige Jahre später der „atto puro", der reine Willensakt, der auf der Bühne als Lustmord und im wirklichen Leben als Fronteinsatz zum Ausdruck kam. D'Annunzio überredete Infanteristen zu selbstmörderischen Aktionen und schaute ungerührt zu, als vor aussichtslosen Einsätzen meuternde Frontkämpfer hingerichtet wurden.

DER WAHRE FASCHIST

Die Reggenza Italiana del Carnaro (Italienische Regentschaft der Kvarner-Bucht), wie D'Annunzio seinen Fantasiereich nannte, gilt als Probelauf für die faschistische Machtübernahme. Mussolini selbst stand dem Projekt skeptisch gegenüber, erkannte er doch die maßlose Selbstüberschätzung des Poeten. Auch umgekehrt wahrte D'Annunzio Distanz und trat nie in den 1921 gegründeten Partito Nazionale Facista ein.

Die Besetzung Fiumes endete nur deshalb mit keinem Blutbad, weil die römische Regierung das Abenteuer vorübergehend duldete. Eine Festnahme oder Tötung des Dichterkriegers hätte ihn zum Märtyrer gemacht und den ohnehin brüchigen sozialen Frieden im Land gefährdet. Das Rote Kreuz versorgte die Stadt mit Lebensmitteln, Gönner schickten Geldspenden.

Mit diesem Flieger flog D'Annunzio nach Wien. Er ist im Vittoriale ausgestellt

Das Unternehmen hatte die Züge einer Theateraufführung, heute würde man es vielleicht ein Dokudrama nennen, in dem Spiel und Realität ineinander übergehen. Als der Dirigent Arturo Toscanini mit seinem Orchester in die Stadt kam, wurde er mit einem Kriegsspiel empfangen. Soldaten schossen mit Gewehren, warfen Handgranaten und verletzten dabei einige Legionäre und Musiker. Tausende Sympathisanten reisten an, um an einer Tragikomödie teilzunehmen: eine Fantasiearmee scharte sich um einen narzisstisch übersteuerten Selbstdarsteller, der mit ein paar Lastfahrzeugen und hohem Fieber in die Schlacht gezogen war.

Die Subkulturforschung beschäftigt sich dennoch weiterhin mit Fiume. Hakim Bey (eigentlich: Peter Lamborn Wilson) nennt Fiume – neben dem Mai 1968 – das Beispiel einer „temporären autonomen Zone", in dem ein neues, intensives Leben erprobt wurde. D'Annunzio taufte Fiume auch „Stadt des Lebens", mit Sigmund Freud könnte man von einem Zentrum libidinöser Ströme sprechen, in dem das Über-Ich Urlaub hatte.

Auch wenn D'Annunzio dem Faschismus nahestand, folgte er in Fiume einem erstaunlich egalitären Zeitgeist. Nach Fiume pilgerten nicht nur Anhänger Mussolinis, sondern auch Anarchisten und Syndikalisten, Monarchisten und Kommunisten. Sie alle einte der Hass auf die Familie, die Kirche und das politische Establishment. An der Front hatten sie

Valentine de Saint-Point (1875–1953) verband Feminismus mit Futurismus

sich den Humanismus abgewöhnt, in der Fabrik den Glauben an Gerechtigkeit.

Eine eigene Verfassung, die Carta del Carnaro, sah das Wahlrecht auch für Frauen und Pressefreiheit vor. Die sozialistische Idee einer möglichen Enteignung von Privateigentum floss ein. Wer „die Souveränität aller Bürger, ohne Anbetracht ihres Geschlechts, ihrer Herkunft, Sprache, Klasse, Religion" forderte, verabschiedete die zeittypische Ideologie des Übermenschen. Obwohl er sich wie ein Duce inszenierte, sah sich D'Annunzio nicht als Diktator. Als leidenschaftlicher Beobachter nahm er sich die Freiheit, von der Bühne auch einmal in die Loge zu wechseln. Er wollte sich die Aufführung seines wichtigsten Stückes nicht entgehen lassen. Direkt von D'Annunzio selbst dürfte der Artikel LXIV der Charta von Fiume stammen, der die Musik zur „religiösen und sozialen Institution" erklärt.

Neben den Drogen ermöglichte die Musik den Ausstieg aus dem Alltag. Die Flieger hatten sich bei ihren Kampfeinsätzen angewöhnt, Kokain und Morphium zu nehmen, um die Müdigkeit und Angst zu überwinden. Bis zum Ende seines Lebens wird D'Annunzio abhängig vom „verrückten Pulver" sein. Nun wurde Koks zum Aufputschmittel für eine futuristische Rave-Nation, die vom Rhythmus der Blaskapellen und Militärchöre zusammengehalten wurde. Zeitzeugen beschreiben einen Ausnahmezustand, in dem pausenlos getanzt und gefickt wurde. Es gab eine Höhle, die mit Fellen von Eisbären ausgestopft war. „Zwischen dichtem Weihrauchnebel wurden dort Orgien veranstaltet, unterbrochen von satanisch anmutenden Trankopfern", erinnert sich der belgische Schriftsteller Léon Kochnitzky. „Fiume stellt für die Legionäre einen Garten Eden dar, ein Eldorado der Lüste", heißt es einem Bericht des italienischen Innenministeriums.

Auch in die Körperpolitik sickerten die Ideen des Futurismus ein. Ähnlich wie in der Muehl-Kommune fast hundert Jahre später wollte Marinetti die romantische Liebe abschaffen und durch „schnelle und teilnahmslose" Sexualkontakte ersetzen. Er verfasste einen an Nietzsche geschulten Liebesratgeber. „Wie man die Frauen verführt" (1909) übersetzt die Sprache der Liebe in technische und militärische Metaphern. Valentine de Saint-Point, die erste Frau der Gruppe, propagierte die totale erotische Freiheit. Die Futuristen priesen auch die Homosexualität als antibürgerlichen Tabubruch. Gemeinsam mit Bruno Corra verfasste Marinetti den Roman „L'isola die baci", der von einem imaginären Schwulenkongress auf der Insel Capri erzählt. In Fiume bot sich dann die Möglichkeit, die Konzepte einem Praxistest zu unterziehen. Léon Kochnitzky, selbsternannter Außenminister des Stadtstaates, und Guido Keller lebten ihre Homosexualität offen aus. D'Annunzio sah die Händchen haltenden Freischärler, in seinen Augen eine Rückkehr zu altrömischen Legionärskultur. Auf die Freizügigkeit der Truppe angesprochen, hielt er eine schräge Ansprache: „Ich lebe hier in einer franziskanischen Selbstkasteiung, und was macht ihr, ihr überschreitet jede Grenze."

D'Annunzio mit weiblichen Fans in Rijeka

Die zeitgenössischen Berichte über D'Annunzio hingegen zeichnen das Bild eines Erotomanen, der selbst keine Mäßigung kannte. Drei, vier Mal Sex täglich, oft mit mehreren Geliebten gleichzeitig: Ähnlich wie bei Otto Muehl wird der Rudelführer als Sexprotz gefeiert, und ähnlich wie bei dem Wiener Aktionisten verwischt die Geschichtsschreibung die Grenze zwischen Erotik und Missbrauch. „Er saugte Blut und Gefühle aus seinen Frauen, und wenn sie nicht genügend litten, quälte er sie psychisch und labte sich an ihren Erniedrigungen", schreibt der Literaturhistoriker Peter Demetz in seiner Studie über fliegende Literaten.

D'Annunzio war nicht der größte Freak. Der Militärpilot, Nudist und Verganer Guido Keller (1892–1929) zeigte sich auch in der Öffentlichkeit gern nackt oder im Pyjama. Er wohnte zeitweise auf einem Baum und hielt einen zahmen Adler Names Gui-

Der Seher von Fiume

do. In einem Brief an die italienischen Psychiatrien forderte er die Ärzte auf, die Insassen zu ihm kommen zu lassen. Die von Keller mitbegründete Gruppe Yoga empfahl die Arbeit an sich selbst als wichtigen Schritt zum Neuen Menschen. Der Name Yoga hat einen theosophischen Ursprung (Theosophie war eine esoterische Strömung) und übernahm die hinduistische Idee einer edlen Kaste. Auf dem Yoga-Manifest prangte das Hakenkreuz, als Sonnenrad aus östlichen Religionen bekannt.

VON DER KOMMUNE INS KLOSTER

Viele Ideen des Monte Verità – Nudismus, Vegetarismus, freie Liebe – flossen in die Kommune D'Annunzios ein, die mit ihren zehntausend Mitgliedern eine viel größere Dimension hatte als die Gruppe von Ascona. An der Abbruchkante zwischen alter, feudaler Welt und der neuen Massengesellschaft bildete Fiume ein Experimentierfeld, in dem die Richtung offen blieb: Diktatur oder Selbstbestimmung.

Ähnlich wie bei der Muehl-Kommune mobilisierte ein charismatischer Narzisst die Bewegungsenergien junger Menschen. Während Freud die Kunst als psychischen Ausgleich für den Triebverzicht betrachtet, stellten D'Annunzio und Muehl eine explosive Verbindung aus beidem in Aussicht. Die kurze Dauer des Ministaates verhinderte, dass Fiume jene autoritäre Wende nahm, die die Bewohner des Friedrichshofs erlebten. Es wirkt wie ein Wunder, dass der Zauberer von Fiume das Ende einigermaßen unbeschadet überstand.

Im November 1920 einigten sich Italien und Jugoslawien darauf, dass Fiume ein Freistaat werden sollte. Typisch Kokser mit Knall, erklärte D'Annunzio Italien den Krieg. Als die herbeigeeilten Truppen seinen Regierungssitz mit Granaten beschossen, begriff er endlich, es ist vorbei. Wieder hatte er Glück. Sein ehemaliger Verbündeter Mussolini, der 1922 an die

Macht kam, ermöglichte ihm ein sorgenfreies Leben. Der Staat finanzierte eine neunundvierzigbändige Werkausgabe und den Kauf und Ausbau des Vittoriale, vierhundert Kilometer weiter westlich von Fiume am Gardasee. Avanti!

Wer durch den Torbogen der Villa geht, sieht nicht, dass er den Alterssitz eines Verlierers betritt. Obwohl D'Annunzio zum ersten Mal in seinem Leben keine finanziellen Probleme hatte, glich der Rückzug einer Niederlage. Nach sieben Jahren der Aktion musste D'Annunzio wieder in den Kontemplationsmodus schalten. Das grandiose Selbst verließ die Front und wechselte ins Museum. „Mach aus dir eine Insel", lautete nun sein Slogan. Er sprach vom Vittoriale als Priorat und von sich selbst als Prior. Die Flamme der Gegenwart war erloschen.

Die italienische Marine schenkte D'Annunzio dieses im Park des Vittoriale ausgestellte Kriegsschiff aus dem Ersten Weltkrieg

Was wir im Vittoriale sehen, ist eine Bühne für einen Schatten. Die Villa Cargnacco, so der ursprüngliche Name, war ein einfaches Landhaus, das dem bekannten deutschen Kunsthistoriker Henry Thode gehörte. Im Ersten Weltkrieg konfisziert, war das Anwesen mitsamt Mobiliar, Bibliothek mit siebentausend Bänden und der Kunstsammlung versiegelt. Als die Witwe des 1920 verstorbenen Henry Thode das Vermögen nach dem Krieg zurückforderte, erlebte sie eine böse Überraschung. D'Annunzio hatte sich in den Ort verliebt und machte das, was er in Fiume gelernt hatte: Er brach die Siegel auf und besetzte das Haus. Als die verstörte Witwe anklopfte, hieß es: „Hier bleibe ich – für immer." Er hatte die Villa um ein paar Lira vom Staat gekauft.

Sofort begann D'Annunzio mit dem Umbau. „Ich werde den Gardasee italienisieren", kündigte er an. Die Barbaren sollten vertrieben werden. Der Architekt Giancarlo Maroni verwandelte den bescheidenen Landsitz in eine Residenz mit neobarocker Scheinarchitektur. Zahlreiche Torbögen und runde Ausbuchtungen erinnern an altrömischen Protz, auf dem Vorplatz brachten die ehemals italienischen Städte in Kroatien Grußbotschaften an, Zara (Zadar),

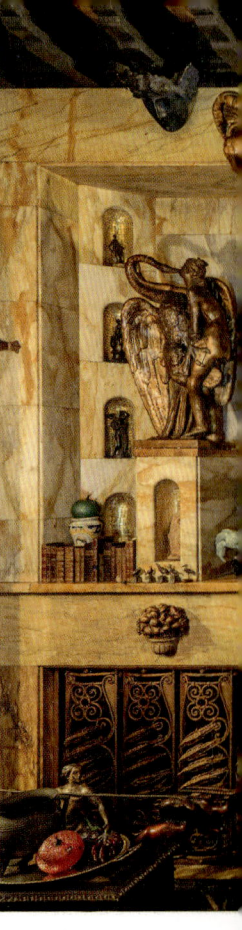

Oben: Das Leda-Zimmer

Links ganz oben: La Piazzetta Dalmata mit dem Priorat

Links Mitte: Das Schiff Puglia in nächtlicher Beleuchtung

Ganz links: Das blaue Badezimmer

Links: Die Säule am Eingang erinnert an die Piave-Schlacht 1918

Ragusa (Dubrovnik) und Fiume (Rijeka). Wo einmal schmale Feldwege durch Olivenhaine führten, entstand eine breite Autostraße. Am Eingangsportal prangt das Motto: „Ich habe, was ich gegeben habe." Hinter dem Haus und im Park gibt es Säulen und Gedenktafeln, die an Schlachtfelder im Ersten Weltkrieg erinnern, auf Säulen sitzen Granatenhülsen. Zu seinem sechzigsten Geburtstag bekam er von Mussolini die „Puglia" geschenkt, den vorderen Teil eines Kanonenboots, den er im Garten einmauern ließ. D'Annunzios sterbliche Überreste liegen in einem gigantischen Grabmal, einige Kämpfer von Fiume an seiner Seite. 250.000 Besucher kommen jährlich in den Vittoriale, einen professionellen Museumsbetrieb, der sich über Eintritte und Veranstaltungen finanziert.

Für das Hausinnere braucht man gute Nerven. Putzenscheiben filtern das Tageslicht, schwere Teppiche und dunkle Möbel verleihen den Räumen eine gruftartige Anmutung. D'Annunzio erweiterte die vorhandenen Sammlungen mit eigenen Souvenirs, Vasen und Requisiten. Ein unersättlicher Konsument raffte zusammen, was er in die Hände bekam. Man geht durch den Vorraum, in dem er seine Gäste oft stundenlang warten ließ, und sein Arbeitszimmer, in dem er nur mehr – oft verbitterte – Briefe schrieb. Nach der Übersiedlung an den Gardasee entstand kein einziger literarischer Text mehr. Man muss sich D'Annunzio im Vittoriale als von Verfolgungswahn geplagten Junkie vorstellen, der zwischen den Reliquien seines Lebens dahinvegetierte.

Als begnadeter Narzist sehnte er sich – so könnte eine freudianische Interpretation lauten – nach dem pränatalen Glück, als der Fötus in totalem Glück und grenzenloser Größe schwamm. Der Beinahe-Märtyrer betrachtete den Tod als mystisches Zeichen, ein Auserwählter zu sein. Bei der Gestaltung seines Bettes verschmolz D'Annunzio die beiden Ereignisse, Geburt und Tod. Er ließ es als Mischung aus Wiege und Bahre gestalten.

Bei der Führung werden auch die Frauen an seiner Seite erwähnt, die Pianistin Luisa Baccara etwa, die ihre Karriere für den „vate" (Seher) aufgab, wie D'Annunzio in Italien auch genannt wird. Der Rundgang führt in das Schlafzimmer von Aélis Mazoyer, die Haushälterin und Geliebte zugleich war. Ähnlich wie Muehl war D'Annunzio von „ersten Frauen" umgeben, die ihm weitere Sexualobjekte zuführten: Mädchen aus der Umgebung, adelige und großbürgerliche Fans und Prostituierte. Das Bunga-Bunga im Vittoriale ergibt ein trauriges Bild: ein zahnloser Kokser mit kaputter Nase, umgeben von Groupies. In den Biografien tauchen die mitunter anonymen Frauen in Nebensätzen auf; es heißt dann, sie seien nach der Begegnung mit dem Meister krank, wahnsinnig oder drogenabhängig geworden. Die Traumaforschung im Opferland D'Annunzios steht noch aus.

Revanchismus und Militarismus als Parkschmuck: Eine Granatenhülle im Vittoriale

„D'Annunzio war nie Faschist", stellt Giordano Bruno Guerri, Autor einer vielzitierten Biografie und Präsident der Vittoriale-Gesellschaft, die den Betrieb des Museums organisiert, fest. Auch wenn der Dichter stets auf Distanz zum Duce blieb, ist die geistige Verwandtschaft zwischen den beiden offensichtlich. Man könnte sogar sagen, dass D'Annunzio der eigentlich Faschist war, der Vertreter einer auf Todeskult und Rassismus gründenden Bewegung, die, anders als die Partei, keine Kompromisse mit der Kirche und dem Großkapital eingehen musste. Von einer kritischen Aufarbeitung der Rolle des „vate" ist der Vittoriale auch heute noch weit entfernt.

Erinnerungstafel an die Gefallenen von Rijeka im Park des Vittoriale

Ausländische Besucher, die von D'Annunzio noch nie gehört haben, lernen eine Gegenwelt kennen, die an das Fantasiereich eines Kindes erinnert. Die begleitenden Kommentare verschweigen das Wichtigste. Der Vittoriale steht für einen Mythisierung der Politik und die Verklärung eines Propheten, typischen Elementen faschistischer Ideologie. Auch wenn D'Annunzio kein Faschist mit Parteibuch war, der Vittoriale trägt die Handschrift des Faschismus.

Der Seher von Fiume

Die Verharmlosung der Mussolini-Zeit wirkt nach. Der Duce ist Tabu, D'Annunzio darf weiterhin gefeiert werden. Giordano Bruno Guerri nahm unlängst an einer Fernsehdiskussion über das Fortleben des Faschismus teil. Auf rechtsextreme Organisationen wie die CasaPound Italia – zu deren Helden D'Annunzio selbstredend gehört – angesprochen, nannte er sie harmlose Zeiterscheinungen. Wer heute nach Faschismus suche, behauptete Guerri, müsse doch wohl eher die Diktatur der EU nennen. Die Saat des Sehers geht auf.

REISEZIEL

Vittoriale degli Italiani. Gardone Riviera, Via Vittoriale 12. Infos und Kartenreservierung: www.vittoriale.it

ANREISE

Vom Zugbahnhof Desenzano fährt die Buslinie 27 nach Gardone Riviera. Vom Zentrum aus ist der Vittoriale in wenigen Gehminuten erreichbar.

EXTRATOUR

Nicht weit vom Vittoriale entfernt liegt der **Heller-Garten**, eine Anlage, die auf den Zahnarzt und Botaniker Arthur Hruska zurückgeht. Der Wiener Künstler André Heller gestaltete den Garten in den Achtzigerjahren um und verkaufte ihn 2014 an einen Wiener Unternehmer. Info: www.hellergarden.com

Skulptur im **Heller-Garten** in der Nähe des Vittoriale

UNTERKUNFT

Leute mit zu viel Kleingeld können in der **Villa Feltrinelli** absteigen, die sich im nahen Gargnano befindet. Die Feltrinellis sind eine berühmte Mailänder Familie, die heute einen der größten Verlage des Landes besitzt. Giangiacomo Feltrinelli (1926–1972) brachte einige Bestseller heraus, darunter Giuseppe Tomasi di Lampedusas „Il Gattopardo", und schloss sich dem linken Terrorismus an. Beim Versuch, einen Strommasten zu sprengen, starb Feltrinelli 1972. Seine Vorfahren stammten aus Gargnano am Gardasee, wo sie sich zwischen 1892 und 1899 eine monumentale Villa errichten ließen. Dieses Gebäude ging in die Geschichte ein, weil hier zwischen Oktober 1943 und April 1945 Benito

Mussolini lebte. Mussolini hatte sich nach seinem Sturz an den Gardasee zurückgezogen und gründete in den von den Nazis besetzten Gebieten Norditaliens mit deren Zustimmung die Repubblica Sociale Italiana, genannt auch die Republik von Saló. In seiner Umgebung versammelten sich faschistische Hardliner, die brutale Phase der Judenverfolgung und des Partisanenkriegs fallen in die Zeit der Repubblica di Saló. Nach Kriegsende verloren die Feltrinellis das Interesse an der einstigen Sommerresidenz und verkauften die Villa an einen Unternehmer. 1997 begann ein neues Kapitel. Der US-amerikanische Hotelier Bob H. Burns erwarb das Anwesen und machte daraus ein Luxushotel. Info: www.villafeltrinelli.com

Villa Feltrinelli
in Gargnano

LITERATUR

Eine gute Einführung zum Thema Gabriele D'Annunzio in Fiume bietet *Kersten Knipp: Die Kommune der Faschisten. Gabriele D'Annunzio, die Republik Fiume und die Extreme des 20. Jahrhunderts* (wbg Theiss in Wissenschaftliche Buchgesellschaft, Darmstadt 2018). In italienischer Sprache findet man dazu: *Claudia Salaris: Alla festa della rivoluzione. Artisti e libertari con D'Annunzio a Fiume* (Il mulino, Bologna 2019). Die Bedeutung des Dichters hat *Peter Demetz* gut zusammengefasst: *Die Flugschau von Brescia. Kafka, d'Annunzio und die Männer, die vom Himmel fielen* (Zsolnay Verlag, Wien 2002). Der Historiker *Giordano Bruno Guerri* publizierte zahlreiche Werke über D'Annunzio, allerdings aus einem revisionistischen Blickwinkel. Älteren Datums, aber mit kritischer Distanz geschrieben, bietet die von *Maria Gazzetti* verfasste Biografie *Gabriele d'Annunzio* (Rowohlt Taschenbuch Verlag, 2. Aufl., Berlin 1989) eine empfehlenswerte Einführung.

Fotonachweis

S. 11, S. 13, S. 33: Aus dem Buch „L'Avventura di Franco Marinotti"/Christian Marinotti Edizioni S. r.l., Milano
S. 14, S. 15, S. 17, S. 18/19, S. 21, S. 23, S. 24, S. 26/27 oben quer, S. 28, S. 30 (2), S. 62, S. 71 oben, S. 72 links oben, S. 95, S. 120 oben, S. 128 oben, S. 148, S. 178/179 rechts unten, S. 184 Mitte, S. 185 unten, S. 186, S. 187, S. 195, S. 197 rechts oben, S. 202, S. 203, S. 209, S. 211, S. 215 Farbfoto, S. 220, S. 241, S. 245, S. 246 oben links, S. 249: Matthias Dusini
S. 26/27 unten: Archivio storico comunale – Comune di Torviscosa
S. 31, S. 60, S. 160, S. 177, S. 180, S. 231, S. 232, S. 243: Privatsammlung
S. 35, S. 61, S. 97, S. 164, S. 217, S. 238, S. 242: Wikimedia Commons
S. 36: Matteo De Luca
S. 39: Studio Stefano Graziani, courtesy Muzeum Susch, Art Stations Foundation CH
S. 41: Anoush Abrar
S. 42/43 oben links: Andrea Badrutt, Chur, Courtesy Muzeum Susch, Art Stations Foundation CH; oben rechts: Monika Sosnowska, Stairs (2016–2017) (c) Studio Stefano Graziani, Muzeum Susch, Art Stations Foundation CH; unten links: Courtesy Muzeum Susch, Art Stations Foundation CH; unten rechts: Studio Stefano Graziani, courtesy Muzeum Susch, Art Stations Foundation CH
S. 46: Magdalena Abakanowicz, Flock I (1990) © Studio Stefano Graziani, courtesy Muzeum Susch, Art Stations Foundation CH
S. 49: Eric Gregory Powell
S. 50: Rufino Emmenegger, Stiftung Pro Kloster St. Johann in Müstair
S. 53, S. 54, S. 58, S. 59: Fondazione Monte Verità, Fondo Harald Szeemann
S. 57: Ingeborg Lüscher/Wikicommons
S. 65, S. 69, S. 76, S. 78, S. 84 links unten, S. 90: Fürstliche Sammlungen/Liechtenstein Collections
S. 67: Ivana Holásková (Selfie)
S. 68, S. 71 unten, S. 72–73 (alle außer links oben): Johann Kräftner Archiv
S. 75, S. 89: Liechtenstein/The Princely Collections
S. 81: Martin Walser/Liechtenstein Tourismus
S. 84/85, S. 87: Johann Kräftner Archiv
S. 92: Society of Friends of Jewish Culture in Mikulov
S. 96, S. 98, S. 101, S. 103, S. 104/105, S. 107: Strindbergmuseum Saxen
S. 100: Wikimedia Commons/David Miller
S. 105 oben rechts: Martin Fickert/ OÖ Tourismus

S. 113, S. 116, S. 118 unten: arenaimmagini.it/ FAI - Fondo Ambiente Italiano
S. 115: arenaimmagini.it/FAI - Fondo Ambiente Italiano/Giorgio Majno 2002
S. 118 oben: arenaimmagini.it/FAI - Fondo Ambiente Italiano/www.tenderinifotografia.com
S. 120 unten: Tremezzina, Villa Carlotta museo e giardino botanico. Referenze fotografiche Studio Aleph, Como
S. 123, S. 124, S. 127, S. 128 unten: Sammlung Weitzer Hotels
S. 125: Heribert Corn
S. 129: Renate Schwarzmüller
S. 132, S. 134: Hans Schrotthofer
S. 135: Gian Andri Giovanoli/ kmu-fotografie.ch
S. 139, S. 143, S. 144, S. 145: Antonio Maniscalco/courtesy Castello di Rivoli Museo d'Arte Contemporanea, Rivoli-Torino
S. 141: Castello di Rivoli Museo d'Arte Contemporanea, Rivoli-Torino
S. 142: Paolo Pellion/courtesy Castello di Rivoli Museo d'Arte Contemporanea, Rivoli-Turin
S. 153, S. 154, S. 156, S. 157, S. 158, S. 159, S. 163, S. 165, S. 166: Stela Pančić
S. 167: aus Die Bau- und Werkkunst, Bd. 7, 1930
S. 168: Karl & Faber Kunstauktionen
S. 170: Daniel Kovacs/Wikicommons
S. 171: Privatarchiv
S. 172: Rosmarie Rabanser
S. 175, S. 176, S. 178/179, S. 181, S. 182, S. 184, S. 185 unten: Regional Gallery of Fine Arts in Zlín
S. 188 oben und Mitte: Dalibor Novotný
S. 188 unten: Pudelek/Marcin Szala// Wikicommons
S. 191, S. 193, S. 196/197, S. 204: Werner Fröhlich
S. 192, S. 201: Bwag/Wikicommons
S. 194: 2021 NAMIDA AG, Glarus/Schweiz
S. 206: 2016 Kunst Haus Wien, Eva Kelety
S. 214, S. 215 Schwarz/Weiß: Sammlung Friedrichshof
S. 223: Lukas Roth
S. 226: Hotel Friedrichshof/Vilma Pflaum
S. 229: Il Vittoriale degli Italiani/Marco Beck Peccoz
S. 230, S. 234 unten, S. 237: Maritime and History Museum of the Croatian Littoral Rijeka
S. 234 oben und Mitte, S. 235 oben: Archivi del Vittoriale
S. 235 unten: Privatsammlung
S. 246/247: Il Vittoriale degli Italiani/Marco Beck Peccoz
S. 250: Albina Bauer/Gardone
S. 251: Villa Feltrinelli

DANKE

Ich möchte vor allem meiner Frau, der Grafikdesignerin Stela Pančić, danken, die mich auf Reisen begleitet und meinen Blick auf die Dinge schärft. Stela gestaltete das Buch und hatte Verständnis dafür, dass ich viele Wochenenden vor dem Computer verbrachte. Die Recherchen greifen auf das Wissen von Wissenschaftlerinnen und Wissenschaftlern zurück; besonders bedanken möchte ich mich bei dem Historiker Thomas Winkelbauer und bei Johann Kräftner, dem Direktor der Fürstlichen Sammlungen, die mich bei der Liechtenstein-Geschichte unterstützten. Der Historiker Friedrich Buchmayr half mir bei der Reportage über Herrn und Frau Strindberg. Edeltraud und Peter Kastner waren so freundlich, mir das Hundertwasser-Haus im Kamptal zu zeigen, Johanna Fink gab über Briol Auskunft. Nina Brnada redigierte Texte, Igo Lanthaler erzählte mir vom Hotel Paradiso, Amira Ben Saoud gab mir Feedback. Helmut Gutbrunner übernahm das Lektorat, Oliver Hofmann (Studio Beton) die Zeichnung der Karten, Marion Großschädl die Grafik, Christine Tschavoll und Karin Wasner kümmerten sich um die Bildrecherche. Danke für die schöne Zusammenarbeit. Zum Schluss möchte ich an den Schriftsteller und Flaneur Peter Oberdörfer (1961–2017) erinnern, mit dem ich gerne ausschweife.

REGISTER

Abakanowicz,
    Magdalena 40, 46
Agnelli, Giovanni 140
Agnelli, Marella 140
Altenberg,
    Theo .... 222 f., 226
Amann, Gert 172
Antonioni,
    Michelangelo 15
Arnault, Bernard 47 f., 148

Baccara, Luisa 249
Bacon, Francis .... 142 f.
Balla, Giacomo 32
Bauer, Christian 172
Bauer, Otmar 226
Baťa, Jan 185
Baťa, Tomáš 174–188
Beil, Hermann 132
Benedikt von Nursia 50
Beneš, Edvard .... 82 f., 86
Benya, Anton 222
Bergman, Ingmar .... 99 f.
Bernhard, Thomas 122
       .... 125, 131, 171
Bertlmann, Renate 38
Beuys, Joseph 219
Bey, Hakim (Peter
    Lamborn Wilson) 241
Blaeu, Joan 146
Blavatsky, Helena 56
Bollmann, Stefan 55, 62
Boltanski, Luc 44
Botta, Mario 62
Bourgeois, Louise 40
Brock, Bazon   198 f., 201 f.
Bruno, Andrea 142
Brus, Günter 222
Bry, Carl Christian 167
Buchholz, Kai 172
Buchmayr, Friedrich 94
       ...... 97, 100, 103, 110

Canova, Antonio 120
Carli, Mario 233
Castronovo, Valerio 22, 36
Caveltro, Giordano 28
Cave, Nick 100, 109
Cerruti, Francesco
    Federico .... 138 f.
Cherkoori, Pravin 205
Christov-Bakargiev,
    Carolyn 142
Coeln, Peter 172
Collicelli Cagol,
    Stefano 32, 36
Constant 31, 34
Corra, Bruno 243

D'Annunzio, Gabriele .. 147
    .... 187, 225, 228, 251
Da Vinci, Leonardo 87
Debord, Guy .... 34 f.
De Chirico,
    Giorgio 143, 150
Delug, Alois 160
Demetz, Peter 243
De Min,
    Giuseppe ..... 16 f., 19, 26
De Romans,
    Maria Luisa 29
Desvignes,
    Peter Hubert 70
Diviš, Mikuláš 79
Duncan, Isadora 236
Duse, Eleonora 238

Egger-Lienz, Albin ..... 164 f.
Ehrenbold, Tobias 188
Eisenman, Peter 120
Ellington, Duke 220
Emden, Max 61
Engel, Franz Joseph 91
Esquerre, Arnaud 44
Essl, Karlheinz 149, 223

Falchero,
    Anna Maria 22, 36
Feltrinelli,
    Giangiacomo 250
Fink, Johanna ... 164, 169 f.
Flavin, Dan 114, 116
Fleck, Robert 206
Fontana, Lucio 33
Frass, Wilhelm 168
Fröhlich, Werner 193
Fuchs, Rudi 140
Fürstenberg,
    Ira von 29, 31

Gahura, František
    Lydie 182, 185
Gallmetzer, Theodor ... 170
Garner, Erroll 220
Gavlik, Goschka 45
Gazzetti, Maria 251
Gerstl, Richard 210
Ghega,
    Carl Ritter von 136
Göritz, Hansjörg 74
Gräser, Gustav (Gusto) 55
Gräser, Karl 55
Gropius, Walter 160
Gross, Otto 210
Guerri, Giardano
    Bruno .... 249 f.
Gutmann, Elsa von   78, 80

Habsburg,
    Francesca von 48
Handke, Peter 130
Hardouin, Maria 238
Hardtmuth, Joseph 64
Hauer, Franz 160
Heller, André 250
Herzmanovsky-
    Orlando, Fritz von ... 108
Hesse, Hermann 52, 54

Heydt, Eduard
　von der .... 56 f., 60 f.
Hitler, Adolf ... 80, 107, 160
　............ 163, 164, 167, 220
Ho Chi Minh 222
Hodonyi, Robert 193, 206
Hofmann, Ida .... 54 ff.
Hofmann, Jenny 55
Hoff, Rolf 44
Hoff, Venke 44
Hoffmann, Maja 44
Holásková, Ivana 67 ff., 86
Holzmeister, Clemens 156
Höger, Joseph 91
Höppener,
　Hugo (Fidus) 168
Horčička,
　Václav 82, 90, 92
Hruska, Arthur 250
Hundertwasser, Friedens-
　reich .... 7, 107, 190 ff.
Huysmans, Joris-Karl 106

Jorn, Asger .... 33 f.

Kandinsky, Wassily 119
Kaprow, Alan 224
Karfík, Vladimír 179
　............................ 181, 183
Kastner,
　Edeltraud .... 195 ff.
Kastner, Peter .... 190 ff.
Keller, Guido 243
Keller Besozzi,
　Margherita 236
Klimt, Gustav 107
Kline, Franz 114, 142
Klingan, Katrin 188
Klocker, Hubert .... 221 ff.
Knipp, Kersten 251
Köb, Edelbert 223
Kochnitzky, Léon .... 242 f.

Kofler, Erich 171
Koons, Jeff 38
Kos, Wolfgang 136
Kounellis, Jannis 140
Kossygin, Alexei 12
Kräftner,
　Johann ...... 71, 77, 86 ff.
Kraus, Carl 161, 172
Kraus, Karl 99
Krauß, Franz von 125
Krens, Thomas 119
Krischanitz,
　Adolf .... 216, 223 f.
Krummlauf, Karin 172
Kulczyk, Grażyna .... 38 ff.
Kulczyk, Jan 41
Kunz, Emma 47

Laban, Rudolf von 56
Lampedusa,
　Giuseppe Tomasi di 250
Lanzinger, Hubert 107
　................................. 156 ff.
Lassnig, Maria 40
Le Corbusier 156, 179, 181
Leon, Donna 50
Leopold, Rudolf 223
Lichtenstein, Roy 117
Liebenfels, Jörg Lanz
　von (Adolf Josef Lanz)
　............................ 107 f., 168
Liechtenstein,
　Alois I. von 64
Liechtenstein,
　Alois II. von .... 69 f., 74
Liechtenstein,
　Franz I. von ... 78, 80, 83,
Liechtenstein, Franz
　Josef II. von 81, 87
Liechtenstein,
　Hans-Adam II. von 71
　........................ 74–76, 83, 88 f.

Liechtenstein,
　Johann I. von 86
Liechtenstein, Johann
　Adam Andreas I. von 86
Liechtenstein,
　Karl von .... 77 f.
Liechtenstein, Karl
　Eusebius von 79
Lindinger,
　Michaela 107, 110
Loos, Adolf 163
Löw, Judah
　(Rabbi Löw) 92

Marinetti, Filippo Tom-
　maso 24, 32, 232 f., 243
Marinotti, Christian 36
Marinotti, Franco 7
　............................... 10 ff., 36
Marinotti, Paolo .... 31 ff.
Marinotti, Resi 13
Maroni, Giancarlo 245
Marussig, Guido 232
Marxer, Roland 92
Mazoyer, Aélis 249
McCarthy, Paul 224
Michel,
　Mathias .... 163 f., 172
Mies van der Rohe,
　Ludwig 186
Muehl, Otto .... 7, 208 ff.
　............................. 243, 249
Munch, Edvard 99
Mussolini,
　Benito 10, 16, 17, 23
　147, 231, 241, 245, 251 f.
Mayr-Fingerle,
　Christoph 172
Moroder, Joachim 172
Nagel, Gustav .... 201 f.
Naumann, Bruce 114
Ney, Elly 171

Nietzsche, Friedrich 56
Nitsch, Hermann 222
Oberhollenzer,
    Günther 163, 172
Oedenkoven, Henri .... 54 ff.
Oehlen, Albert 48
Ohrt, Roberto 35
Olgiati, Valerio 50
Orbán, Viktor 233

Paik, Nam June 223
Panza,
    Giuseppe .... 44, 112 ff.
Péladan, Joséphin
    (Joseph) 106
Penck, A. R. 223
Perinčić, Tea ..... 233, 236 ff.
Peymann, Claus .. 122, 125
    .... 130 ff., 136
Piffetti, Pietro 148
Pinault, François ... 31, 47 f.
    .... 148, 225
Pistoletto,
    Michelangelo 140
Pol, Primo del 28
Ponti, Gio 7, 156
Prada, Miuccia 149
Przybyszewski,
    Stanisław 99
Pückler-Muskau,
    Fürst von 70

Reich, Wilhelm 217
Reischl, Cornelius ... 94, 97
Renoir, Pierre-
    Auguste 143, 146
Ressová, Jitka 182
Richter, Gerhard 38
Ricotti, Teresa 29
Ritter, Arno 166
Robert,
    Paul-Julien ... 220 f., 226
Roth, Dieter 223
Rothko, Mark ..... 114 f., 117

Rubens, Peter Paul 87
Russulo, Luigi 32
Ryman, Robert 114

Saint-Point,
    Valentine de .... 242 f.
Salaris, Claudia 251
Salvini, Matteo 237
Sandberg, Willem .... 32 f.
Scarpa, Carlo 33
Schamoni, Peter 205
Schär, Peter 212
Schiele, Egon 161
Schmidlin, Chasper 40
Schneemann,
    Carolee 224
Schnitzler, Arthur 135
Schön, Edo 179
Schönberg, Arnold 99
Schulmeister,
    Terese .... 208 ff., 221
Schwab, Martin 132
Schwarzkogler,
    Rudolf 222
Settari, Johanna .... 155 ff.
    .... 162 f.
Settari, Mimi 162, 166
Settari, Pia .... 162 f.
Simon, Robert 89
Simpson, David 115
Sims, Phil 118
Sommariva,
    Gian Battista 120
Sosnowska, Monika 42
Sperone, Gian Enzo 48
Spir, Afrikan 56
Strindberg,
    August .... 94 ff.
Strindberg-Uhl,
    Frida .... 94 ff.
Syberberg, Jürgen 170
Szeemann,
    Harald .... 56 ff., 210
Tabor, Jan 161

Terragni, Giuseppe 120
Thode, Henry 245
Thonet, Michael 89, 188
Thoreau, Henry
    David 195
Thorvaldsen, Berte 120
Thunberg, Greta 204
Tölk, Josef 125
Toscanini, Arturo 241
Trier, Lars von 100
Turrell, James 112

Uhl, Friedrich 97, 101

Vacková,
    Barbara 181, 188
Van Gogh,
    Vincent 57, 201, 225
Vasko-Juhesz,
    Desiree 136
Villar, Adrián 42
Vital, Not .... 48 f.
Voellmy, Lukas 40
Všetečka, Petr 186

Wagner, Otto 183
Wagner, Richard 57
Walde, Alfons 166
    .... 167, 172
Warhol, Andy 29, 119
Webster, Meg 118
Weiner, Lawrence 114
Weitzer, Florian .... 132 ff.
Welzenbacher,
    Lois .... 162 f., 166, 171
Wigman, Mary 57
Winkelbauer,
    Thomas 90, 92
Worringer, Wilhelm 165

Zilk, Helmut 200
Zuccolo, Lorena 36
Zumthor,
    Peter 154, 170

CITY WALKS

Die idealen Reisebücher zum Gehen, Sehen & Genießen.

BELGRAD
Ida Salamon

Anhand von sechs Routen werden verschiedene Stadtteile Belgrads, ihre bemerkenswerte Geschichte und ihre Sehenswürdigkeiten vorgestellt.

136 Seiten, € 12,90

LJUBLJANA
Simon Ošlak-Gerasimov

Fünf Spaziergänge durch die idyllische Altstadt, zu quirligen Hotspots, ruhigen Grünoasen sowie empfehlenswerten Restaurants und Cafés.

136 Seiten, € 12,90